Schwarze

Mathematik für Wirtschaftswissenschaftler
Band 2: Differential- und Integralrechnung

Vorrede.

Der Zweck bey der Ausfertigung des gegenwärtigen Buches war, denenjenigen, welche sich die Anfangsgründe der Mathematic durch eigenen Fleiß, oder unter der Anführung eines Lehrmeisters, der selbst nicht allzuweit in denselben gekommen ist, bekant machen wollen, dazu beförderlich zu seyn: andern aber die Wiederhohlung des mündlichen Vortrages zu erleichtern, und denselben, wo es nöthig ist, zu ergänzen. Man hat sich zu dem Ende einer an einander hangenden, deutlichen, weitläuftigen und ungezwungenen Schreibart bedienet: und, da man sich den Leser als neu in dieser Wissenschaft, und der geometrischen Schlüsse ungewohnet, vorstellen müssen; so ist man, sonderlich im Anfange, beflissen gewesen, die meisten Dinge von mehr als einer Seite vorzustellen, und durch verschiedene, aus verschiedenen Quellen hergehohlete Beweise, recht verständlich zu machen. Doch hat man sich dabey gehütet, den Zusammenhang der Sätze zu unterbrechen, und die Kette der Schlüsse, welche vom Anfange an durch das ganze Buch reichet, zu zerreissen. Selbst die Erklärungen der Wörter sind hievon nicht ausgenommen; welche nicht ehe angebracht worden sind, als, nachdem man, als bereits bekant, voraus setzen konte, daß dasjenige, so das Wort bedeuten soll, möglich sey, und nichts wiedersprechendes enthalte.

Entnommen aus:

Deutliche und vollständige Vorlesungen über die Rechenkunst und Geometrie

Zum Gebrauche derjenigen, welche sich in diesen Wissenschaften durch eigenen Fleiß üben wollen, ausgefertigt von D. Joh. Andreas HEGNER

Lemgo, Gedruckt bey Johann Heinrich Meyer, Hof-Buchdrucker, 1747

NWB-Studienbücher · Wirtschaftswissenschaften

Mathematik für Wirtschaftswissenschaftler

Band 2: Differential- und Integralrechnung

Von Professor Dr. Jochen Schwarze

8. Auflage

Verlag Neue Wirtschafts-Briefe · Herne/Berlin

CIP-Titelaufnahme der Deutschen Bibliothek

Schwarze, Jochen:
Mathematik für Wirtschaftswissenschaftler / von Jochen Schwarze. – Herne ; Berlin : Verl. Neue Wirtschafts-Briefe.
(NWB-Studienbücher Wirtschaftswissenschaften)

Bd. 2. Differential- und Integralrechnung. – 8. Aufl. – 1989
ISBN 3-482-56328-4

ISBN 3-482-**56328**-4 – 8. Auflage 1989

Druck: Poeschel & Schulz-Schomburgk, Eschwege

Vorwort zur 8. Auflage

Die zunehmende Verwendung mathematischer Methoden bei der Beschreibung und Analyse wirtschaftlicher Fragestellungen hat die Mathematik in den letzten Jahren zu einem integrierten Bestandteil der Wirtschaftswissenschaften werden lassen. Das trifft insbesondere für die Differentialrechnung, aber auch auf Teile der Integralrechnung zu. Ohne solide und umfassende Kenntnisse der Differentialrechnung und ihrer Anwendungen auf die Diskussion von Funktionen ist eine Lektüre wirtschaftswissenschaftlicher Fachliteratur und der effiziente Besuch von Lehrveranstaltungen in vielen Bereichen der Wirtschaftswissenschaften nicht mehr denkbar.

Der vorliegende Band 2 der dreibändigen Einführung in die Mathematik für Wirtschaftswissenschaftler behandelt ausführlich die Grundzüge der Differential- und Integralrechnung und gibt eine Einführung in Differential- und Differenzengleichungen.

Auch dieser Text ist aus vieljährigen Lehrerfahrungen des Verfassers an wissenschaftlichen Hochschulen und an Verwaltungs- und Wirtschafts-Akademien hervorgegangen. Auf Beweise wurde zugunsten einer leichten Verständlichkeit und Anschaulichkeit verzichtet. Die jedem Abschnitt beigegebenen Übungsaufgaben sollen dem Leser die Kontrolle des erlernten Wissens bei einer selbständigen Durcharbeitung des Buches erleichtern. Die Lösungen dazu sind am Ende des Buches angegeben.

Zur 6. Auflage wurde der Text überarbeitet. Dabei wurden nicht nur redaktionelle Verbesserungen des Textes vorgenommen, sondern auch weite Passagen neu geschrieben. Das Kapitel 16 über Differential- und Differenzengleichungen wurde neu aufgenommen. Für die jetzt vorgelegte 8. Auflage wurde der Text erneut überarbeitet.

Zu herzlichem Dank bin ich Frau Ing.grad. Renate Bennhardt, Frau Barbara Messerschmidt und Herrn Dipl.-Inform. F.-J. Bohlke für ihre tatkräftige Unterstützung verpflichtet. Meinen Dackel Butzi muß ich diesmal lobend erwähnen. Er fiel, wie schon bei der Überarbeitung von Band 1, nur durch das Zerbeißen einiger überarbeitungsbedürftiger Seiten auf.

Braunschweig, im September 1989 Jochen Schwarze

HINWEISE ZUR DURCHARBEITUNG DIESES BUCHES

Definitionen, Regeln, Beispiele, Figuren, Gleichungen und Aufgaben sind abschnittsweise fortlaufend numeriert. Durch ausgestellte große Buchstaben wurden kenntlich gemacht mit:

D Definitionen
R Regeln
B Beispiele
F Figuren
G Gleichungen
Ü Übungsaufgaben.

Die fortlaufende Numerierung führt dazu, daß z.B. R 10.4.16 (eine Regel), B 10.4.17 (ein Beispiel) und F 10.4.18 (eine Figur) aufeinanderfolgen.

● ● ● Beispiele sind am Rand zusätzlich durch Punkte hervorgehoben.

* * * Übungsaufgaben sind am Rand zusätzlich durch Sterne gekennzeichnet.

Das Buch "Schwarze, J.: Mathematik für Wirtschaftswissenschaftler - Elementare Grundlagen für Studienanfänger, Verlag Neue Wirtschafts-Briefe, Herne/Berlin" wurde im Text mit "Elementare Grundlagen ..." zitiert.

Inhaltsverzeichnis

10. Differentiation von Funktionen mit einer unabhängigen Veränderlichen

10.1 Einführendes Beispiel

Zur Einführung in die Aufgabenstellung und Bestimmung der ersten Ableitung einer Funktion wird zunächst ein Beispiel aus den Wirtschaftswissenschaften betrachtet, an dem die Zusammenhänge anschaulich interpretiert werden können.

Ein Unternehmen produziert ein Gut. Die monatlichen Gesamtkosten K hängen von der monatlichen Produktionsmenge x ab. Der Zusammenhang zwischen Kosten und Menge wird beschrieben durch die Kostenfunktion $K = K(x)$. Es wird überlegt, ob die monatliche Produktionsmenge erhöht oder verringert werden soll. Für eine Entscheidung darüber ist es wichtig zu wissen, um wieviel sich bei einer Produktionsmengenveränderung die Kosten verändern werden. Allgemein gilt: Ändert sich die Produktionsmenge von x_0 um Δx auf $x_0 + \Delta x$, so ändern sich die Kosten von $K(x_0)$ auf $K(x_0 + \Delta x)$, also um $K(x_0 + \Delta x) - K(x_0) = \Delta K$.

An einem Zahlenbeispiel kann man sich leicht veranschaulichen, daß die Kostenänderung ΔK nicht nur vom Umfang der Mengenänderung Δx abhängt, sondern auch von der "Ausgangsmenge" x_0. Dazu wird folgende Kostenfunktion angenommen.

$$K = 10\sqrt{x} + 100.$$

In der folgenden Tabelle sind für einige Mengen die zugehörigen Kosten angegeben.

x	0	1	2	3	4	9	16	25	49	64
$K=10\sqrt{x}+100$	100	110	114,14	117,32	120	130	140	150	170	180

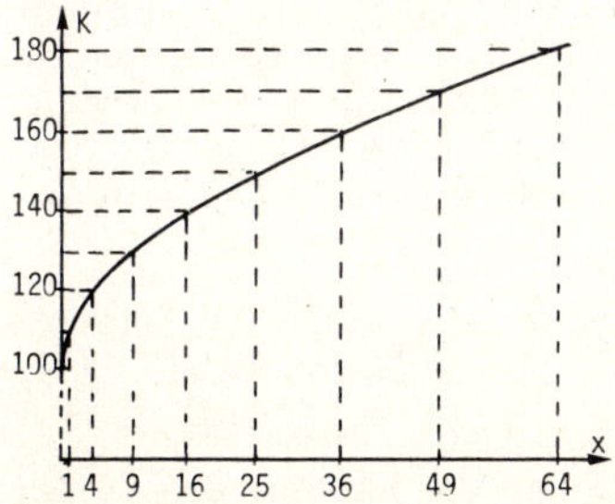

F 10.1.1

Die nebenstehende Figur 10.1.1 zeigt den Verlauf der Kostenkurve. Aus der Tabelle sowie aus der Zeichnung ist zu ersehen, daß bei Erhöhung der Produktionsmenge um eine Einheit die Kostenerhöhung je nach Ausgangsmenge unterschiedlich ist. Ändert man die Menge von 1 auf 2, erhöhen sich die Kosten von 110 auf 114,14, also um $\Delta K=4{,}14$. Bei einer Mengenänderung von 2 auf 3 ergibt sich $\Delta K=3{,}18$ und von 3 auf 4 gilt $\Delta K=2{,}68$.

Ähnliches gilt, wenn man die Menge um mehr als eine Einheit erhöht. Eine Mengenänderung von 1 auf 16, also um $\Delta x=15$ führt zu einer

Kostenänderung von $\Delta K=30$. Wird die Menge von 49 auf 64 erhöht, also ebenfalls um $\Delta x=15$, ergibt sich eine Kostenänderung von $\Delta K=10$.

Wird die Produktion um mehr als eine Einheit erhöht ($\Delta x > 1$), dann wird man sich nicht nur dafür interessieren, wie groß die zugehörige Kostenänderung ΔK ist, sondern auch fragen, wieviel Kosten im Durchschnitt für jede zusätzliche Mengeneinheit entstehen. Für die durchschnittlichen zusätzlichen Kosten **einer** zusätzlichen Einheit ergibt sich allgemein

$$\frac{\Delta K}{\Delta x} = \frac{K(x+\Delta x) - K(x)}{\Delta x} .$$

Dieser Differenzenquotient gibt an, welche Kosten für die Produktion einer zusätzlichen Mengeneinheit im Durchschnitt entstehen, wenn die Produktion von x auf $x+\Delta x$ ausgedehnt wird.

Die folgende Tabelle enthält zu einigen Mengenänderungen die zugehörigen Kostenänderungen ΔK und die durchschnittlichen Kostenänderungen pro Einheit $\Delta K/\Delta x$.

Mengenänderung von ...	auf ...	Δx	ΔK	$\frac{\Delta K}{\Delta x}$
1	2	1	4,14	4,14
1	3	2	7,32	3,66
1	4	3	10	3,33
1	9	8	20	2,5
1	16	15	30	2
1	64	63	70	1,11
0	9	9	30	3,33
16	25	9	10	1,11
49	64	15	10	0,67

Die (durchschnittlichen) Kostenänderungen pro Einheit hängen also vom Umfang der Mengenänderung und von der "Ausgangsmenge" ab. Um zu wissen, wie sich die Gesamtkosten ändern bzw. welche Kosten durchschnittlich für eine zusätzliche Einheit entstehen, müßte der Unternehmer ständig neu rechnen oder sich eine umfangreiche Tabelle anlegen, in der die auf eine Mengeneinheit bezogenen Kostenänderungen in Abhängigkeit von x und Δx dargestellt sind. Eine andere Möglichkeit zeigt der folgende Gedankengang auf, der zur ersten Ableitung einer Funktion mit einer unabhängigen Veränderlichen hinführt.

Wird die Menge von 1 auf 2 erhöht, dann steigen die Kosten von 110 auf 114,14, also um 4,14 an. Die Kosten bzw. die Funktion haben einen **Anstieg** von $\Delta K/\Delta x = 4{,}14$.

Bei einer Mengenänderung von 1 auf 16 steigen die Kosten von 110 auf 140, also um $\Delta K=30$ an. Bezogen auf eine Mengeneinheit beträgt dann der **durchschnittliche Anstieg** der Kosten bzw. der Kostenfunktion $\Delta K/\Delta x = 30/15 = 2$.

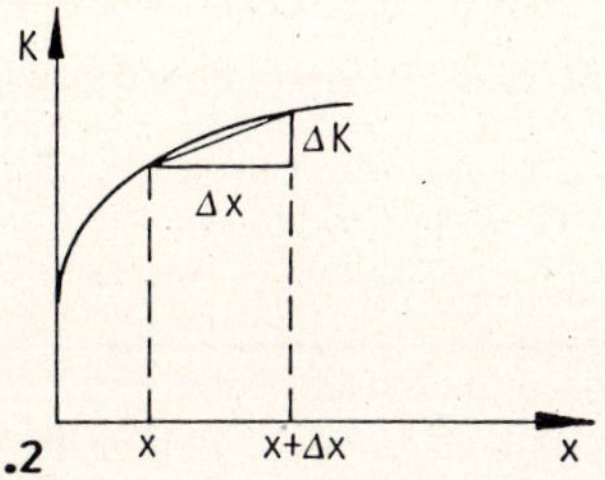

F 10.1.2

Der **Differenzenquotient** $\Delta K/\Delta x$ gibt den durchschnittlichen Anstieg der Kostenfunktion bezogen auf eine Mengeneinheit an, wenn die Menge um Δx verändert wird. Dieser durchschnittliche Anstieg der Funktion entspricht der Steigung der Verbindungsgeraden der beiden Kurvenpunkte an den Stellen x und $x+\Delta x$ (vgl. dazu F 10.1.2).

Um zu einer Aussage über die Kosten der zusätzlichen Produktion einer Mengeneinheit zu gelangen, die unabhängig von der Größe der Produktionsänderung $\Delta\!\rightarrow x$ ist, läßt man Δx gegen 0 gehen ($\Delta x \rightarrow 0$). Der Grenzwert: $\lim\limits_{x \rightarrow 0} \frac{\Delta K}{\Delta x} = \frac{dK}{dx}$ gibt dann das Verhältnis der Kostenänderung zur infinitesimalen Mengenänderung an der Stelle x an. Dieser Grenzwert wird in der Wirtschaftstheorie als **Grenzkosten** bezeichnet und entspricht der Steigung der Tangente an die Kostenfunktion an der Stelle x. Die Bestimmung dieses Grenzwertes ist die Grundaufgabe der Differentialrechnung, die im folgenden in allgemeiner Form beschrieben ist.

Dabei wird sich zeigen, daß die Grenzkosten (bzw. allgemein der Grenzwert des Differenzenquotienten $\Delta K/\Delta x$ für $\Delta x \rightarrow 0$) einen von x abhängigen Ausdruck ergeben, also wieder eine Funktion mit x als unabhängiger Variablen sind. In F 10.1.2 kann man das leicht daran erkennen, daß die (gekrümmte) Kurve in jedem Punkt eine andere Steigung hat.

10.2 Die erste Ableitung einer Funktion

Es sei $y = f(x)$ eine stetige Funktion. Weiterhin gelte $f(x_1) = y_1$, $f(x_2) = y_2$. Die Differenz $\Delta x = x_2 - x_1$ heißt **Differenz der unabhängigen Veränderlichen** oder des Arguments. Die zu Δx gehörige Differenz $\Delta y = y_2 - y_1 = f(x_2) - f(x_1) = f(x_1 + \Delta x) - f(x_1)$ heißt **Differenz der Funktion,** des Funktionswertes oder der abhängigen Variablen.

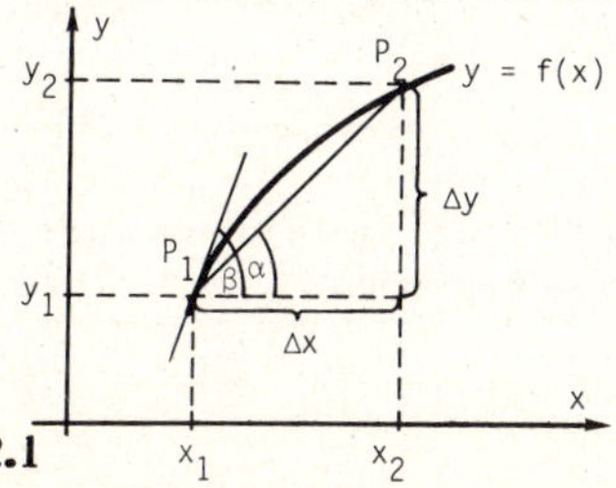

F 10.2.1

Ändert man von der Stelle x_1 den Wert der unabhängigen Veränderlichen um Δx auf x_2, dann ändert sich der Funktionswert um Δy (vgl. F 10.2.1)

Verbindet man die beiden Punkte P_1 (mit den Koordinaten x_1 und y_1) und P_2 (mit den Koordinaten x_2 und y_2) durch eine Gerade, dann kann man die

Steigung dieser Geraden, wie anhand von F 10.2.1 zu ersehen ist, als durchschnittliche **Steigung** der Funktion von x_1 bis x_2 interpretieren. Diese durchschnittliche Steigung entspricht dem Tangens des Winkels α, denn es gilt

$$\tan\alpha = \frac{\Delta y}{\Delta x} = \frac{f(x_1 + \Delta x) - f(x_1)}{\Delta x} .$$

D 10.2.2

> Ist $y = f(x)$ eine stetige Funktion und Δy die Änderung des Funktionswertes, die zur Änderung Δx der unabhängigen Variablen gehört, dann heißt
>
> $\frac{\Delta y}{\Delta x} = \frac{f(x + \Delta x) - f(x)}{\Delta x}$ **Differenzenquotient** der Funktion.

Der Differenzenquotient gibt die durchschnittliche Änderung oder durchschnittliche Steigung der Funktion im Bereich von x bis $x + \Delta x$ an. Der Differenzenquotient hängt, wie F 10.2.1 verdeutlicht, von x und von Δx ab.
Rückt man den Punkt P_2 auf der Kurve immer näher an den Punkt P_1, d.h. läßt man Δx immer kleiner werden, dann nähert sich die Verbindungsgerade der beiden Punkte immer mehr der Tangente an die Kurve $y = f(x)$ im Punkt P_1. Die Steigung der Verbindungsgeraden nähert sich dabei der Steigung der Tangente. Diese Steigung der Tangente bezeichnet man auch als **Steigung der Funktion** an der Stelle x_1.
Der Grenzwert des Differenzenquotienten $\Delta y/\Delta x$ für Δx gegen 0 entspricht dem Verhältnis der Änderungen von y und x in einem infinitesimal kleinen Bereich.

D 10.2.3

> Gegeben sei eine Funktion $y = f(x)$. Existiert für ein $x \in D(f)$ der Grenzwert
>
> $$\lim_{\Delta x \to 0} \frac{\Delta y}{\Delta x} = \lim_{\Delta x \to 0} \frac{f(x + \Delta x) - f(x)}{\Delta x} ,$$
>
> so heißt dieser Grenzwert **Differentialquotient** oder **erste Ableitung** der Funktion f(x) an der Stelle x. Er wird bezeichnet mit
>
> $$\frac{dy}{dx} , \frac{df(x)}{dx} , \frac{d}{dx} f(x) , f'(x) , y'$$
>
> (lies: "dy nach dx", "df(x) nach dx", "f Strich von x", "y Strich").
> Existiert der Grenzwert für alle x aus dem Definitionsbereich, so heißt die Funktion **differenzierbar.**

Die Bestimmung der 1. Ableitung einer Funktion nennt man auch **Differenzieren** oder **Differentiation.** In dem folgenden Beispiel wird für zwei einfache Funktionen die 1. Ableitung als Grenzwert des Differenzenquotienten bestimmt. Dabei wird vor der Grenzwertbestimmung der Differenzenquotient so weit wie möglich vereinfacht.

B 10.2.4 a) $y = x^2$

$$\frac{\Delta y}{\Delta x} = \frac{f(x+\Delta x)-f(x)}{\Delta x} = \frac{(x+\Delta x)^2-x^2}{\Delta x} = \frac{x^2+2x\Delta x+\Delta x^2-x^2}{\Delta x}$$

$$= \frac{2x\Delta x}{\Delta x} + \frac{\Delta x^2}{\Delta x} = 2x + \Delta x,$$

$$\frac{dy}{dx} = \lim_{\Delta x \to 0} \frac{\Delta y}{\Delta x} = \lim_{\Delta x \to 0} (2x+\Delta x) = 2x.$$

b) $y = \frac{a}{x}$

$$\frac{\Delta y}{\Delta x} = \frac{\frac{a}{x+\Delta x}-\frac{a}{x}}{\Delta x} = \frac{\frac{ax-a(x+\Delta x)}{(x+\Delta x)x}}{\Delta x} = \frac{\frac{-a\Delta x}{(x+\Delta x)x}}{\Delta x} = \frac{-a}{(x+\Delta x)x}$$

$$\frac{dy}{dx} = \lim_{\Delta x \to 0} \frac{\Delta y}{\Delta x} = \lim_{\Delta x \to 0} \frac{-a}{(x+\Delta x)x} = \frac{-a}{x^2}.$$

Die 1. Ableitungen der beiden Funktionen verdeutlichen eine Tatsache, die schon oben festgestellt wurde:
Die erste Ableitung einer Funktion y = f(x) ist wiederum eine Funktion der unabhängigen Veränderlichen x. Das ist wichtig für das Verständnis und die Interpretation der 1. Ableitung.

Interessiert man sich nicht für die allgemeine Form der ersten Ableitung einer Funktion, sondern für ihren numerischen Wert an einer bestimmten Stelle $x = x_0$, dann spricht man von der ersten Ableitung der Funktion an der Stelle $x = x_0$. Dafür schreibt man

$$\left.\frac{dy}{dx}\right|_{x=x_0}; \quad \left.\frac{df(x)}{dx}\right|_{x=x_0}; \quad \left.\frac{d}{dx}f(x)\right|_{x=x_0}; \quad f'(x_0) \text{ oder } \left.y'\right|_{x=x_0}.$$

B 10.2.5 Für die Funktion $y = x^2$ erhält man als 1. Ableitung $f'(x) = 2x$ (vgl. B 10.2.4a). Dann gilt z.B. $f'(1) = 2$, $f'(2) = 4$ und $f'(10) = 20$.

Die Bestimmung der ersten Ableitung einer Funktion mittels des angegebenen Grenzübergangs ist im allgemeinen sehr aufwendig, wie bereits die oben angeführten einfachen Beispiele zeigen. Bei der Anwendung der Differentialrechnung ist es im allgemeinen jedoch nicht notwendig, die erste Ableitung einer Funktion durch einen Grenzübergang zu bestimmen. Es genügt die Kenntnis der ersten Ableitung einiger elementarer Funktionen. Daraus lassen sich dann unter Verwendung der weiter unten angegebenen Regeln auch die ersten Ableitungen komplizierter Funktionen herleiten.

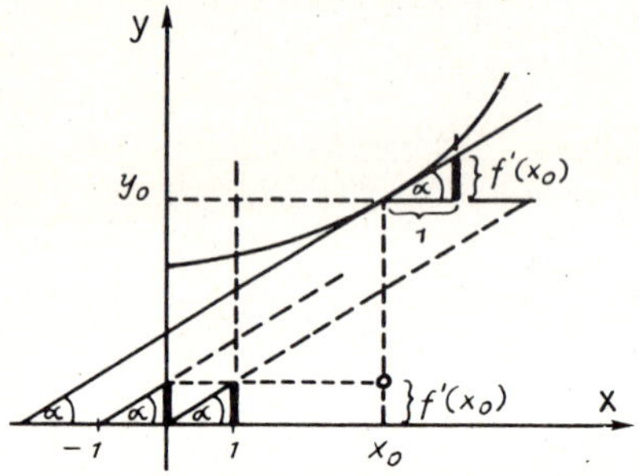

F 10.2.6

Die Interpretation der ersten Ableitung einer Funktion an einer bestimmten Stelle als Steigung der Tangente an die Funktion an dieser Stelle schafft eine einfache Möglichkeit, den Wert der ersten Ableitung für eine bestimmte Stelle x_0 näherungsweise graphisch zu bestimmen. Man bestimmt die Steigung graphisch und überträgt sie an die Stelle x_0, so wie das in Figur 10.2.6 gezeigt wird.

Ist die erste Ableitung einer Funktion stetig, so sagt man auch, die Funktion sei **stetig differenzierbar.**

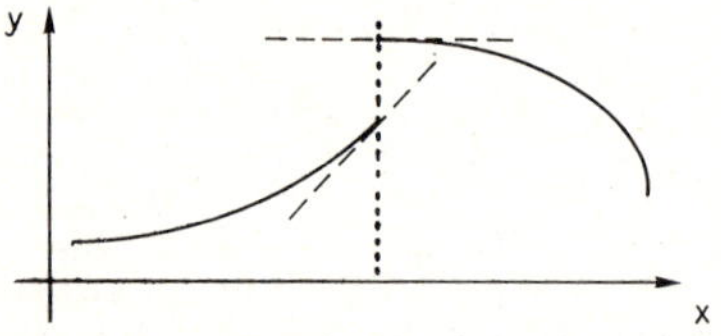

F 10.2.7

Hat eine Funktion eine Unstetigkeitsstelle, dann ist die Funktion an dieser Stelle nicht differenzierbar. Man kann jedoch, wie die Figur 10.2.7 zeigt, die erste Ableitung in dem Falle so bestimmen, daß man sich der Unstetigkeitsstelle von rechts oder von links nähert. Man spricht in diesem Zusammenhang von der **rechtsseitigen bzw. linksseitigen Ableitung.**

Aufgaben

Ü 10.2.1 Bestimme die erste Ableitung der Funktion $y = a+bx$ über den
⁑ Grenzwert des Differenzenquotienten.

Ü 10.2.2 Bestimme die erste Ableitung der Funktion $y = x^3+x$ über den
⁑ Grenzwert des Differenzenquotienten.

10.3 Die erste Ableitung elementarer Funktionen

In diesem Abschnitt werden die ersten Ableitungen von zwei elementaren Funktionen bestimmt.

Potenzfunktion

$y = x^n \;, \; n \in \mathbb{N}$

$$\frac{\Delta y}{\Delta x} = \frac{(x+\Delta x)^n - x^n}{\Delta x} = \frac{1}{\Delta x}\left[\sum_{k=0}^{n}\binom{n}{k}x^{n-k}(\Delta x)^k - x^n\right]$$

vgl. Binomischer Lehrsatz in Band I, R 5.2.12

$$= \frac{1}{\Delta x}\left[x^n + \sum_{k=1}^{n}\binom{n}{k}x^{n-k}(\Delta x)^k - x^n\right] = \frac{1}{\Delta x}\sum_{k=1}^{n}\binom{n}{k}x^{n-k}(\Delta x)^k$$

$$= \sum_{k=1}^{n}\binom{n}{k}x^{n-k}(\Delta x)^{k-1} = nx^{n-1} + \sum_{k=2}^{n}\binom{n}{k}x^{n-k}(\Delta x)^{k-1}$$

$$\lim_{\Delta x\to 0}\frac{\Delta y}{\Delta x} = \lim_{\Delta x\to 0}\left[nx^{n-1} + \sum_{k=2}^{n}\binom{n}{k}x^{n-k}(\Delta x)^{k-1}\right]$$

$$= nx^{n-1} + \sum_{k=2}^{n}\lim_{\Delta x\to 0}\left[\binom{n}{k}x^{n-k}(\Delta x)^{k-1}\right]$$

Für gegebenes x gilt $\binom{n}{k}x^{n-k}$ = const und $\lim\limits_{\Delta x\to 0}(\Delta x)^{k-1} = 0$, für $k \geqq 2$,

also $\lim\limits_{\Delta x\to 0}\left[\binom{n}{k}x^{n-k}(\Delta x)^{k-1}\right] = 0$. Somit gilt $\lim\limits_{\Delta x\to 0}\frac{\Delta y}{\Delta x} = nx^{n-1}$.

Die erste Ableitung von $y = x^n$ ($n \in \mathbb{N}$) ist also $y' = nx^{n-1}$.

Diese Beziehung läßt sich für beliebige reelle Zahlen verallgemeinern. Damit gilt folgendes:

R 10.3.1 $y = x^n;\ y' = nx^{n-1};\ n \in \mathbb{R}$

Der Exponent n kann also in R 10.3.1 eine beliebige reelle Zahl sein. Damit eignet sich R 10.3.1 auch für die Differentiation einfacher Wurzelfunktionen, da Wurzeln als Potenzen mit gebrochenem Exponenten geschrieben werden können.

B 10.3.2 a) $y = x^{10};\ y' = 10x^9$, b) $y = \sqrt{x} = x^{\frac{1}{2}};\ y' = \frac{1}{2}x^{-\frac{1}{2}} = \frac{1}{2\sqrt{x}}$,

c) $y = \sqrt[4]{x^3} = x^{\frac{3}{4}};\ y' = \frac{3}{4}x^{-\frac{1}{4}} = \frac{3}{4\sqrt[4]{x}}$,

d) $y = \frac{1}{x^2} = x^{-2};\ y' = -2x^{-3} = \frac{-2}{x^3}$, e) $y = x^{1,43};\ y' = 1,43x^{0,43}$,

f) $y = x^{\pi};\ y' = \pi x^{\pi-1}$.

Logarithmusfunktion

$y = \ln x$

$$\frac{\Delta y}{\Delta x} = \frac{\ln(x+\Delta x)-\ln x}{\Delta x} = \frac{\ln(\frac{x+\Delta x}{x})}{\Delta x} = \frac{\ln(1+\frac{\Delta x}{x})}{\Delta x} = \ln((1+\frac{\Delta x}{x})^{\frac{1}{\Delta x}})$$

Mit $\frac{\Delta x}{x} = \frac{1}{v}$ ergibt sich

$$\frac{\Delta y}{\Delta x} = \ln((1+\frac{1}{v})^{\frac{v}{x}}) = \frac{1}{x}\ln((1+\frac{1}{v})^{v}) \; .$$

Für $\Delta x \to 0$ gilt $v \to \infty$. Somit ergibt sich für den Grenzwert

$$\lim_{\Delta x \to 0} \frac{\Delta y}{\Delta x} = \lim_{\Delta x \to 0} \left[\ln(1+\frac{\Delta x}{x})^{\frac{1}{\Delta x}}\right] = \lim_{v\to\infty} \frac{1}{x}\ln\left[(1+\frac{1}{v})^{v}\right] = \frac{1}{x}\lim_{v\to\infty} \ln\left[(1+\frac{1}{v})^{v}\right]$$

$$= \frac{1}{x}\ln\left[(\lim_{v\to\infty}(1+\frac{1}{v})^{v}\right]$$

Es ist $\lim_{v\to\infty}(1+\frac{1}{v})^{v} = e$ und folglich erhält man

$$\lim_{\Delta x\to 0} \frac{\Delta y}{\Delta x} = \frac{1}{x}\ln e = \frac{1}{x} \; .$$

Es gilt also

R 10.3.3 | $y = \ln x; \quad y' = \frac{dy}{dx} = \frac{1}{x}$

Aufgaben

Ü 10.3.1 Bestimme die erste Ableitung der folgenden Funktionen:

** a) $y = x^5$; b) $y = x^{12}$; c) $y = \sqrt[3]{x}$; d) $y = \frac{1}{x}$; e) $y = \frac{1}{\sqrt{x}}$; f) $y = \frac{1}{\sqrt[5]{x^6}}$.

10.4 Differentiationsregeln

In diesem Abschnitt werden alle wichtigen Differentiationsregeln behandelt. Herleitungen bzw. Beweise der Regeln werden nur in einigen Fällen angegeben.

R 10.4.1 | $y = af(x); \quad y' = af'(x); \quad a = \text{const.}$

B 10.4.2 $y = 6x^2;\ y' = 6 \cdot 2x = 12x.$

Summe von Funktionen

R 10.4.3

$$y = \sum_{i=1}^{n} a_i f_i(x);\quad y' = \sum_{i=1}^{n} a_i f_i'(x).$$

Die Regel besagt: "Die erste Ableitung einer Summe ergibt sich als Summe der ersten Ableitungen der einzelnen Summanden."

B 10.4.4 $y = 4x^5 - 3\ln x + \frac{2}{x^4};\ y' = 20x^4 - \frac{3}{x} - \frac{8}{x^5}.$

Speziell gilt für eine ganze rationale Funktion:

R 10.4.5

$$y = \sum_{i=0}^{n} a_i x^i;\quad y' = \sum_{i=0}^{n} a_i i x^{i-1}$$

Die nächste Regel wird über den Grenzwert des Differenzenquotienten hergeleitet.

Produkt von Funktionen

$$y = f(x)g(x)$$

$$\frac{\Delta y}{\Delta x} = \frac{f(x+\Delta x)g(x+\Delta x) - f(x)g(x)}{\Delta x}$$

$$= \frac{f(x+\Delta x)g(x+\Delta x) - g(x+\Delta x)f(x) + g(x+\Delta x)f(x) - f(x)g(x)}{\Delta x}$$

$$= \frac{f(x+\Delta x) - f(x)}{\Delta x} g(x+\Delta x) + f(x)\frac{g(x+\Delta x) - g(x)}{\Delta x}$$

Es ergibt sich damit für den Grenzwert:

$$\lim_{\Delta x \to 0} \frac{\Delta y}{\Delta x} = \lim_{\Delta x \to 0} \frac{f(x+\Delta x) - f(x)}{\Delta x} g(x+\Delta x) + \lim_{\Delta x \to 0} f(x)\frac{g(x+\Delta x) - g(x)}{\Delta x}$$

$$= f'(x)g(x) + f(x)g'(x)\ .$$

Es gilt die sogenannte **Produktregel:**

R 10.4.6

$$y = f(x)g(x);\quad y' = f'(x)g(x) + f(x)g'(x)$$

Die Produktregel besagt: "Die erste Ableitung des Produktes zweier Funktionen ergibt sich als Ableitung des ersten Faktors mal zweitem

Faktor plus erstem Faktor mal Ableitung des zweiten Faktors".
Die Produktregel wird dann angewendet, wenn eine Funktion zu differenzieren ist, die als Produkt zweier einfacher Funktionen aufgefaßt werden kann, deren erste Ableitungen leicht zu bestimmen sind.

B 10.4.7 $y = x^2 \ln x;\quad f(x) = x^2$ und $f'(x) = 2x$

$g(x) = \ln x$ und $g'(x) = \frac{1}{x}$

$$y' = 2x\ln x + x^2 \frac{1}{x} = 2x\ln x + x = x(2\ln x + 1)\ .$$

Quotient von Funktionen (Quotientenregel)

R 10.4.8

$$y = \frac{f(x)}{g(x)},\ (g(x) \neq 0);\quad y' = \frac{f'(x)g(x) - f(x)g'(x)}{(g(x))^2}$$

B 10.4.9 $y = \frac{\ln x}{x^3};\quad f(x) = \ln x$ und $f'(x) = \frac{1}{x}$

$g(x) = x^3$ und $g'(x) = 3x^2$

$$y' = \frac{\frac{1}{x}\,x^3 - \ln x\,3x^2}{x^6} = \frac{x^2 - 3x^2\ln x}{x^6} = \frac{1-3\ln x}{x^4}\ .$$

Mittelbare Funktionen

Es sei $z = g(x)$ und $y = f(z) = f(g(x))$

Dann gilt:

$$\frac{\Delta y}{\Delta x} = \frac{f(g(x+\Delta x)) - f(g(x))}{\Delta x} = \frac{f(g(x+\Delta x)) - f(g(x))}{g(x+\Delta x) - g(x)} \cdot \frac{g(x+\Delta x) - g(x)}{\Delta x}.$$

Mit $g(x) = z$ und $g(x+\Delta x) = z + \Delta z$ (für $\Delta x \to 0$ folgt dann $\Delta z \to 0$) ergibt sich:

$$\frac{\Delta y}{\Delta x} = \frac{f(z+\Delta z) - f(z)}{\Delta z} \cdot \frac{g(x+\Delta x) - g(x)}{\Delta x}$$

Also:

$$\lim_{\Delta x \to 0} \frac{\Delta y}{\Delta x} = \lim_{\Delta z \to 0} \frac{f(z+\Delta z) - f(z)}{\Delta z} \cdot \lim_{\Delta x \to 0} \frac{g(x+\Delta x) - g(x)}{\Delta x}$$

$$= \frac{df(z)}{dz} \cdot \frac{dg(x)}{dx} = \frac{dy}{dz} \cdot \frac{dz}{dx}\ .$$

Es gilt die sogenannte **Kettenregel:**

R 10.4.10

$$y = f(g(x)) = f(z), \quad z = g(x)$$
$$y' = \frac{df(g(x))}{dx} = \frac{df(z)}{dz}\frac{dg(x)}{dx} = \frac{dy}{dz}\frac{dz}{dx} = f'(g(x))g'(x)$$

In R 10.4.10 heißt $\frac{dy}{dz}$ bzw. $f'(g(x))$ auch **äußere Ableitung** und $\frac{dz}{dx}$ bzw. $g'(x)$ auch **innere Ableitung.**

Die Bedeutung der Kettenregel liegt vor allem darin, daß in vielen Fällen eine gegebene Funktion als mittelbare Funktion interpretiert werden kann und dadurch leichter zu differenzieren ist.

B 10.4.11 a) $y = \sqrt{x^2+x} = (x^2+x)^{\frac{1}{2}}$. Mit $y = z^{\frac{1}{2}}$ und $z = x^2+x$ erhält man bei Anwendung von R 10.4.10:

$$\frac{dy}{dx} = \frac{dy}{dz}\frac{dz}{dx} = \frac{1}{2}z^{-\frac{1}{2}}(2x+1) = \frac{2x+1}{2\sqrt{x^2+x}}$$

b) $y = \ln(x^3+x^2)$; $y = \ln z$ und $z = x^3+x^2$

$$\frac{dy}{dx} = \frac{dy}{dz}\frac{dz}{dx} = \frac{1}{z}(3x^2+2x) = \frac{3x+2}{x^2+x}.$$

c) $y = \sqrt{\ln x}$; $y = \sqrt{z}$ und $z = \ln x$

$$\frac{dy}{dx} = \frac{dy}{dz}\frac{dz}{dx} = \frac{1}{2\sqrt{z}}\frac{1}{x} = \frac{1}{2\sqrt{\ln x}\,x}.$$

Logarithmierte Funktion

Verallgemeinert man das Beispiel 10.4.11b, so ergibt sich für die erste Ableitung der Funktion $y = \ln f(x)$ unter Verwendung der Kettenregel:

$$y = \ln f(x); \quad y = \ln z, \quad z = f(x)$$
$$\frac{dy}{dx} = \frac{dy}{dz}\cdot\frac{dz}{dx} = \frac{1}{z}f'(x) = \frac{f'(x)}{f(x)}.$$

Also gilt:

R 10.4.12

$$y = \ln f(x); \quad y' = \frac{f'(x)}{f(x)}$$

B 10.4.13 a) $y = \ln(x^4-3x^2)$; $f(x) = x^4-3x^2$

$$y' = \frac{4x^3-6x}{x^4-3x^2} = \frac{4x^2-6}{x^3-3x}.$$

b) $y = \ln\sqrt{x}$; $f(x) = \sqrt{x}$

$$y' = \frac{\frac{1}{2\sqrt{x}}}{\sqrt{x}} = \frac{1}{2x}$$

Aus der Funktion y = f(x) erhält man durch eine einfache logarithmische Transformation die logarithmierte Funktion lny = lnf(x). Für die erste Ableitung dieser logarithmierten Funktion nach x gilt gemäß R 10.4.12:

$$\frac{d\ln y}{dx} = \frac{d\ln f(x)}{dx} = \frac{f'(x)}{f(x)} .$$

Durch Auflösung nach f'(x) ergibt sich:

R 10.4.14 $y = f(x); \quad y' = f'(x) = \frac{d\ln f(x)}{dx} f(x)$

B 10.4.15 a) $y = a^x; \quad \ln f(x) = x\ln a; \quad \frac{d\ln f(x)}{dx} = \ln a; \quad y' = \ln a \cdot a^x.$

b) $y = e^x; \quad \ln f(x) = x; \quad \frac{d\ln f(x)}{dx} = 1; \quad y' = e^x.$

c) $y = x^x; \quad \ln f(x) = x\ln x; \quad \frac{d\ln f(x)}{dx} = \ln x + x\cdot\frac{1}{x} = \ln x+1; \quad y' = (\ln x+1)x^x.$

Umkehrfunktion

Es sei y = f(x) eine differenzierbare, eineindeutige Funktion und x = g(y) ihre Umkehrfunktion. Dann gilt für alle $x \in D(f)$: g(f(x)) = x.
Die Differentiation dieser Gleichung nach x ergibt:

$$\frac{dg(y)}{dy}\,\frac{df(x)}{dx} = 1 \qquad \text{(Kettenregel)}$$

Also:

$$\frac{dg(y)}{dy} = \frac{1}{\frac{df(x)}{dx}} \quad \text{mit} \quad \frac{df(x)}{dx} \neq 0$$

d.h.: die Ableitungen einer Funktion und ihrer Umkehrfunktion sind zueinander invers.
Zusammengefaßt erhält man:

R 10.4.16 Ist y = f(x) eine differenzierbare, eineindeutige Funktion mit der Umkehrfunktion x = g(y), so gilt für alle $x \in D(f)$, für die $f'(x) \neq 0$ ist,

$$\frac{dg(y)}{dy} = \frac{1}{\frac{df(x)}{dx}} \quad \text{bzw.} \quad \frac{dx}{dy} = \frac{1}{\frac{dy}{dx}} \quad \text{oder} \quad x' = \frac{1}{y'} .$$

Man beachte, falls man R 10.4.16 zur Bestimmung der ersten Ableitung einer Funktion mittels der Umkehrfunktion benutzt, daß y wieder durch f(x) ersetzt werden muß, um schließlich eine Funktion von x zu erhalten.

B 10.4.17 a) $y = f(x) = e^x$, $x = g(y) = \ln y$. Gesucht $y' = f'(x)$.

$$\frac{1}{f'(x)} = \frac{d\ln y}{dy} = \frac{1}{y} \Longrightarrow f'(x) = y = e^x$$

b) $y = f(x) = \sqrt[3]{x}$, $x = g(y) = y^3$

$$\frac{1}{f'(x)} = \frac{dy^3}{dy} = 3y^2 \Longrightarrow f'(x) = \frac{1}{3y^2} = \frac{1}{3\sqrt[3]{x^2}}$$

R 10.4.16 kann man sich auch graphisch veranschaulichen.

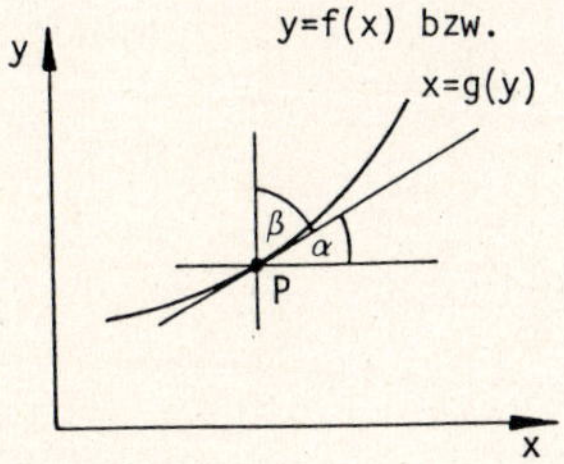

In Figur 10.4.18 entspricht für den Punkt P $\tan\alpha = f'(x)$ und $\tan \beta = g'(y)$.
Es gilt nun
$\tan \beta = \tan(90-\alpha) = \cot\alpha = \frac{1}{\tan\alpha}$, womit die Regel bereits anschaulich bestätigt ist.

F 10.4.18

Aufgaben

Ü 10.4.1 Bestimme die ersten Ableitungen der folgenden Funktionen:

a) $y = 6x^3 - 3x^2 + 4x - 7$; b) $y = 10x^{5,4} + 7x^3 + 2$;

c) $y = 2\sqrt{x} - \frac{1}{x^2}$; d) $y = \frac{5}{\sqrt{x}} + 3$.

Ü 10.4.2 Bestimme die ersten Ableitungen der folgenden Funktionen:

a) $y = x(4+x^2)$; b) $y = x^2 \ln x$; c) $y = (3x+2)(4x+7)$; d) $y = (2x^3+7)e^x$.

Ü 10.4.3 Bestimme die ersten Ableitungen der folgenden Funktionen:

a) $y = \frac{3x^2+2}{2x}$; b) $y = \frac{x^3+3x+2}{x^2+6}$; c) $y = \frac{5x^2+3}{2x^2+4}$.

Ü 10.4.4 Bestimme die ersten Ableitungen der Funktionen:

a) $y = \sqrt{3x^2-3}$; b) $y = (4x^4+3x^3-2x^2)^3$; c) $y = (ax+b)^n$.

Ü 10.4.5 Bestimme die ersten Ableitungen folgender Funktionen mit Hilfe der logarithmischen Ableitung (R 10.4.14):

a) $y = x^x$; b) $y = \frac{x^2+4}{x-5}$; c) $y = 3x^4(x+4)$; d) $y = 4x\sqrt{x^2-1}$.

10.5 Die erste Ableitung häufig vorkommender Funktionen

1.	$y = x^n$	$y' = nx^{n-1}$
2.	$y = c = \text{const.}$	$y' = 0$
3.	$y = ax + b$	$y' = a$
4.	$y = ax^2 + bx + c$	$y' = 2ax + b$
5.	$y = \frac{1}{x}$	$y' = -\frac{1}{x^2}$
6.	$y = \frac{1}{x^n}$	$y' = -\frac{n}{x^{n+1}}$
7.	$y = \frac{1}{f(x)}$	$y' = \frac{-f'(x)}{(f(x))^2}$
8.	$y = \sqrt{x}$	$y' = \frac{1}{2\sqrt{x}}$
9.	$y = \sqrt[n]{x}$	$y' = \frac{1}{n\sqrt[n]{x^{n-1}}}$
10.	$y = \frac{1}{\sqrt{x}}$	$y' = -\frac{1}{2\sqrt{x^3}}$
11.	$y = \sqrt{f(x)}$	$y' = \frac{f'(x)}{2\sqrt{f(x)}}$
12.	$y = \ln x$	$y' = \frac{1}{x}$
13.	$y = \ln(x^n)$	$y' = \frac{n}{x}$
14.	$y = \ln f(x)$	$y' = \frac{f'(x)}{f(x)}$
15.	$y = \log_a x$	$y' = \frac{\log_a e}{x} = \frac{1}{x \ln a}$
16.	$y = \log_a f(x)$	$y' = \frac{f'(x)}{f(x) \ln a}$
17.	$y = e^x$	$y' = e^x$
18.	$y = a^x$	$y' = a^x \ln a$
19.	$y = x^x$	$y' = x^x(1+\ln x)$
20.	$y = e^{f(x)}$	$y' = f'(x)e^{f(x)}$
21.	$y = a^{f(x)}$	$y' = f'(x)\, a^{f(x)} \ln a$

22. $y = \sin x$ $\quad y' = \cos x$

23. $y = \cos x$ $\quad y' = -\sin x$

24. $y = \tan x$ $\quad y' = \frac{1}{\cos^2 x}$

25. $y = \cot x$ $\quad y' = -\frac{1}{\sin^2 x}$.

Aufgaben

Ü 10.5.1 Bestimme die ersten Ableitungen folgender Funktionen:

a) $y = 5x^3+2x^2+3x+2$; b) $y = x^3+\ln x$; c) $y = x^2e^x$; d) $y = x^2a^x$;

e) $y = x^2a^{x^2}$; f) $y = (x^2+4)(x^3-2x+4)$; g) $y = \frac{x^2+4}{x^2-1}$; h) $y = (x+2)^3$;

i) $y = \frac{(1+x)^2}{(1-x)^2}$; j) $y = \sqrt{a^x}$; k) $y = \frac{x^2}{\sqrt{1-x^2}}$; l) $y = \sqrt[3]{(x^2-1)^2}$;

m) $y = \ln(x^2+x)$; n) $y = x^3a^x$.

10.6 Höhere Ableitungen

Durch die Differentiation der Funktion $y = f(x)$ erhält man ihre erste Ableitung $y' = f'(x)$. y' ist ebenfalls eine Funktion von x. Diese Funktion $y' = f'(x)$ kann wieder nach x differenziert werden.

R 10.6.1

> Gegeben sei eine Funktion $y = f(x)$. Ihre erste Ableitung $y' = f'(x)$ sei wieder eine differenzierbare Funktion. Die erste Ableitung der Funktion $y' = f'(x)$ heißt **zweite Ableitung** der Funktion $y = f(x)$ und wird mit
>
> y'', $f''(x)$, $\frac{d^2y}{dx^2}$ oder $\frac{d^2f(x)}{dx^2}$ bezeichnet.

Man beachte die Schreibweise für den Differentialquotienten der zweiten Ableitung, bei der im Zähler die hochgestellte 2 auf das d folgt, im Nenner aber auf das x.

B 10.6.2 $y = x^4 + 3x^2$

$\frac{dy}{dx} = y' = 4x^3 + 6x$; $\quad \frac{d^2y}{dx^2} = y'' = 12x^2 + 6$.

Durch Differentiation der zweiten Ableitung erhält man die dritte Ableitung und durch wiederholtes Differenzieren dann die vierte, fünfte, sechste und noch höhere Ableitungen.

B 10.6.3 $y = 8x^5 + 6x^3$

1. Ableitung: $\frac{dy}{dx} = y' = 40x^4 + 18x^2;$

2. Ableitung: $\frac{d^2y}{dx^2} = y'' = 160x^3 + 36x;$

3. Ableitung: $\frac{d^3y}{dx^3} = y''' = 480x^2 + 36;$

4. Ableitung: $\frac{d^4y}{dx^4} = y'''' = 960x;$

5. Ableitung: $\frac{d^5y}{dx^5} = y''''' = 960;$

6. Ableitung: $\frac{d^6y}{dx^6} = y'''''' = 0.$

Alle höheren Ableitungen sind ebenfalls 0.

Statt y' schreibt man oft auch $y^{(1)}$, statt y'' auch $y^{(2)}$usw., da insbesondere bei höheren Ableitungen diese Schreibweise übersichtlicher ist. Für die n-te Ableitung wird dann $y^{(n)}$ geschrieben.

Manchmal ist es zweckmäßig, eine Funktion y = f(x) als "nullte" Ableitung von sich selbst aufzufassen, also:

$$f(x) = f^{(0)}(x).$$

Aufgaben

Ü 10.6.1 Bestimme die 1. und die 2. Ableitung der Funktion $y = (x^2+3)^2$.
*

Ü 10.6.2 Bestimme die 1. und die 2. Ableitung der folgenden Funktionen:
******

a) $y = 3x^3+2x+5$; b) $y = xa^x$; c) $y = \ln x$; d) $y = \frac{x^2}{\sqrt{x^3+4}}$.

10.7 Das Differential einer Funktion

Es sei eine Funktion y = f(x) und ihre erste Ableitung y' = f'(x) gegeben. Die unabhängige Variable x wird um den **endlichen** Betrag dx geändert. Die damit verbundene Änderung Δy des Funktionswertes kann näherungsweise dadurch bestimmt werden, daß die Tangente an die Funktion als lineare Approximation für die Funktion benutzt wird (vgl. F 10.7.1). Es gilt dann folgendes:

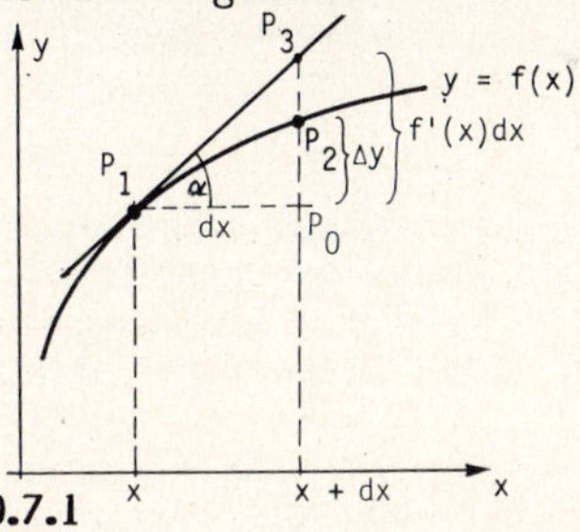

F 10.7.1

Wird x um dx auf x+dx geändert, dann bewegt man sich auf der Kurve (vgl. F 10.7.1) von P_1 nach P_2. Approximiert man an der Stelle x die Funktion durch die Tangente, dann erreicht man P_3 bei einer Änderung von x um dx auf x+dx. Die Tangente hat die Steigung f'(x). Hat die Strecke von P_0 nach P_3 die Länge a, dann gilt:

$f'(x) = \tan\alpha = \frac{a}{dx}$ bzw. a = f'(x)dx. Approximiert man die Funktion durch ihre Tangente, dann ergibt sich also zu dx die näherungsweise Änderung des Funktionswertes zu dy = f'(x)dx.

D 10.7.2

> Gegeben sei eine differenzierbare Funktion y = f(x) und ihre erste Ableitung y' = f'(x). dx sei eine endliche Änderung der unabhängigen Variablen. dy = df(x) = f'(x)dx heißt (zu dx gehöriges) **Differential der Funktion.** dx heißt auch Differential der unabhängigen Veränderlichen.

Man beachte, daß dx jetzt eine beliebige, also nicht eine infinitesimal kleine Änderung der unabhängigen Veränderlichen bedeutet.

Damit erklärt sich auch der Begriff Differentialquotient, da die erste Ableitung gemäß D 10.7.2 als Quotient zweier Differentiale aufgefaßt werden kann. Für die Bildung des Differentials eines Produktes oder eines Quotienten von Funktionen oder für eine mittelbare Funktion gelten in Analogie zu den Differentiationsregeln folgende Regeln:

R 10.7.3

> a) $d(f(x)g(x)) = g(x)df(x) + f(x)dg(x)$
>
> b) $d\left(\frac{f(x)}{g(x)}\right) = \frac{g(x)df(x) - f(x)dg(x)}{(g(x))^2}$
>
> c) $d(f(g(x))) = f'(g(x))dg(x)$

Entsprechend lassen sich auch die anderen Differentiationsregeln auf Differentiale übertragen.

10.8 Die Bedeutung der ersten Ableitung für die wirtschaftstheoretische Analyse

Viele wirtschaftswissenschaftliche Untersuchungen befassen sich, mathematisch gesehen, mit der Bestimmung und Analyse der ersten und zweiten Ableitung von Funktionen. Dazu wird zunächst ein weiteres Beispiel betrachtet. (Vgl. auch das Beispiel in Abschnitt 10.1).
In Band I Abschnitt 7.4 wurde die mikroökonomische **Konsumfunktion** erläutert, die den Zusammenhang zwischen den Konsumausgaben c und dem Einkommen y eines Wirtschaftssubjektes beschreibt:

$$c = c(y).$$

Bei der näheren Analyse der Beziehungen zwischen Konsumausgaben und Einkommen ist unter anderem auch folgende Frage von Interesse: Um welchen Betrag wird das Wirtschaftssubjekt seine Konsumausgaben erhöhen, wenn sich sein Einkommen um einen bestimmten Betrag (speziell um eine Einheit) erhöht?
Allgemein ändern sich die Konsumausgaben um $c(y + \Delta y) - c(y) = \Delta c$, wenn sich das Einkommen um Δy ändert. Dividiert man die Konsumausgabenänderung Δc durch die Einkommensänderung Δy, dann gibt der Differenzenquotient $\Delta c/\Delta y$ an, um wieviel sich die Konsumausgaben im Durchschnitt pro zusätzliche Einheit des Einkommens geändert haben. Dieser Konsumausgabenzuwachs pro Einheit Einkommenszuwachs hängt natürlich von der Höhe des ursprünglichen Einkommens ab.
Läßt man in dem Quotienten, der den durchschnittlichen Konsumausgabenzuwachs pro Einheit des Einkommenszuwachses an der betrachteten Stelle angibt, Δy gegen Null gehen, dann erhält man an Stelle des Differenzenquotienten $\Delta c/\Delta y$ den Differentialquotienten $\frac{dc}{dy}$. Dieser Differentialquotient, d.h. die erste Ableitung der Konsumfunktion, wird im allgemeinen als individuelle **marginale Konsumquote** oder **Grenzhang zum Konsum** bezeichnet. **Die marginale Konsumquote gibt (näherungsweise) an, um wieviel sich die Konsumausgaben erhöhen, wenn das Einkommen um eine Einheit wächst.** Damit bekommt die erste Ableitung der Konsumfunktion einen ökonomischen Inhalt.

Die hier aufgeworfene Fragestellung taucht in gleicher oder ähnlicher Form bei den meisten ökonomischen Funktionen auf. Man spricht in diesem Zusammenhang von **Marginalanalyse** oder auch vom "Denken an der Grenze". Dabei stellt sich im allgemeinen folgendes Problem:

Eine ökonomische Größe y ist eine Funktion einer anderen ökonomischen Größe x, also $y = f(x)$. Ändert man x um einen Betrag Δx, so ändert sich y um $\Delta y = f(x+\Delta x) - f(x)$. Der Differenzenquotient $\Delta y/\Delta x$ gibt dann an, wie sich y in dem betrachteten Bereich durchschnittlich ändert, wenn man x um eine Einheit ändert. Wichtig dabei ist, daß sich die Betrachtung auf Änderungen von einem gegebenen Wert der Größe x aus bezieht. Es handelt sich um Änderungen an der "Grenze", und man spricht von Grenzkosten, Grenzerlös usw.. Da der Differenzenquotient $\Delta y/\Delta x$ nur die Durchschnittsrate der Änderung im Bereich von x bis $x+\Delta x$ angibt, führt erst der Differentialquotient $\frac{dy}{dx}$ zu einer exakten Beschreibung des Verhaltens der ökonomischen Größe y "an der Grenze".

Für die wirtschaftswissenschaftlichen Anwendungen reicht im allgemeinen folgende Interpretation der ersten Ableitung aus:
Die erste Ableitung einer Funktion $y = f(x)$ gibt näherungsweise an, wie sich die abhängige Variable y ändert, wenn x um eine Einheit verändert wird. Das gilt natürlich nur, wenn die Einheiten genügend klein sind, also z.B. nicht bei der Produktion von Schiffen mit "1 Schiff" als Einheit.

Bei marginalanalytischen Betrachtungen sind insbesondere zwei Dinge zu beachten:

Zum ersten die Tatsache, daß die marginale Größe im allgemeinen keinen festen, d.h. konstanten Wert annimmt. Die marginale Konsumquote kann beispielsweise bei verschiedenen Einkommen auch verschieden hoch sein. **Marginale Größen sind somit variable Größen, und zwar sind sie Funktionen der unabhängigen Variablen.** Das ergibt sich bereits unmittelbar aus den Eigenschaften der ersten Ableitung einer Funktion. Wenn also bei wirtschaftswissenschaftlichen Untersuchungen von einer marginalen Konsumquote, von Grenzkosten, Grenzerlös usw. gesprochen wird, dann hat man damit die Vorstellung von Funktionen zu verbinden, es sei denn, man meint einen speziellen Wert dieser Funktion. Man spricht deshalb häufig auch von der Grenzkostenfunktion, der Grenzerlösfunktion usw.

Als zweites ist zu beachten, daß die **Marginalanalyse ökonomische Größen voraussetzt,** die kontinuierlich verändert werden können. In der Realität ist das aber nur selten der Fall. Unter praktischen Gesichtspunkten liefert die Marginalanalyse daher häufig auch nur approximative Aussagen.

Schließlich ist noch ein weiterer Umstand zu erwähnen, der bei kritischer Lektüre wirtschaftswissenschaftlicher Untersuchungen zu Mißverständnissen führen kann. Die marginalen Größen, mit denen man es zu tun hat, werden in den meisten Fällen, so wie es in den vorstehenden Ausführungen getan wurde, als Differentialquotient oder erste Ableitung der ökonomischen Funktion definiert. Daneben gibt es aber auch marginale Größen, die als Differential der Funktion definiert werden.

Während man bei der ersten Ableitung streng genommen das Änderungsverhältnis der beiden Größen erhält, bezeichnet das Differential $dy = f'(x)dx$ angenähert die absolute Änderung des Funktionswertes, die man erhält, wenn man x um den endlichen Betrag dx ändert. (Für den Spezialfall $dx = 1$ erhält man die absolute Änderung von y als $f'(x)$, sie entspricht damit der ersten Ableitung.) Das Nebeneinander zweier marginaler Größen bei Funktionen mit einer Veränderlichen hat dazu geführt, daß inhaltlich gleichen Größen verschiedene formale Definitionen gegeben wurden. Auf eine kritische Betrachtung in dieser Richtung kann im Rahmen der vorliegenden Einführung nicht eingegangen werden. Im folgenden werden die in der Wirtschaftstheorie üblichen Begriffe und Definitionen verwendet.

10.9 Die erste Ableitung einiger wirtschaftlicher Funktionen

Die erste Ableitung der in Band I Abschnitt 7.4 besprochenen Konsumfunktion $\frac{dc}{dy}$ gibt die **individuelle marginale Konsumquote oder den Grenzhang zum Konsum an** (vgl. dazu Abschnitt 10.8).
Als erste Ableitung der individuellen Sparfunktion (Band I Abschnitt 7.4)

$$s = y - c(y)$$

erhält man

$$\frac{ds}{dy} = 1 - \frac{dc}{dy} .$$

$\frac{ds}{dy}$ ist die **individuelle marginale Sparquote oder der Grenzhang zum Sparen.** Der Differentialquotient gibt näherungsweise an, wie sich die Ersparnis verändert, wenn sich das Einkommen um eine Einheit ändert.
Aus der obigen Beziehung für die marginale Sparquote folgt durch Umformung

$$\frac{ds}{dy} + \frac{dc}{dy} = 1.$$

Marginale Konsumquote und marginale Sparquote addieren sich zu 1.

Umsatzfunktion einer Unternehmung

Als erste Ableitung der Umsatzfunktion (Band I Abschnitt 7.4)

$$U = U(x)$$

erhält man

$$U' = \frac{dU}{dx} .$$

Dieser Differentialquotient wird als **Grenzumsatz oder Grenzerlös bezogen auf die Menge** bezeichnet. Er gibt näherungsweise an, wie sich der Umsatz ändert, wenn die abgesetzte Menge um eine Einheit geändert wird.

Stellt man den Umsatz als Funktion des Preises dar

$$U = U(p)$$

und bestimmt die erste Ableitung

$$U' = \frac{dU}{dp} ,$$

so erhält man den **Grenzumsatz bezogen auf den Preis.**

Wachstumsfunktion

Die erste Ableitung einer Wachstumsfunktion (Band I Abschnitt 7.4) $y = y(t)$ bezeichnet man als **Wachstumsrate.** Sie gibt näherungsweise den **Betrag** an, um den sich die wirtschaftliche Wachstumsgröße in einer

Zeiteinheit vermehrt. Nimmt man das Beispiel B 8.4.5 (Band I) der stetigen Verzinsung (vgl. auch Band I Abschnitt 9.5), so ergibt sich beispielsweise für

$$y = ae^{\frac{p}{100}t}$$ als erste Ableitung nach der Zeit

$$\frac{dy}{dt} = \frac{p}{100}ae^{\frac{p}{100}t} = \frac{p}{100}y.$$

Manchmal bezeichnet man auch $\frac{y'}{y}$ als Wachstumsrate. Für die stetige Verzinsung erhält man dann die Wachstumsrate $\frac{p}{100}$.

Produktionsfunktion

Bei einer Produktionsfunktion (Band I Abschnitt 7.4)

$$x = x(r)$$

kann man ebenfalls die erste Ableitung bestimmen und erhält

$$\frac{dx}{dr}.$$

Die erste Ableitung gibt näherungsweise an, wie sich von einer gegebenen Faktoreinsatzmenge r aus die Ausbringung oder der Ertrag ändert, wenn man die Einsatzmenge des Produktionsfaktors um eine Einheit ändert. Man bezeichnet den Differentialquotienten $\frac{dx}{dr}$ als **Grenzproduktivität** des betreffenden **Produktionsfaktors.**

Ändert man die Faktoreinsatzmenge um dr, dann erhält man das **Grenzprodukt (Grenzertrag).** Es ergibt sich formal durch Multiplikation der Grenzproduktivtät des Faktors mit der Faktoreinsatzmengenänderung dr:

$$dx = x'(r)dr.$$

Das Grenzprodukt ist das Differential der Produktionsfunktion.

Kostenfunktion

Eine Kostenfunktion K = K(x) besitzt die erste Ableitung

$$K' = \frac{dK}{dx},$$

die man als **Grenzkosten**(funktion) bezeichnet (vgl. Abschnitt10.1). Die Grenzkosten geben (angenähert) die Kosten einer zusätzlichen Ausbringungseinheit von einer gegebenen Produktionsmenge aus an.

Gewinnfunktion

Die erste Ableitung einer Gewinnfunktion

$$G = G(x) = E(x) - K(x)$$

lautet

$$G' = \frac{dG}{dx} = \frac{dE}{dx} - \frac{dK}{dx} = E' - K'$$

$\frac{dG}{dx}$ ist der auf die Menge bezogene **Grenzgewinn.**

Der Grenzgewinn gibt die näherungsweise Gewinnänderung an, die man bei einer Änderung der Menge um eine Einheit erhält. Aus G' = E'-K' geht hervor, daß der Grenzgewinn sich als **Differenz aus Grenzerlös und Grenzkosten ergibt.**

Indifferenzkurven und Isoquanten

Indifferenzkurven und Isoquanten (Band I Abschnitt 7.4) lassen sich auf die gemeinsame Form $f(x,y) \equiv 0$ bringen.

Um die implizite Funktion $f(x,y) \equiv 0$ zu differenzieren, benötigt man die Differentialrechnung für Funktionen zweier Veränderlichen. Man kann sich hier jedoch dadurch helfen, daß man (sofern dies möglich ist) aus der impliziten Form eine der beiden expliziten Formen entwickelt. Man erhält dann z.B. $y = f(x)$.

Dabei bezeichnen y und x einmal zwei Konsumgüter eines Wirtschaftssubjektes (Indifferenzkurve) und das andere Mal zwei Produktionsfaktoren (Isoquante).

$y = f(x)$ beschreibt den Zusammenhang zwischen x und y unter der Voraussetzung, daß die die Funktion erfüllenden Mengenkombinationen der Güter (Produktionsfaktoren) sämtlich zu dem gleichen Nutzen für das Wirtschaftssubjekt (zu der gleichen Produktionsmenge) führen.

Ändert man die konsumierte Menge des einen Gutes um Δx, so hat man, um den Nutzen konstant zu halten, die konsumierte Menge des anderen Gutes um $\Delta y = f(x+\Delta x) - f(x)$ zu ändern (vgl. Figur 10.9.1).

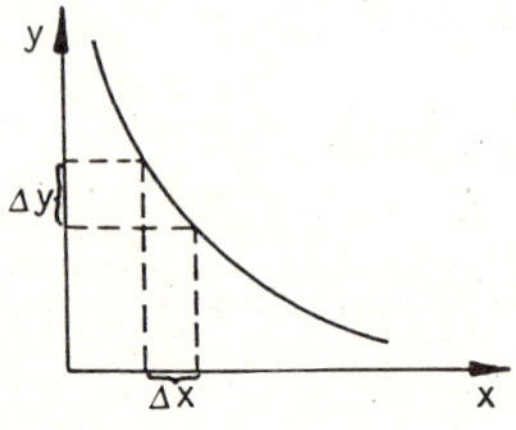

F 10.9.1

Der Differenzenquotient $\Delta y/\Delta x$ gibt dann an, um wieviel man bei konstantem Nutzen die Konsummenge y des einen Gutes ändern muß, wenn die Konsummenge x des anderen Gutes um eine Einheit verändert wird. Bildet man den Grenzwert des Differenzenquotienten für $\Delta x \to 0$, so erhält man den Differentialquotienten

$$\frac{dy}{dx} = \lim_{\Delta x \to 0} \frac{\Delta y}{\Delta x}$$

als das Verhältnis der infinitesimalen Mengenänderungen der beiden Güter bei konstantem Nutzen.

$\frac{\Delta y}{\Delta x}$ gibt das durchschnittliche **Substitutionsverhältnis** in dem betrachteten Bereich an.

Den Differentialquotienten $\frac{dy}{dx}$ bezeichnet man als **Grenzrate der Substitution.**

Aufgaben

Ü 10.9.1 Für eine Unternehmung gelte die Produktionsfunktion $x = f(r)$. Der Faktorpreis sei konstant und betrage q. Leite einen Zusammenhang zwischen Grenzkosten und Grenzproduktivität ab.

Ü 10.9.2 Es sei eine Produktionsfunktion $x = x(r)$ mit ertragsgesetzlichem Verlauf gegeben (siehe Figur). Zeige graphisch bzw. analytisch, daß

a) bei zunehmendem Durchschnittsertrag die Grenzproduktivität größer als der Durchschnittsertrag ist;

b) bei abnehmendem Durchschnittsertrag die Grenzproduktivität kleiner als der Durchschnittsertrag ist;

c) bei zunehmendem Gesamtertrag der Grenzertrag nicht negativ ist;

d) bei abnehmendem Gesamtertrag der Grenzertrag nicht positiv ist;

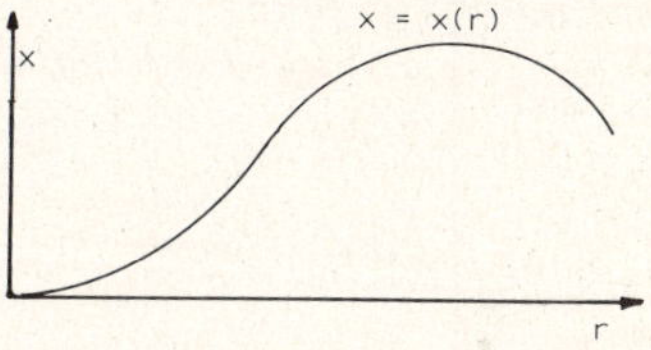

e) die aus der Produktionsfunktion abgeleitete Kostenfunktion einen s-förmigen Verlauf hat.

Ü 10.9.3 Gegeben ist die Produktionsfunktion $x = 4\sqrt{r_1 r_2}$.

a) Bestimme die Isoquante für $x = 20$ in der Form $r_2 = f(r_1)$;

b) Bestimme für die Isoquante die Grenzrate der Substitution und die Stelle, an der die Grenzrate gleich -1 ist.

10.10 Grenzwertbestimmung mit Hilfe der ersten Ableitung – Regel von de l'HOSPITAL

Bei manchen Funktionen, die als Quotient zweier anderer Funktionen aufgefaßt werden können, kann es vorkommen, daß Zähler und Nenner gleichzeitig verschwinden oder ∞ (bzw. $-\infty$) werden, wenn $x \to x_0$ strebt. Für eine Funktion $y = f(x) = \frac{g(x)}{h(x)}$ gilt dann

$$\lim_{x \to x_0} g(x) = \lim_{x \to x_0} h(x) = 0 \text{ (oder } = \infty \text{ oder } = -\infty)$$

und für y erhält man einen unbestimmten Ausdruck.

B 10.10.1 $y = \frac{x^2-16}{2x-8}$. Für $x = 4$ ergibt sich $y = \frac{"0"}{0}$, also ein unbestimmter Ausdruck.

Der französische Mathematiker de l'HOSPITAL (1661-1704) hat eine nach ihm benannte Regel entwickelt, mit der $\lim_{x \to x_0} f(x)$ dennoch bestimmt werden kann.

Die Regel wird hier für den Fall angegeben, daß für

$$y = f(x) = \frac{g(x)}{h(x)} \quad \text{gilt: } \lim_{x \to x_0} g(x) = \lim_{x \to x_0} h(x) = 0.$$

R 10.10.2

Gegeben sei die Funktion $y = f(x) = \frac{g(x)}{h(x)}$.
g(x) und h(x) seien n-mal differenzierbar und es sei

$$\lim_{x \to x_0} g^{(\nu)}(x) = \lim_{x \to x_0} h^{(\nu)}(x) = 0 \text{ für } \nu = 0,1,\ldots,n-1.$$

Besitzt $\frac{g^{(n)}(x)}{h^{(n)}(x)}$ für $x \to x_0$ einen Grenzwert, so besitzt auch

$f(x) = \frac{g(x)}{h(x)}$ für $x \to x_0$ einen Grenzwert und es gilt

$$\lim_{x \to x_0} f(x) = \lim_{x \to x_0} \frac{g(x)}{h(x)} = \lim_{x \to x_0} \frac{g^{(n)}(x)}{h^{(n)}(x)} .$$

Man beachte, daß bei der Anwendung der Regel von de l'HOSPITAL **Zähler und Nenner getrennt differenziert werden.**

B 10.10.3 $y = f(x) = \frac{g(x)}{h(x)} = \frac{\frac{1}{4}x^4 - \frac{1}{2}x^2 + \frac{1}{4}}{\frac{1}{3}x^3 - \frac{1}{2}x^2 + \frac{1}{6}}$.

Zu bestimmen ist $\lim_{x \to 1} f(x) = \lim_{x \to 1} \frac{g(x)}{h(x)}$.

$g(x) = \frac{1}{4}x^4 - \frac{1}{2}x^2 + \frac{1}{4}$; $\lim_{x \to 1} (\frac{1}{4}x^4 - \frac{1}{2}x^2 + \frac{1}{4}) = 0$

$h(x) = \frac{1}{3}x^3 - \frac{1}{2}x^2 + \frac{1}{6}$; $\lim_{x \to 1} (\frac{1}{3}x^3 - \frac{1}{2}x^2 + \frac{1}{6}) = 0$

Es ergibt sich also $\lim_{x \to 1} \frac{g(x)}{h(x)} = \frac{"0"}{0}$.

$g'(x) = x^3 - x$; $\lim_{x \to 1} g'(x) = \lim_{x \to 1} (x^3 - x) = 0$

$h'(x) = x^2 - x$; $\lim_{x \to 1} h'(x) = \lim_{x \to 1} (x^2 - x) = 0$

Da $\lim_{x \to 1} \frac{g'(x)}{h'(x)} = \frac{"0"}{0}$, ist $\lim_{x \to 1} \frac{g''(x)}{h''(x)}$ zu untersuchen.

$g''(x) = 3x^2 - 1; \quad \lim_{x\to 1} g''(x) = \lim_{x\to 1} (3x^2 - 1) = 2$

$h''(x) = 2x - 1; \quad \lim_{x\to 1} h''(x) = \lim_{x\to 1} (2x - 1) = 1$

Es ergibt sich also

$$\lim_{x\to 1} \frac{\frac{1}{4}x^4 - \frac{1}{2}x^2 + \frac{1}{4}}{\frac{1}{3}x^3 - \frac{1}{2}x^2 + \frac{1}{6}} = \lim_{x\to 1} \frac{3x^2 - 1}{2x - 1} = \frac{2}{1} = 2.$$

Ist $f(x_0) = "\frac{0}{0}"$, dann ist die Funktion an dieser Stelle nicht definiert, und man kann, wie aus den vorstehenden Ausführungen hervorgeht, nur den Grenzwert für $x \to x_0$ bestimmen. Um nun in der Funktion nicht eine (oder mehrere) nicht definierte Stellen zu haben, definiert man häufig $f(x_0) = \lim_{x\to x_0} f(x)$ mit Hilfe der Regel von de l'HOSPITAL.

B 10.10.4 a) $\lim_{x\to 1} \frac{x^n - 1}{x - 1}$. Setzt man in diesem Ausdruck $x = 1$, so ergibt sich $\frac{1^n - 1}{1 - 1} = "\frac{0}{0}"$, ein unbestimmter Ausdruck. Differenziert man Zähler und Nenner, so ergibt sich $\frac{nx^{n-1}}{1}$, und man erhält $\lim_{x\to 1} f(x) = \frac{n \cdot 1^{n-1}}{1} = n$.

b) $\lim_{x\to 0} (-\ln x)(x^2)$. Es ist $-\ln 0 = -(-\infty)$ und $0^2 = 0$ also $f(0) = "\infty \cdot 0"$. Nun ist aber $(-\ln x)(x^2) = \frac{-\ln x}{\frac{1}{x^2}}$ mit $f(0) = "\frac{\infty}{\infty}"$. Differenziert man Zähler und Nenner getrennt, so erhält man

$$\lim_{x\to 0} \frac{-\ln x}{\frac{1}{x^2}} = \lim_{x\to 0} \frac{-\frac{1}{x}}{-\frac{2}{x^3}} = \lim_{x\to 0} \frac{x^3}{2x} = \lim_{x\to 0} \frac{x^2}{2} = 0.$$

Daraus folgt $\lim_{x\to 0} (-\ln x)(x^2) = 0$.

Mit Hilfe der l'Hospitalschen Regel lassen sich auch Grenzwerte berechnen, die auf Ausdrücke der Form "$0 \cdot \infty$", "0^0", "∞^0", "$\infty \cdot \infty$" führen.

Aufgaben

Ü 10.10.1 Bestimme $\lim\limits_{x \to 0} \frac{e^x - 1}{x}$.
**

Ü 10.10.2 Bestimme $\lim\limits_{x \to \infty} \frac{\ln x}{x^a}$; $x > 0$, $a > 0$.
**

Ü 10.10.3 Bestimme den Grenzwert von $\lim\limits_{x \to 0} \frac{e^x - (1+x)}{x^2}$.
**

Ü 10.10.4 Bestimme die folgenden Grenzwerte:
****

a) $\lim\limits_{x \to 1} \frac{x - 1}{\ln x}$; b) $\lim\limits_{x \to 1} \frac{e^{x-1} - x}{x^2 - 2x + 1}$; c) $\lim\limits_{x \to 0} x \ln x$.

10.11 Approximation von Funktionen nach Taylor

Bei der Behandlung von Funktionen in Band I wurde u.a. auch auf die ganzen rationalen Funktionen eingegangen (Abschnitt 6.6). Für Anwendungen besitzen ganze rationale Funktionen gegenüber transzendenten oder algebraischen Funktionen meistens den Vorzug, daß sie sich einfacher behandeln lassen. Deshalb ist man häufig daran interessiert, eine beliebige Funktion $y = f(x)$ durch eine ganze rationale Funktion zu approximieren. Dazu wird der folgende Satz von Taylor herangezogen:

R 10.11.1

Taylorentwicklung
Die Funktion $y = f(x)$ sei im Intervall $I \subset D(f)$ $(n+1)$-mal stetig differenzierbar, und es sei $a \in I$. $f(x)$ kann für alle $x \in I$ nach Potenzen von $x-a$ entwickelt werden:

$$f(x) = \sum_{i=0}^{n} \frac{f^{(i)}(a)}{i!} (x - a)^i + \frac{f^{(n+1)}(x^*)}{(n+1)!} (x - a)^{n+1}$$

wobei x^* zwischen a und x liegt.

Für die Approximation ist wichtig, daß das Restglied $\frac{f^{(n+1)}(x^*)}{(n+1)!} (x-a)^{n+1}$ für wachsendes n gegen Null geht. Die Funktion $f(x)$ kann dann durch

$$f^*(x) = \sum_{i=0}^{n} \frac{f^{(i)}(a)}{i!} (x - a)^i$$

angenähert werden.

B 10.11.2 a) Für $y = f(x) = e^x$ gilt $f^{(n)}(x) = e^x$ für alle $n \in \mathbb{N}$. Es wird $a = 0$ gewählt. Dann gilt $f^{(1)}(0) = f^{(2)}(0) = \ldots = f^{(n)}(0) = 1$, da $e^0 = 1$. Für das Restglied wird $x^* = cx$ mit $0 < c < 1$ gesetzt.

Es ist dann

$$f(x) = e^x = \sum_{i=0}^{n} \frac{x^i}{i!} + \frac{x^{n+1}}{(n+1)!} e^{cx}.$$

b) Für $y = f(x) = \sin x$ gilt $f'(x) = \cos x$, $f''(x) = -\sin x$, $f'''(x) = -\cos x$, $f^{(4)}(x) = \sin x, \ldots$. (Vgl. Abschnitt 10.5, Nr. 18 und 19.)
Es wird $a = 0$ gewählt. Dann gilt:

$f(0) = f^{(2)}(0) = f^{(4)}(0) = \ldots = f^{(2n)}(0) = 0$

$f'(0) = 1,\ f^{(3)}(0) = -1,\ f^{(5)}(0) = 1,\ f^{(7)}(0) = -1, \ldots$.

Damit ergibt sich z.B. für $n = 12$

$$\sin x = x - \frac{x^3}{3!} + \frac{x^5}{5!} - \frac{x^7}{7!} + \frac{x^9}{9!} - \frac{x^{11}}{11!} + \frac{\sin(cx)}{12!} x^{12} \quad \text{mit } 0 < c < 1.$$

Auf weitere Einzelheiten zur Taylorentwicklung von Funktionen kann im Rahmen dieser Einführung nicht eingegangen werden. Es sei dazu auf die weiterführende Literatur verwiesen.

11. Anwendung der Differentialrechnung zur Untersuchung von Funktionen mit einer unabhängigen Veränderlichen

11.1 Vorbemerkung

Aus den vorangegangenen Ausführungen geht hervor, daß die erste Ableitung von Funktionen in den Wirtschaftswissenschaften - vereinfachend ausgedrückt - vor allem der Beantwortung folgender Frage dient: "Wie verändert sich der Funktionswert, wenn die unabhängige Variable um eine Einheit verändert wird?". Anschaulich kann die erste Ableitung dabei als Steigung einer Funktion interpretiert werden.

Mit Hilfe der Differentialrechnung können aber auch andere Eigenschaften von Funktionen untersucht werden. Dabei geht es vor allem um die Bestimmung von Extremwerten (Maxima und Minima). Aber auch Monotonie einer Funktion (vgl. Band I, D 6.3.16) und Krümmung (Band I, D 6.3.23) können mit Hilfe der Ableitungen einer Funktion untersucht werden.

In den folgenden Abschnitten wird immer, auch wenn es nicht ausdrücklich angegeben ist, unterstellt, daß es sich um differenzierbare Funktionen handelt.

11.2 Extremwertbestimmung

Zu den wichtigsten Aufgaben der Untersuchung von Funktionen gehört die Bestimmung von Extremwerten, d.h. von Maxima und Minima. Ein Maximum einer Funktion ist eine Stelle, an der der Funktionswert seinen größten Wert annimmt. Trifft das nur auf ein beschränktes Intervall des Definitionsbereiches zu, so spricht man von einem relativen Maximum. Gibt es im gesamten Definitionsbereich keinen größeren Funktionswert, so liegt ein absolutes Maximum vor. Die in F 11.2.2 dargestellte Funktion hat z.B. bei x_1 ein relatives Maximum. Für zunehmende $x > x_3$ wächst y schnell an, wie aus der Zeichnung zu ersehen ist, und die Funktionswerte werden größer als an der Stelle des relativen Maximums.

Bei einem Minimum nimmt die Funktion ihren kleinsten Wert an (absolutes bzw. relatives Minimum). In F 11.2.2 hat die Funktion bei x_3 ein relatives Minimum.

Allgemein sind Extremwerte wie folgt definiert:

D 11.2.1

Eine Funktion $y = f(x)$ hat an der Stelle $x = x_0$ ein **Maximum,** wenn es ein $\Delta x > 0$ gibt, so daß für alle $x \neq x_0$ mit $|x - x_0| < \Delta x$ gilt: $f(x) < f(x_0)$.

Die Funktion hat ein **Minimum** bei $x = x_0$, wenn entspre-

chend gilt: $f(x) > f(x_0)$.
Gilt die Beziehung $f(x) > f(x_0)$ bzw. $f(x) < f(x_0)$ für alle x aus dem Definitionsbereich der Funktion, dann spricht man von einem **absoluten Maximum bzw. Minimum.** Andernfalls von einem **relativen Maximum bzw. Minimum.**

Sind für eine gegebene Funktion $y = f(x)$ die Stellen zu bestimmen, an denen Extremwerte liegen, dann erhebt sich die Frage, wie das am einfachsten geschieht. Ist die Funktion differenzierbar, so kann man dieses Problem mittels der Ableitungen lösen. Da es in dem hier gegebenen Rahmen nicht möglich ist, eine mathematisch vollständige Darstellung mit den entsprechenden Beweisen zu liefern, wird nur eine anschauliche Interpretation der Zusammenhänge gegeben, wobei zunächst auf Figur 11.2.2 zurückgegriffen wird.

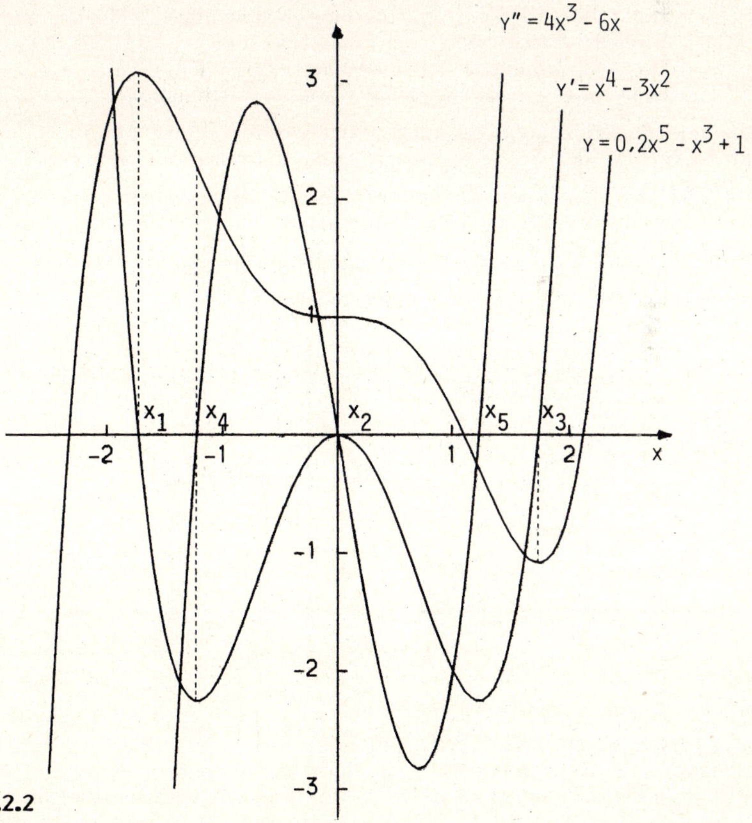

F 11.2.2

Die in Figur 11.2.2 dargestellte Funktion hat bei x_1 und x_3 Extremwerte.

Aus der in Figur 11.2.2 ebenfalls enthaltenen ersten Ableitung ist zu ersehen, daß der Wert der ersten Ableitung der Funktion an diesen Stellen Null wird. Das gilt für eine differenzierbare Funktion generell, wie man sich auf folgende Art anschaulich klar machen kann: Bewegt man sich auf der Kurve $y = f(x)$ von links nach rechts auf ein Maximum zu, so hat man eine positive Steigung (1. Ableitung), die Funktionswerte nehmen zu. Zum Maximum hin nimmt die Steigung ab und wird im Maximum selbst Null. Die Tangente an die Kurve verläuft dort waagerecht. Bewegt man sich weiter, hat man eine negative Steigung. Entsprechendes gilt für ein Minimum. Ist die Steigung in einem beliebigen Punkt der Kurve nicht Null, so kann die Funktion dort keinen Extremwert haben. Das Verschwinden der ersten Ableitung ist also eine notwendige Bedingung für einen Extremwert.

R 11.2.3

Es sei $y = f(x)$ eine Funktion mit einer an der Stelle x_0 existierenden ersten Ableitung. **Notwendige Bedingung für einen Extremwert** der Funktion bei x_0 ist das Verschwinden der ersten Ableitung: $f'(x_0) = 0$.

Daß eine Funktion auch bei nicht existierender erster Ableitung einen Extremwert an der Stelle x_0 haben kann, sieht man an dem Beispiel in F 11.2.4. Die im linken Teil der Zeichnung dargestellte Funktion hat einen Extremwert bei x_0, obwohl die erste Ableitung (rechter Teil der Zeichnung) dort nicht existiert. Für x_0 gibt es nur eine rechtsseitige und eine linksseitige Ableitung, die voneinander abweichen.

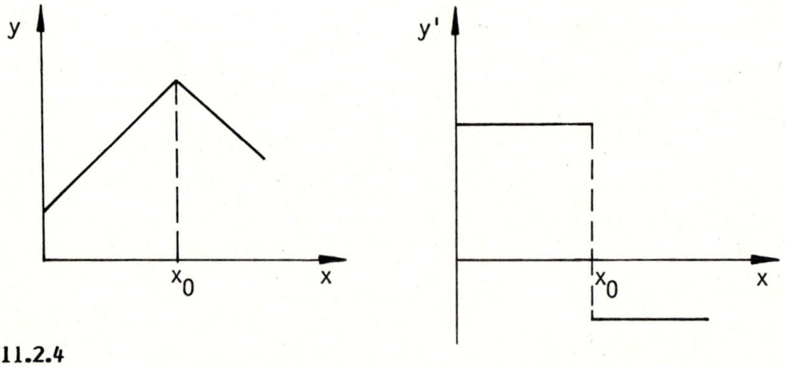

F 11.2.4

Das Verschwinden der ersten Ableitung ist zwar notwendig für die Existenz eines Extremwertes, aber nicht hinreichend, wie man an dem Beispiel in F 11.2.2 sehen kann. Die erste Ableitung verschwindet auch an der Stelle x_2, aber die Funktion hat dort keinen Extremwert, sondern einen sogenannten **Sattelpunkt** (siehe dazu Abschnitt 11.5, insbesondere R 11.5.5).

Betrachtet man die in F 11.2.2 ebenfalls dargestellte zweite Ableitung der Funktion, so ist diese an der Stelle des Sattelpunktes gleich Null, während sie bei den Extremwerten von Null verschieden ist. Zu diesem Ergebnis gelangt man auch, wenn man die bisherigen Überlegungen einer Bewegung auf der Kurve erweitert. Bewegt man sich auf der Kurve von links nach rechts auf das Maximum zu, so nimmt die Steigung ständig ab, wird im Maximum Null und danach immer stärker negativ. Die erste Ableitung fällt also ständig in der Umgebung des Maximums. Die zweite Ableitung ist deshalb an der Stelle des Maximums negativ. In der Umgebung des Minimums hat man eine dauernd zunehmende Steigung. Im Minimum ist also die zweite Ableitung positiv.
Aus diesen Überlegungen ergibt sich folgendes:

R 11.2.5

> Die Funktion $y = f(x)$ sei an der Stelle $x = x_0$ zweimal differenzierbar.
> **Hinreichende Bedingungen für einen Extremwert** bei x_0 sind $f'(x_0) = 0$ und $f''(x_0) \neq 0$.
> Gilt $f''(x_0) < 0$, so liegt bei x_0 ein **Maximum**, falls $f''(x_0) > 0$ liegt bei x_0 ein **Minimum**.

Die in R 11.2.5 angegebenen Bedingungen sind **hinreichend** für einen Extremwert.
Bei der praktischen Bestimmung der Extremwerte einer Funktion $y = f(x)$ geht man so vor, daß man zunächst die erste Ableitung der Funktion bestimmt: $y' = f'(x)$. Die erste Ableitung setzt man gleich Null und löst nach x auf, d.h. man bestimmt alle Lösungen der Gleichung $f'(x) = 0$. Es ergeben sich dann Werte $x_1, x_2, \ldots, x_n$.

Im nächsten Schritt bestimmt man die zweite Ableitung und prüft für alle $x_i (i = 1,\ldots,n)$, ob $f''(x_i) > 0$ oder $f''(x_i) < 0$ gilt und kann dann für die x_i, für die $x_i \neq 0$ gilt, entscheiden, ob jeweils ein Maximum oder ein Minimum vorliegt. Für $x_i = 0$ sind weitere Untersuchungen notwendig (s.u.).

B 11.2.6 a) Die in F 11.2.2 dargestellte Funktion lautet $y = 0{,}2x^5 - x^3 + 1$. Als erste Ableitung erhält man $y' = x^4 - 3x^2$. Aus $x^4 - 3x^2 = 0$ folgt $x_1 = 0$, $x_2 = -\sqrt{3}$ und $x_3 = +\sqrt{3}$.

Es ist $y'' = 4x^3 - 6x$ und $f''(0) = 0$;

$f''(-\sqrt{3}) = 4(-\sqrt{3})^3 - 6(-\sqrt{3}) = 12(-\sqrt{3}) + 6(\sqrt{3}) = -6\sqrt{3} < 0$;

$f''(\sqrt{3}) = 4(\sqrt{3})^3 - 6(\sqrt{3}) = 12(\sqrt{3}) - 6(\sqrt{3}) = +6\sqrt{3} > 0$.
Bei $x = -\sqrt{3}$ liegt also ein Maximum und bei $x = \sqrt{3}$ ein Minimum.
An der Stelle $x = 0$ verschwinden erste und zweite Ableitung. Dieser Fall wird weiter unten behandelt.

b) $y = x^4 - 8x^2 + 16$; $y' = 4x^3 - 16x$.
Aus $f'(x) = 0$ folgt $x^3 - 4x = 0 \Longrightarrow x_1 = -2$; $x_2 = 0$; $x_3 = 2$.
$y'' = 12x^2 - 16$;
$f''(-2) = 12 \cdot 4 - 16 = 32 > 0$; $f''(0) = -16 < 0$; $f''(2) = 12 \cdot 4 - 16 = 32 > 0$.
Die gegebene Funktion hat also bei $x = 0$ ein Maximum und Minima bei $x = -2$ und $x = 2$.

In manchen Fällen reichen die in R 11.2.5 angegebenen Bedingungen zur Bestimmung von Extremwerten nicht aus, da sie hinreichend, aber nicht notwendig sind. Das bedeutet, daß aus $f'(x_0) = 0$ und $f''(x_0) = 0$ nicht der Schluß gezogen werden darf, daß die Funktion an der Stelle $x = x_0$ keinen Extremwert besitzt. Das wird an dem folgenden Beispiel deutlich:

B 11.2.7 Die Funktion $y = x^4$ hat, wie aus der Figur 11.2.8 hervorgeht, offenbar ein Minimum bei $x = 0$. Es ist $y' = 4x^3$ und aus $y' = 4x^3 = 0$ folgt $x = 0$. $y'' = 12x^2$ und $f''(0) = 0$. Mittels der in R 11.2.5 angegebenen Bedingungen kann das Minimum also nicht gefunden werden. Bestimmt man höhere Ableitungen, so erhält man $y''' = 24x$ und $f'''(0) = 0$; $y'''' = 24$ und $f''''(0) = 24 > 0$.

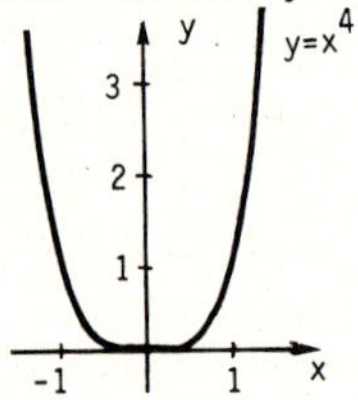

F 11.2.8

Erst die vierte Ableitung der Funktion ist also an der Stelle $x = 0$ von Null verschieden.

Allgemein gelten für Extremwerte einer n-mal differenzierbaren Funktion die folgenden Bedingungen:

R 11.2.9

> Die Funktion $y = f(x)$ sei an der Stelle $x = x_0$ n-mal differenzierbar. Wenn für **gerades n** gilt:
> $f'(x_0) = f''(x_0) = f'''(x_0) = \ldots = f^{(n-1)}(x_0) = 0$
> und $f^{(n)}(x_0) \neq 0$, so hat die Funktion an der Stelle x_0 einen Extremwert, und zwar ein **Maximum**, falls $f^{(n)}(x_0) < 0$, ein **Minimum**, falls $f^{(n)}(x_0) > 0$.

Für die praktische Bestimmung von Extremwerten kann das folgende Schema (R 11.2.10) herangezogen werden.

R 11.2.10

Schema zur Bestimmung von Extremwerten einer n-mal differenzierbaren Funktion

(1) Bestimmung von $f'(x)$.

(2) Lösung der Gleichung $f'(x) = 0$ für x.

a) Hat die Gleichung keine Lösung, so existiert kein Extremwert.

b) Hat die Gleichung die Lösungen $x_i (i = 1,...,m)$, so ist Schritt (3) durchzuführen.

(3) Bestimmung von $f''(x)$.

(4) Prüfung des Vorzeichens der zweiten Ableitung an den Stellen $x_i (i = 1,...,m)$.

a) Aus $f''(x_i) < 0$ folgt ein Maximum bei x_i.

b) Aus $f''(x_i) > 0$ folgt ein Minimum bei x_i.

c) Bei $f''(x_i) = 0$ ist Schritt (5) durchzuführen.

(5) Sukzessive Bestimmung von höheren Ableitungen und Prüfung dieser Ableitungen an den Stellen x_i solange, bis $f^{(n)}(x_i) \neq 0$.

a) Ist n gerade und $f^{(n)}(x_i) > 0$, so liegt bei x_i ein Minimum.

b) Ist n gerade und $f^{(n)}(x_i) < 0$, so liegt bei x_i ein Maximum.

c) Ist n ungerade, so existiert kein Extremwert (es liegt ein Sattelpunkt vor).

d) Gibt es keine Ableitung, für die $f^{(n)}(x_i) \neq 0$ ist, so ist eine eindeutige Aussage nicht möglich.

B 11.2.11 $y = \frac{1}{6}x^6 - \frac{9}{4}x^4$; $y' = x^5 - 9x^3 = 0$; $x_1 = 0$; $x_2 = -3$; $x_3 = +3$

$y'' = 5x^4 - 27x^2$

$f''(0) = 0$;

$f''(-3) = 5 \cdot 81 - 27 \cdot 9 = 162 > 0$;

$f''(3) = 5 \cdot 81 - 27 \cdot 9 = 162 > 0$;

$y''' = 20x^3 - 54x$

$f'''(0) = 0$

$y'''' = 60x^2 - 54$

$f''''(0) = -54 < 0$.

Die Funktion hat also ein Maximum bei $x = 0$ und Minima bei $x = -3$ und $x = +3$.

B 11.2.12 Als weiteres Beispiel zur Extremwertbestimmung mit einem für die Anwendung interessanten Zusammenhang sei hier eine Durchschnittsfunktion $\bar{y} = \frac{f(x)}{x}$ einer Funktion $y = f(x)$ untersucht.

$$\bar{y}' = \frac{f'(x)\,x - f(x)}{x^2} = 0 \implies f'(x)\,x - f(x) = 0.$$

Daraus folgt $f'(x) = \frac{f(x)}{x}$.

Notwendige Bedingung für einen Extremwert einer Durchschnittsfunktion ist also die Übereinstimmung von Durchschnittsfunktion und Grenzfunktion (erster Ableitung).

Für eine zeichnerische Darstellung der Durchschnittsfunktion $\bar{y}$ einer Funktion $y = f(x)$ und der ersten Ableitung y' der gleichen Funktion $y = f(x)$ bedeutet das, daß sich die beiden Kurven im Extremwert der Durchschnittsfunktion schneiden.

Aufgaben

Ü 11.2.1 Untersuche die folgenden Funktionen auf Extremwerte:

a) $y = \frac{1}{3}x^3 + \frac{5}{2}x^2 + 4x + 5$; b) $y = \frac{3}{4}x^4 - 7x^3 + 9x^2$;

c) $y = \frac{1}{3}x^3 - 2x^2 + 4x + 3$; d) $y = \frac{x^2}{x-2}$, $x \neq 2$.

Ü 11.2.2 Untersuche die folgenden Funktionen auf Extremwerte:

a) $y = x^8 - 2x^4$; b) $y = x^6 - 6x^4$.

Ü 11.2.3 Die Funktion $y = f(x)$ hat bei x_0 einen Extremwert. Was folgt daraus für $f''(x_0)$? (Es wird unterstellt, daß $f''(x_0)$ existiert.)

Ü 11.2.4 Die Funktion habe bei x_0 ein Maximum und es sei $f''(x_0) = 0$. Was folgt für $f'''(x_0)$?

Ü 11.2.5 Für eine Funktion $y = f(x)$ gilt an der Stelle x_1: $f'(x_1) = 0$; $f''(x_1) = 0$; $f'''(x_1) = 0$; $f''''(x_1) \neq 0$. Was folgt daraus für x_1?

Ü 11.2.6 Eine Funktion $y = f(x)$ hat an der Stelle x_0 einen Extremwert und es ist $f'''(x_0) \neq 0$. Was folgt daraus für $f''(x_0)$?

11.3 Randmaxima und -minima

Funktionen in den Wirtschaftswissenschaften haben durchweg einen begrenzten Definitionsbereich, obwohl dieser meistens nicht explizit angegeben wird.

B 11.3.1 Eine Kostenfunktion $K = K(x)$ hat einen Definitionsbereich, der nach unten begrenzt wird durch die Menge 0, denn die Produktion negativer Mengen ist nicht möglich, und nach oben durch eine Menge x_K, die der Kapazitätsgrenze entspricht.
Also: $D(K) = \{x \in \mathbb{R} \mid 0 \leqq x \leqq x_K\}$.

Bei einem begrenzten Definitionsbereich kann es vorkommen, daß Extremwerte einer Funktion am Rande des Definitionsbereiches liegen, obwohl die erste Ableitung dort nicht verschwindet.

B 11.3.2 Ein Unternehmen, das nur ein Produkt herstellt, hat die Kostenfunktion $K = 5x + 200$. Je Mengeneinheit wird ein Erlös von $p = 8$ erzielt. Die Erlösfunktion lautet dann $E = 8x$. Für den Gewinn ergibt sich $G = E - K = 3x - 200$. Es ist $G' = 3 \neq 0$ für alle x. Das Gewinnmaximum kann also über die erste Ableitung nicht bestimmt werden. Es liegt an der Kapazitätsgrenze.
Ist diese $x_K = 200$, gilt $G_{max} = 3 \cdot 200 - 200 = 400$.

Bei allen ökonomischen Kurvendiskussionen muß geprüft werden, ob Extremwerte an den Grenzen des Definitionsbereiches liegen.

11.4 Monotonie

In Band I, Abschnitt 6.3, wurde die Monotonie von Funktionen eingeführt (vgl. D 6.3.16). Mit den Rechenregeln für Ungleichungen können Funktionen auf Monotonie untersucht werden (vgl. B 6.3.17 in Band I). Für differenzierbare Funktionen kann Monotonie einfacher mit Hilfe der ersten Ableitung nachgewiesen werden. Das gilt insbesondere dann, wenn die Monotonie für Teilbereiche des Definitionsbereiches untersucht werden soll.

Eine streng monotone Funktion $y = f(x)$ nimmt mit zunehmenden x-Werten ständig zu bzw. ständig ab. Das bedeutet, daß die erste Ableitung stets positiv ($f'(x) > 0$) bzw. stets negativ ($f'(x) < 0$) ist. Für **einzelne** x-Werte kann dabei allerdings $f'(x) = 0$ zugelassen werden.

B 11.4.1 $y = x^3$ ist streng monoton steigend (vgl. Ü 6.3.8 in Band I). Es ist $f'(x) = 3x^2 > 0$ für alle $x \neq 0$ und $f'(0) = 0$.

Bei einer monotonen Funktion kann $f'(x) = 0$ auch für ein Intervall gelten.

R 11.4.2

> Gegeben sei eine differenzierbare Funktion $y = f(x)$. Gilt für alle $x \in I \subset D(f)$
> a) $f'(x) \geq 0$, so ist f in I **monoton steigend;**
> b) $f'(x) \leq 0$, so ist f in I **monoton fallend.**
> Gilt $f'(x) = 0$ nur für höchstens abzählbar viele $x \in I$, so ist f **streng monoton** steigend bzw. fallend.

Bei Monotonieuntersuchungen wird die erste Ableitung der zu untersuchenden Funktion bestimmt. Es wird dann geprüft, für welche Bereiche $f'(x) \geq 0$ bzw. $f'(x) \leq 0$ gilt, wobei man sich häufig auf Ungleichungen ">" bzw. "<" beschränkt. Dazu ist auf das Auflösen von Ungleichungen in den "Elementaren Grundlagen ..." hinzuweisen.

B 11.4.3 a) $y = x^3 + x$, $y' = 3x^2 + 1 > 0$ für alle $x \in \mathbb{R}$. Die Funktion ist streng monoton steigend.

b) $y = \frac{2}{3}x^3 - 5x^2 + 2$, $x \in \mathbb{R}$; $y' = 2x^2 - 10x = x(2x - 10)$

$y' > 0 \Rightarrow x(2x - 10) > 0$.

Diese Bedingung ist erfüllt, wenn entweder (1) beide Faktoren positiv oder (2) beide Faktoren negativ sind.

(1) $\left.\begin{array}{l} x > 0 \\ 2x - 10 > 0 \Rightarrow x > 5 \end{array}\right\}$ also: $x(2x - 10) > 0$ für $x > 5$

(2) $\left.\begin{array}{l} x < 0 \\ 2x - 10 < 0 \Rightarrow x < 5 \end{array}\right\}$ also: $x(2x - 10) > 0$ für $x < 0$

Die Funktion ist für $-\infty < x < 0$ und $5 < x < \infty$ streng monoton steigend.

$y' < 0 \Rightarrow x(2x - 10) < 0$.

Beide Faktoren müssen entgegengesetzte Vorzeichen haben.

(1) $\left.\begin{array}{l} x > 0 \\ 2x - 10 < 0 \Rightarrow x < 5 \end{array}\right\}$ also: $y' < 0$ für $0 < x < 5$

(2) $\left.\begin{array}{l} x < 0 \\ 2x - 10 > 0 \Rightarrow x > 5 \end{array}\right\}$ Beide Bedingungen sind unverträglich.

Die Funktion ist also streng monoton fallend für $0 < x < 5$.

(Der Leser kann dieses Ergebnis leicht bestätigen, wenn er sich den Funktionsverlauf skizziert).

Aufgaben

Ü 11.4.1 Untersuche die folgenden Funktionen mit Hilfe der ersten Ableitung auf Monotonie:

a) $y = -2x^3 - x$; b) $y = x^5 + x^3 + 8$.

Ü 11.4.2 In welchen Bereichen ist die Funktion $y = x^3 - 12x + 28$ streng
* monoton steigend bzw. streng monoton fallend?

Ü 11.4.3 Welche Beziehung zwischen den Koeffizienten muß bestehen,
*** damit die Funktion $y = ax^3 + bx^2 + cx + d$, $a \neq 0$ für alle $x \in \mathbb{R}$ streng monoton steigend ist?

11.5 Krümmung und Wendepunkte

In Band I, Abschnitt 6.3 wurde definiert, wann man eine Funktion als konvex bzw. konkav bezeichnet (vgl. D 6.3.23). Unter Verwendung der Ableitungen einer Funktion kann man die Krümmung einer Funktion sowohl für ein Intervall des Definitionsbereichs als auch für eine bestimmte Stelle angeben.

R 11.5.1

> Die Funktion $y = f(x)$ sei zweimal stetig differenzierbar. Sie ist an der Stelle x_0 **konvex,** wenn $f''(x_0) > 0$ und **konkav,** wenn $f''(x_0) < 0$ ist.
>
> Ist I ein Intervall des Definitionsbereichs $I \subset D(f)$ und gilt $f''(x) > 0$ für alle $x \in I$, so ist die Funktion konvex im Intervall I. Gilt $f''(x) < 0$ für alle $x \in I$, so ist die Funktion im Intervall I konkav.

Bisweilen unterscheidet man zwischen konvex und streng konvex sowie konkav und streng konkav. Ist eine Funktion "nur" konvex bzw. konkav, so läßt man dann auch zu, daß die Sehne mit der Kurve zusammenfällt. Ist die Funktion dagegen streng konvex bzw. streng konkav, dann muß die Sehne oberhalb bzw. unterhalb der Kurve verlaufen.

Die Behauptung in R 11.5.1 kann man sich anschaulich klar machen, wenn man in einer Zeichnung z.B. den konvexen Bereich einer Kurve durchläuft. Die Steigung ist zunächst negativ oder schwach positiv und nimmt dann ständig zu. Eine ständig zunehmende Steigung, d.h. erste Ableitung, bedeutet aber, daß die zweite Ableitung (als erste Ableitung der ersten Ableitung) positiv ist (vgl. auch F 11.2.2).

B 11.5.2 a) $y = x^3 - 12x + 28,$

$y' = 3x^2 - 12$

$y'' = 6x > 0 \Longrightarrow x > 0$

$y'' = 6x < 0 \Longrightarrow x < 0.$

Für $x > 0$ ist die Funktion also konvex und für $x < 0$ ist sie konkav.

b) $y = 0{,}2x^5 - x^3 + 1$ (siehe hierzu F 11.2.2)

$y' = x^4 - 3x^2$

$y'' = 4x^3 - 6x = 4x(x^2 - 1{,}5)$

Es ist $y'' > 0$, wenn beide Faktoren das gleiche Vorzeichen haben.

(1) $x > 0$; $x^2 - 1{,}5 > 0 \Rightarrow x^2 > 1{,}5 \Rightarrow x < -\sqrt{1{,}5}$ oder $x > +\sqrt{1{,}5}$
also: $x > \sqrt{1{,}5}$

(2) $x < 0$; $x^2 - 1{,}5 < 0 \Rightarrow x^2 < 1{,}5 \Rightarrow -\sqrt{1{,}5} < x < \sqrt{1{,}5}$
also: $-\sqrt{1{,}5} < x < 0$

Die Funktion ist konvex für $-\sqrt{1{,}5} < x < 0$ und $x > \sqrt{1{,}5}$.

Es ist $y'' < 0$, wenn beide Faktoren entgegengesetzte Vorzeichen haben.

(1) $x > 0$; $x^2 - 1{,}5 < 0 \Rightarrow -\sqrt{1{,}5} < x < \sqrt{1{,}5}$
also: $0 < x < \sqrt{1{,}5}$

(2) $x < 0$; $x^2 - 1{,}5 > 0 \Rightarrow x < -\sqrt{1{,}5}$ oder $x > +\sqrt{1{,}5}$
also: $x < -\sqrt{1{,}5}$

Die Funktion ist konkav für $x < -\sqrt{1{,}5}$ und $0 < x < \sqrt{1{,}5}$.

Von Interesse ist die Grenze zwischen einem Intervall, in dem eine Funktion konvex ist, und einem Intervall, in dem die Funktion konkav ist.

D 11.5.3

> Gegeben sei eine Funktion $y = f(x)$. Eine Stelle $x \in D(f)$ heißt **Wendepunkt,** wenn die Krümmung von f links von x eine andere als rechts von x ist.

Im Wendepunkt ändert sich also die Krümmung der Kurve.

Funktionen mit stetiger erster und zweiter Ableitung sind konvex für $y'' > 0$ und konkav für $y'' < 0$. Für einen Wendepunkt als Übergang zwischen einem konvexen und einem konkaven Bereich muß, sofern f in dem Bereich zweimal stetig differenzierbar ist, dann die zweite Ableitung gerade verschwinden. Für einen Wendepunkt einer Funktion $y = f(x)$ bei x_0 muß also gelten: $f''(x_0) = 0$. Weiterhin gilt, wie man sich an einer graphischen Darstellung (z.B. F 11.2.2) klarmacht, folgendes: Beim Übergang von einem konvexen zu einem konkaven Bereich nimmt die Steigung der ersten Ableitung zu, solange die Funktion konvex ist. Ihren größten Wert hat sie im Wendepunkt. Danach nimmt sie im konkaven Bereich ab. Bewegt man sich von einem konkaven in einen konvexen Bereich, so nimmt die Steigung (erste Ableitung) zunächst ab, hat im Wendepunkt ein Minimum und nimmt dann zu. Es gilt also:

R 11.5.4

> Hat eine zweimal differenzierbare Funktion $y = f(x)$ bei x_0 einen **Wendepunkt,** so hat die erste Ableitung $y' = f'(x)$ bei x_0 einen Extremwert.

Überträgt man die Extremwertbedingungen R 11.2.5 bzw. R 11.2.9 auf die erste Ableitung einer Funktion, so hat man demnach Bedingungen für Wendepunkte.

R 11.5.5

> Wenn für eine n-mal differenzierbare Funktion $y = f(x)$ an der Stelle x_0 für **ungerades n** gilt
> $f''(x_0) = f'''(x_0) = \ldots = f^{(n-1)}(x_0) = 0$ und $f^{(n)}(x_0) \neq 0$, so hat $f(x)$ an der Stelle x_0 einen **Wendepunkt.**
> Ist darüberhinaus auch $f'(x_0) = 0$, so besitzt die Funktion bei x_0 einen Wendepunkt mit horizontaler Tangente, der als **Sattelpunkt** bezeichnet wird.

Speziell gilt (vgl. R 11.2.5):
Die Funktion $y = f(x)$ sei an der Stelle $x = x_0$ dreimal differenzierbar. Ist $f''(x_0) = 0$ und $f'''(x_0) \neq 0$, so hat die Funktion bei x_0 einen Wendepunkt.

B 11.5.6 a) $y = 0{,}2x^5 - x^3 + 1$ (siehe hierzu F 11.2.2)

$y' = x^4 - 3x^2$

$y'' = 4x^3 - 6x = 0 \Longrightarrow x_1 = 0,\ x_2 = -\sqrt{1{,}5};\ x_3 = +\sqrt{1{,}5}$

$y''' = 12x^2 - 6$

$f'''(0) = -6 \neq 0;\ f'''(-\sqrt{1{,}5}) = 12;\ f'''(\sqrt{1{,}5}) = 12.$

Die Funktion hat Wendepunkte bei $x_1 = 0;\ x_2 = -\sqrt{1{,}5};\ x_3 = \sqrt{1{,}5}.$

Wegen $f'(0) = 0$ liegt bei $x_1 = 0$ ein Sattelpunkt.

b) $y = \frac{1}{42}x^7 + \frac{1}{20}x^5, \quad y' = \frac{1}{6}x^6 + \frac{1}{4}x^4$

$y'' = x^5 + x^3 = 0 \Longrightarrow x = 0$

$y''' = 5x^4 + 3x^2;\ f'''(0) = 0$

$y'''' = 20x^3 + 6x;\ f''''(0) = 0$

$y^{(5)} = 60x^2 + 6;\ f^{(5)}(0) = 6 \neq 0$

Die Funktion hat einen Wendepunkt bei $x = 0$.

Aufgaben

Ü 11.5.1 In welchen Bereichen sind die folgenden Funktionen konvex bzw. konkav?
a) $y = x^3 - 3x^2 - 9x + 3$; b) $y = x^4 - 24x^2$.

Ü 11.5.2 Untersuche die folgenden Funktionen auf Wendepunkte:
*** a) $y = x^3 - 3x^2 - 9x + 3$; b) $y = x^5$.

Ü 11.5.3 Gegeben sei folgende Funktion: $y = \frac{1}{12}x^4 + x^3 + \frac{9}{2}x$.
*****
a) Untersuche die Funktion auf Wendepunkte.
b) In welchem Bereich ist die Funktion konkav von unten?

Ü 11.5.4 Es sei $f''(x_0) = 0$ und bei x_0 kein Wendepunkt der Funktion $f(x)$. Was
**** folgt daraus für $f'''(x_0)$?

Ü 11.5.5 Die Funktion $y = f(x)$ hat bei x_0 einen Wendepunkt. Es ist
**** $f''''(x_0) \neq 0$. Was folgt daraus für $f'''(x_0)$?

11.6 Nullstellenbestimmung mit dem Newton-Verfahren

In Abschnitt 6.4 des Bandes I wurden zwei Verfahren zur näherungsweisen Bestimmung von Nullstellen behandelt: Die regula falsi (R 6.4.9) und das Halbierungsverfahren (R 6.4.11). Ein von Newton entwickeltes und nach ihm benanntes Verfahren benutzt zur (näherungsweisen) Bestimmung von Nullstellen die erste Ableitung einer Funktion.

Dem Newton-Verfahren liegen folgende Gedanken zugrunde (vgl. dazu F 11.6.1).

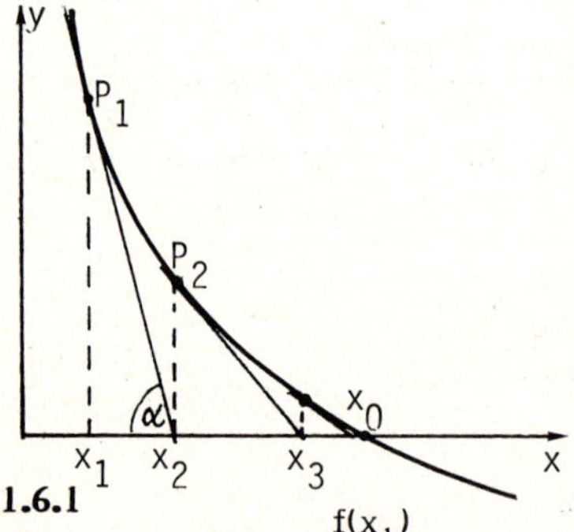

F 11.6.1

Es wird zunächst ein x-Wert in der Nähe einer vermuteten Nullstelle bestimmt. In F 11.6.1 sei das x_1. Der Punkt P_1 hat die Ordinate $f(x_1)$. Es gilt nun $\tan\alpha = \frac{f(x_1)}{x_2 - x_1}$. Ferner ist $\tan\alpha = -\tan(180-\alpha) = -f'(x_1)$, wenn die Verbindungsgerade von P_1 zu x_2 gerade die Tangente an die Funktion bei P_1 ist.

Somit gilt $-f'(x_1) = \frac{f(x_1)}{x_2 - x_1}$ und daraus folgt $x_2 = x_1 - \frac{f(x_1)}{f'(x_1)}$. x_2 ist eine erste verbesserte Annäherung an die Nullstelle x_0. Mit dem gleichen Ansatz findet man eine Stelle $x_3 = x_2 - \frac{f(x_2)}{f'(x_2)}$ als weiter verbesserte Annäherung. Allgemein erhält man bei der n-ten Iteration

$$x_n = x_{n-1} - \frac{f(x_{n-1})}{f'(x_{n-1})} .$$

Man bricht das Verfahren ab, wenn $|f(x_n)| < c$ ist, wobei die Genauigkeitsschranke c vorgegeben werden muß. Es soll hierzu zunächst ein Beispiel betrachtet werden.

B 11.6.2 Gegeben sei die Funktion aus B 6.4.10 (Band I):
$y = x^3-1,75x^2+2x-3,5$. Dafür gilt $y' = 3x^2-3,5x+2$.
Es sei $x_1 = 2$. Dann ist

$f(x_1) = 1,5$, $f'(x_1) = 7$ und $\frac{f(x_1)}{f'(x_1)} = 0,2143$.

$x_2 = x_1 - \frac{f(x_1)}{f'(x_1)} = 2-0,2143 = 1,7857$.

$f(x_2) = 0,18524$, $f'(x_2) = 5,31622$ und $\frac{f(x_2)}{f'(x_2)} = 0,0348$.

$x_3 = 1,7857-0,0348 = 1,7509$.

$f(x_3) = 0,00456$, $f'(x_3) = 5,0688$, $\frac{f(x_3)}{f'(x_3)} = 0,00089944$.

$x_4 = 1,75000056$.

$f(x_4) = 0,000002835$.

Nimmt man die Genauigkeitsschranke $c = 0,0002$ aus B 6.4.10, dann ist das Verfahren damit beendet. Gerundet erhält man als Nullstelle $x_0 = 1,75$. Beginnt man mit $x_1 = 1$, so ergeben sich nacheinander die folgenden Näherungen: $x_2 = 2,5$; $x_3 = 1,9844$; $x_4 = 1,7817$; $x_5 = 1,7507$ und $x_6 = 1,75$.

Allgemein läuft das Newton-Verfahren wie folgt ab:

R 11.6.3

Newton-Verfahren zur Nullstellenbestimmung mit Hilfe der ersten Ableitung

Gegeben sei eine differenzierbare Funktion $y = f(x)$ und $x_1 \in D(f)$ liege in der Nähe einer Nullstelle.

Ferner sei $c \in \mathbb{R}$ gegeben.

(1) Bestimme $x_2 = x_1 - \frac{f(x_1)}{f'(x_1)}$.
Gehe zu(2).

(2) Berechne $f(x_2)$.
Falls $f(x_2) = 0$, liegt bei x_2 eine Nullstelle. Gehe zu (5).
Falls $f(x_2) \neq 0$, gehe zu (3).

(3) Falls $|f(x_2)| < c$ ist die Näherung ausreichend. Gehe zu (5). Andernfalls gehe zu (4).

(4) Setze $x_1 := x_2$ und gehe zu (1).

(5) Ende.

Das Newton-Verfahren gewährleistet nicht in jedem Fall, daß tatsächlich eine Nullstelle gefunden wird. F 11.6.4 zeigt dazu ein Beispiel. Mit x_1 als Anfangswert gelingt es, wie aus der Zeichnung zu ersehen ist, offensicht-

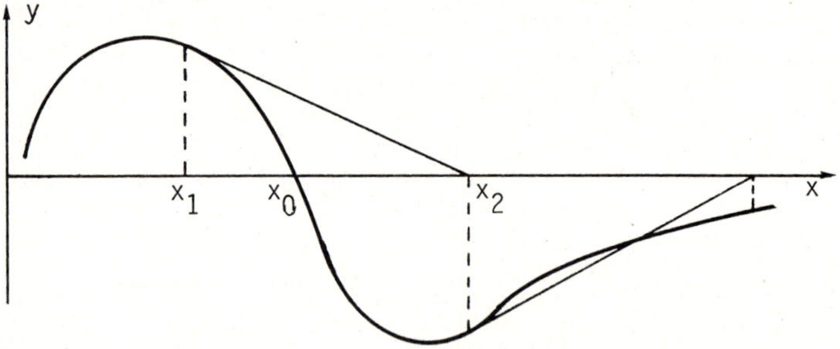

F 11.6.4

lich nicht, die Nullstelle x_0 zu finden. Folgende Faustregel kann hier helfen:
Ist die Funktion in einem Intervall um die Nullstelle **konvex** (bzw. **konkav**) von unten, so nehme man aus dem konvexen (konkaven) Bereich einen Anfangswert x_1, für dessen Funktionswert gilt $f(x_1) < 0$ $(f(x_1) > 0)$.

Zweckmäßig ist es in jedem Fall, sich die Lage von Nullstellen durch eine graphische Darstellung der Funktion zu veranschaulichen und anhand der Zeichnung einen geeigneten Anfangswert auszuwählen.

Aufgaben

Ü 11.6.1 Die Funktion $y = 2x^3-21x^2+36x+8$ hat eine Nullstelle zwischen
* $x = 2$ und $x = 3$. Bestimme diese mit dem Newton-Verfahren ($c = 0{,}001$).
*

Ü 11.6.2 Die Funktion $y = x^5-3x^3-2x^2+x+1$ hat Nullstellen in der Nähe von
* $x = 1$ und $x = 2$. Bestimme diese mit dem Newton-Verfahren.
* ($c = 0{,}001$).
*

11.7 Die Aufgabe der Differentialrechnung bei der ökonomischen Kurvendiskussion

Es wurde bereits mehrfach darauf hingewiesen, daß bei wirtschaftswissenschaftlichen Untersuchungen Zusammenhänge zwischen ökonomischen Größen durch Funktionen dargestellt werden. Eine nähere Untersuchung dieser Zusammenhänge läuft, formal gesehen, auf eine Analyse der zur Diskussion stehenden Funktionen hinaus. Wirtschaftstheoretische Analysen sind also zu einem Teil nichts weiter als mathematische Kurvendiskussionen mit einer ökonomischen Interpretation der Ergebnisse.
Es stehen vor allem folgende Fragen im Vordergrund:

(1) **Die Bestimmung und Analyse der ersten Ableitung,** auf die bereits weiter oben eingegangen wurde (vgl. Abschnitte 10.8 und 10.9).

(2) **Die Bestimmung von Extremwerten** ökonomischer Größen.

Beispiele für Extremwertbestimmungen bieten sich u.a. bei der Betrachtung der Realisierung unternehmerischer Zielsetzungen. Eine Unternehmung kann beispielsweise bestrebt sein, ein Produkt zu minimalen Stückkosten herzustellen. Die Produktionsmenge ist dann so einzurichten, daß das Minimum der Stückkosten realisiert wird. Formal bedeutet das die Bestimmung eines Minimums der Stückkostenfunktion. Bei mikroökonomischen Untersuchungen kann man davon ausgehen, daß der Unternehmer unter marktwirtschaftlichen Bedingungen bestrebt ist, einen maximalen Gewinn zu erzielen. Ist der Gewinn eine Funktion der produzierten Menge - die Menge ist dann Aktionsparameter - , dann ist also die Menge zu bestimmen, bei der das Gewinnmaximum erreicht wird. Formal bedeutet das die Bestimmung eines Maximums der Gewinnfunktion.

Andere unternehmerische Zielsetzungen sind die Maximierung des Absatzes, des Umsatzes oder der Rentabilität des Eigenkapitals.

Bei der Untersuchung des wirtschaftlichen Verhaltens von Haushalten geht man im allgemeinen davon aus, daß der Haushalt seinen Nutzen maximiert.

Den genannten ökonomischen Fragestellungen ist folgendes gemeinsam:
Es existiert eine ökonomische Größe, die als Maß für die Erreichung einer Zielsetzung (eines Unternehmers oder Haushaltes) dient. Diese Größe ist eine Funktion gewisser anderer ökonomischer Größen, deren Wert von dem Unternehmer oder dem Haushalt beeinflußt werden kann. Diese Funktion bezeichnet man als **Zielfunktion,** die beeinflußbaren Variablen als **Entscheidungsvariablen** oder Aktionsparameter. Die Erreichung der Zielsetzung ist dann gleichbedeutend mit der Bestimmung eines Maximums oder eines Minimums der Zielfunktion.

Mathematisch gesehen bietet die Extremwertbestimmung keine Schwierigkeiten. Ökonomische Größen haben jedoch fast durchweg nur einen beschränkten Definitionsbereich. Daraus, aber auch durch die Begrenztheit der finanziellen Mittel etc., ergeben sich Beschränkungen, die bei der Maximierungs- oder Minimierungsaufgabe als Nebenbedingungen zu berücksichtigen sind.

Wenn beispielsweise ein Unternehmer Gewinnmaximierung betreibt, dann ist die Gewinnfunktion seine Zielfunktion. Bei einer Vernachlässigung des beschränkten ökonomischen Definitionsbereiches kann nun die mathematische Bestimmung eines Maximums dieser Funktion ergeben, daß dieses Maximum bei einer Produktmenge erreicht wird, die der Unternehmer gar nicht realisieren kann, weil sie negativ ist oder Kapazitätsbeschränkungen dem entgegenstehen. Solche nicht realisierbaren Lösungen müssen von vornherein durch Nebenbedingungen ausgeschlossen werden. Auf die Bestimmung von Extremwerten unter Nebenbedingungen wird hier nicht weiter eingegangen (vgl. dazu die Lagrange-Multiplikatoren (Kapitel 13) sowie die Verfahren der Linearen Optimierung (Band III) und der Nicht-Linearen Optimierung).

Auf einen häufigen Irrtum sei hier noch hingewiesen. Verfolgt ein Wirtschaftssubjekt mehrere miteinander konkurrierende Zielsetzungen, so ist es im allgemeinen nicht möglich, alle Zielsetzungen gleichzeitig maximal zu erreichen. Man kann entweder ein Ziel an die erste Stelle setzen und die anderen als Nebenbedingungen berücksichtigen oder eine Rangordnung bei den Zielsetzungen aufstellen und sie nacheinander bestmöglich erreichen oder sie miteinander verbinden und ein gemeinsames Maximum (oder Minimum) suchen.

(3) **Die Untersuchung ökonomischer Funktionen auf Monotonie, Krümmung und Wendepunkte.**

Die Eigenschaft der **Monotonie** wird man bei vielen ökonomischen Funktionen nicht besonders zu untersuchen brauchen, sondern man wird sie ex definitione unterstellen können. Das ist z.B. bei folgenden ökonomischen Funktionen der Fall:

(a) Die **Konsumfunktion** eines Wirtschaftssubjektes wird im allgemeinen monoton steigen, d.h. zunehmendem Einkommen können keine abnehmenden Konsumausgaben entsprechen.

(b) Die **Nachfragefunktion** eines Gutes wird im allgemeinen streng monoton fallen. Das bedeutet, daß steigenden Preisen sinkende Nachfragemengen entsprechen.

(c) Die **Gesamtkostenfunktion** einer Unternehmung wird streng monoton steigen, d.h. mit zunehmender Ausbringungsmenge werden die Gesamtkosten wachsen.

(d) Wachstumsfunktionen werden im allgemeinen monoton steigen. Das bedeutet, daß die Wachstumsrate nicht negativ sein kann.

Die **Krümmung** einer ökonomischen Funktion gibt vor allem Auskunft über die zugehörige Grenzfunktion. Ist die Funktion konvex, (es ist dann $f''(x) > 0$) so verläuft in diesem Bereich die Grenzfunktion steigend. Bei einem konkaven Verlauf liegt eine fallende Grenzfunktion vor. Bei einem s-förmigen Gesamtkostenverlauf hat man z.B. zuerst einen konkaven Verlauf der Kostenkurve, also abnehmende Grenzkosten, und danach einen konvexen Verlauf der Kostenkurve mit zunehmenden Grenzkosten.

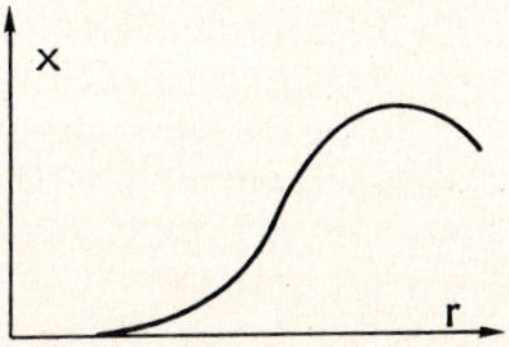

F 11.7.1

Bei einer speziellen Produktionsfunktion, dem sogenannten Ertragsgesetz, unterstellt man, daß die Grenzerträge des Produktionsfaktors zuerst zunehmen, dann abnehmen und schließlich negativ werden (vgl. F 11.7.1). Die Ertragskurve verläuft also zunächst konvex und dann konkav.

Bei Isoquanten und Indifferenzkurven unterstellt man im allgemeinen einen konvexen Verlauf.

Wendepunkte haben vor allem eine Bedeutung als Extremwerte von Grenzfunktionen. Bei einer s-förmigen Kostenkurve, die einen Wendepunkt dort hat, wo sie vom konkaven zum konvexen Verlauf übergeht, ist die Steigung im Wendepunkt am geringsten, d.h. die Grenzkostenkurve hat dort ihr Minimum. Bei dem sogenannten Ertragsgesetz (vgl. F 11.7.1) ist im Wendepunkt der Grenzertrag am größten, d.h. bis zum Wendepunkt nehmen die Grenzerträge zu und danach ab.
Bei einer Wachstumsfunktion ist im Wendepunkt, sofern ein solcher existiert, das Wachstum am größten.

Im folgenden werden einige ökonomische Anwendungsbeispiele etwas ausführlicher behandelt.

Gewinnmaximum eines Monopolisten und bei vollständiger Konkurrenz.

Wird ein Gut auf einem Markt nur von einem Anbieter angeboten, dann liegt ein **Angebotsmonopol** vor. Der Preis p, den der Monopolist setzt, bestimmt die abgesetzte Menge (bzw. die von ihm auf dem Markt angebotene Menge den Preis). Die Preisabsatzfunktion des Monopolisten, die die Beziehung zwischen Preisen und Mengen ausdrückt, hat dann in der Regel eine fallende Tendenz.
Der Monopolist wird nun den Preis setzen (oder die Menge anbieten), bei dem (der) er den größtmöglichen Gewinn realisiert. Notwendige Bedingung für ein Maximum der Gewinnfunktion $G = U - K$ ist das Verschwinden der ersten Ableitung und daraus folgt $U' = K'$.
Notwendige Bedingung für die Existenz eines Gewinnmaximums ist also die Übereinstimmung von Grenzkosten und Grenzumsatz.
Gilt außerdem $G''=U''-K''< 0$ oder $U'' < K''$, so liegt tatsächlich ein Maximum vor.
F 11.7.2 zeigt die übliche Darstellung der Zusammenhänge. Die zu dem Gewinnmaximum gehörige Preis-Mengenkombination bzw. der diese Preis-Mengenkombination darstellende Punkt C wird üblicherweise als COURNOTscher Punkt bezeichnet. Man beachte bei der graphischen Darstellung von Beziehungen zwischen Preisen und Mengen die Konvention, daß immer auf der horizontalen Achse die Menge und auf der vertikalen Achse der Preis abgetragen wird.

Bei **vollständiger Konkurrenz** geht man davon aus, daß auf dem Markt eines Gutes der einzelne Anbieter den Preis des Gutes nicht beeinflussen kann. Es wird also $p = const.$ unterstellt. Zu diesem Preis kann der

Anbieter praktisch jede beliebige Menge absetzen. Es ist dann U = px und U' = p, d.h. der Grenzerlös ist gleich dem Preis. Anstelle von U' = K' ergibt sich p = K', und statt U" < K" muß gelten K" > 0. Bei vollständiger Konkurrenz ist also notwendige Bedingung für die Erreichung eines Gewinnmaximums die Übereinstimmung von Preis und Grenzkosten. Vgl. dazu F 11.7.3.

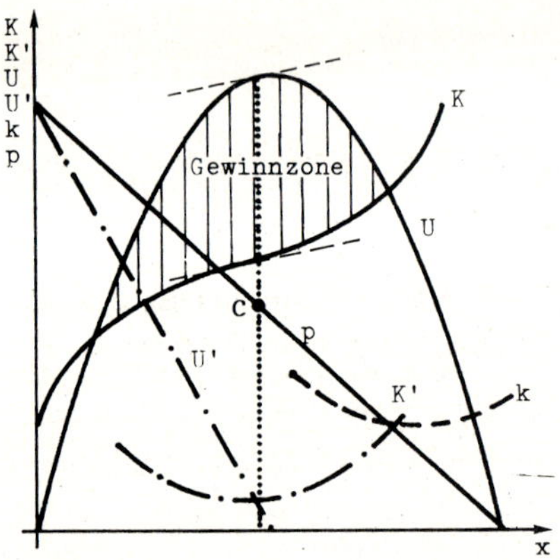

F 11.7.2

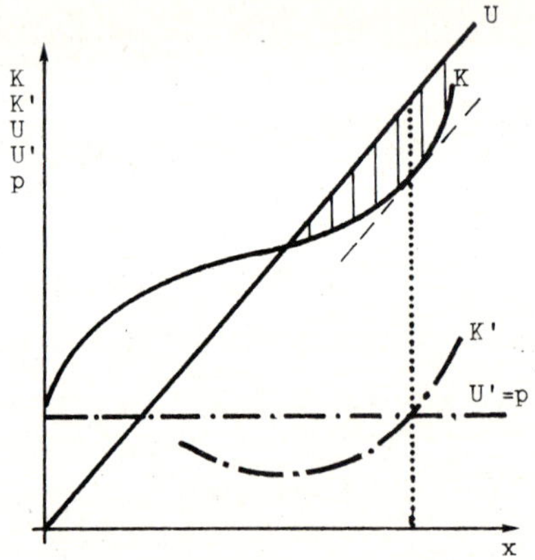

F 11.7.3

Man beachte, daß in diesem Abschnitt ein sogenannter s-förmiger Kostenverlauf unterstellt wurde. Geht man von linearen Gesamtkosten aus, so kann man im zweiten Fall, bei vollständiger Konkurrenz, das Gewinnmaximum nicht durch Differentiation bestimmen. Lineare Gesamtkosten bedeuten konstante Grenzkosten und für u = px und K = a+bx ist G = (p-b)x-a und G' = (p-b) > 0 sofern p > b ist. Das Gewinnmaximum liegt dann an der Kapazitätsgrenze, d.h. es liegt ein sogenanntes Randmaximum vor.

Bestimmung einer Minimalkostenkombination

Isoquanten sind Kurven, auf der alle Faktorkombinationen liegen,die zu derselben Produktionsmenge führen. Üblicherweise werden die Isoquanten als implizite Funktionen angegeben: $F(r_1,r_2)\equiv 0$. Bildet man daraus die explizite Form $r_1 = f(r_2)$, dann wird die erste Ableitung dieser Funktion als Grenzrate der Substitution bezeichnet (vgl. dazu Abschnitt 10.9).
Sind die Produktionsfaktoren substituierbar, dann wird man eine vorgegebene Produktionsmenge mit der Faktorkombination herstellen, die die geringsten Kosten verursacht. Die Faktorkombination, die zu minimalen Gesamtkosten führt, wird als **Minimalkostenkombination** bezeichnet. Sind q_1 und q_2 die Preise der beiden Produktionsfaktoren, dann ergibt sich für die Kosten $K = q_1 r_1 + q_2 r_2$. Wegen $r_1 = f(r_2)$ kann man auch schreiben

$K = q_1 f(r_2) + q_2 r_2$. Notwendige Bedingung für ein Minimum der Kosten ist das Verschwinden der ersten Ableitung. Dafür erhält man

$$\frac{dK}{dr_2} = q_1 \frac{df(r_2)}{dr_2} + q_2 = 0$$

oder

$$\frac{dr_1}{dr_2} = -\frac{q_2}{q_1} .$$

Notwendige Bedingung für die Realisierung der Minimalkostenkombination ist also die Übereinstimmung der Grenzrate der Substitution mit dem negativen reziproken Preisverhältnis der beiden Produktionsfaktoren.

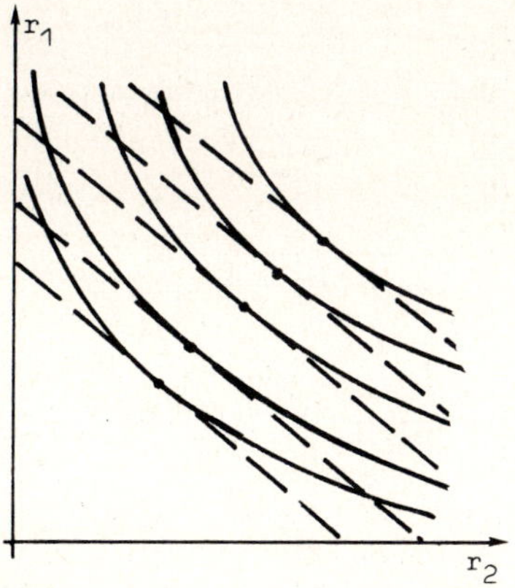

F 11.7.4

F 11.7.4 zeigt eine graphische Veranschaulichung der Zusammenhänge. Alle Faktorkombinationen, die zu einem bestimmten Kostenbetrag führen, d.h. für die gilt $q_1 r_1 + q_2 r_2 = c = \text{const.}$, liegen auf einer Geraden

$$r_1 = -\frac{q_2}{q_1} r_2 + \frac{c}{q_1} \quad \text{mit der}$$

Steigung $-\frac{q_2}{q_1}$.

Diese Geraden bezeichnet man auch als **Isokostengeraden.**

Je weiter eine solche Gerade vom Ursprung entfernt liegt, desto größer ist der zugehörige Kostenbetrag. **Im Punkt der Minimalkostenkombination tangiert eine Isokostengerade die Isoquante.**

Wendepunkt einer Wachstumsfunktion

Das Wachstum werde beschrieben durch eine logistische Funktion (vgl. Band I, D 6.6.31) der speziellen Form

$$y = y(t) = \frac{k}{1+e^{a-bt}} \; ; a, b, k > 0.$$

Die Exponentialfunktion ist immer positiv und damit auch y. Ferner ist der Nenner stets größer als 1 und es gilt $0 < y < k$. Der Nenner der logistischen Funktion wird mit wachsendem t immer kleiner, da e^{a-bt} streng monoton fallend ist. Daraus folgt, daß y(t) eine streng monoton steigende Funktion ist.

Es ist $\frac{dy}{dt} = \frac{kbe^{a-bt}}{(1+e^{a-bt})^2}$.

Da $e^{a-bt} > 0$, $k > 0$ und $b > 0$ folgt $\frac{dy}{dt} > 0$.

Das bestätigt die bereits in Band I gemachte Aussage, daß die logistische Funktion streng monoton steigend ist.

Für die zweite und dritte Ableitung erhält man

$$\frac{d^2y}{dt^2} = \frac{kb^2e^{a-bt}(e^{a-bt}-1)}{(1+e^{a-bt})^3}$$

und

$$\frac{d^3y}{dt^3} = \frac{kb^3e^{a-bt}(1-4e^{a-bt}+e^{2(a-bt)})}{(1+e^{a-bt})^4} \quad .$$

Notwendige Bedingung für die Existenz eines Wendepunktes ist nun

$$\frac{d^2y}{dt^2} = \frac{kb^2e^{a-bt}(e^{a-bt}-1)}{(1+e^{a-bt})^3} = 0.$$

Da $k > 0$, $b^2 > 0$, $e^{a-bt} > 0$ gilt, folgt daraus $e^{a-bt}-1 = 0$ oder $e^{a-bt} = 1$ oder $a-bt = 0$, $t = \frac{a}{b}$.

Für $t = \frac{a}{b}$ oder $a-bt = 0$ ergibt die dritte Ableitung

$$\left.\frac{d^3y}{dt^3}\right|_{t=\frac{a}{b}} = \frac{kb^3(1-4+1)}{(1+1)^4} = \frac{-2kb^3}{2^4} \neq 0.$$

Für $t = \frac{a}{b}$ ergibt sich also tatsächlich ein Wendepunkt. Es ist

$$y\left(\frac{a}{b}\right) = \frac{k}{1+e^{a-b\frac{a}{b}}} = \frac{k}{2} \quad .$$

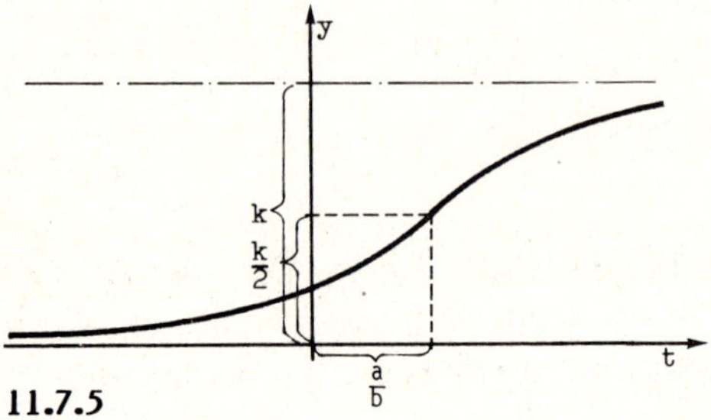

F 11.7.5

Der Wendepunkt hat also die Koordinaten $t = \frac{a}{b}$ und $y = \frac{k}{2}$. Das Wachstum ist zum Zeitpunkt $t = \frac{a}{b}$ am größten. Bis zu diesem Zeitpunkt nimmt das Wachstum zu, danach ab. Im Wendepunkt hat die logistische Funktion die Steigung

$$\left.\frac{dy}{dt}\right|_{t=\frac{a}{b}} = \frac{kbe^{a-b\frac{a}{b}}}{(1+e^{a-b\frac{a}{b}})^2} = \frac{kb}{2^2} = \frac{kb}{4}\,.$$

$\frac{kb}{4}$ ist, da im Wendepunkt die Steigung am größten ist, das Maximum der Wachstumsrate. In F 11.7.5 ist der Verlauf der untersuchten logistischen Funktion dargestellt.

Optimale Bestellmenge

Als letztes Anwendungsbeispiel in diesem Abschnitt soll ein einfacher Fall der Beschaffungsplanung behandelt werden.

Für die Auffüllung eines Lagers ist die kostenminimale Bestellmenge R zu bestimmen. Der Betrachtung liegt eine Periode der Länge T zugrunde, in der insgesamt Q Mengeneinheiten des Gutes benötigt werden. Die Entwicklung des Lagerbestandes im Zeitablauf ist stark vereinfacht und in F 11.7.6 dargestellt.

Der Lagerbestand darf nicht negativ werden. Das Lager wird genau zu dem Zeitpunkt aufgefüllt, zu dem es leer geworden ist. Der Lagerabgang ist pro Zeiteinheit konstant und beträgt $\frac{Q}{T}$.

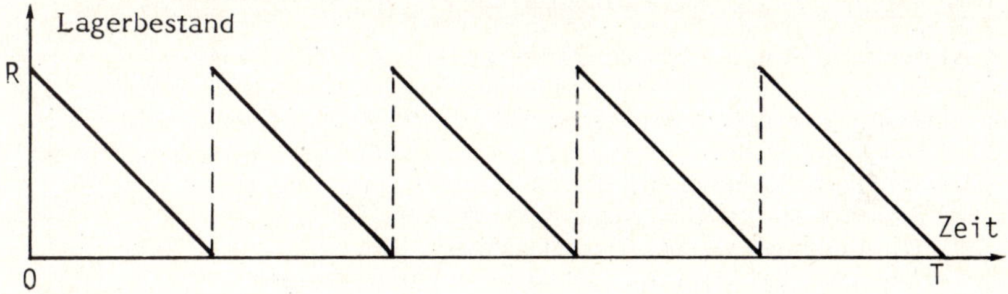

F 11.7.6

Es seien

a Kosten der Aufgabe einer Bestellung
c Kosten der Lagerhaltung pro Stück und pro Zeiteinheit
C für die Planperiode T erwartete gesamte Kosten.

Der durchschnittliche Lagerbestand beträgt $\frac{R}{2}$, wie man sich an F 11.7.6 leicht verdeutlicht.
Die durchschnittlichen Lagerhaltungskosten pro Zeiteinheit betragen dann $\frac{R}{2}c$.
Die Anzahl der Bestellungen zur Auffüllung des Lagers beträgt $\frac{Q}{R}$. Die gesamten Bestellkosten in T sind dann $a\frac{Q}{R}$.
Aus der Lagerung und durch die Bestellungen entstehen dann insgesamt in

T Kosten von $C = \frac{aQ}{R} + \frac{cTR}{2}$.

Die Aufgabe besteht nun darin, denjenigen Wert von R zu bestimmen, für den die Gesamtkosten C ein Minimum werden.

Dazu differenziert man nach R und erhält als notwendige Bedingung:

$$\frac{dC}{dR} = \frac{-aQ}{R^2} + \frac{cT}{2} = 0.$$

Daraus folgt

$$\frac{cT}{2} = \frac{aQ}{R^2} \quad \text{bzw.} \quad R^2 = \frac{2aQ}{cT}$$

und schließlich die sogenannte Losgrößenformel

$$R = \sqrt{\frac{2aQ}{cT}} \quad .$$

Über die zweite Ableitung von C läßt sich zeigen, daß man für diesen Wert von R tatsächlich ein Minimum erhält.

Aufgaben

Ü **11.7.1** Gegeben sei folgende Produktionsfunktion: $x = \frac{3}{5}r^2 - \frac{1}{20}r^3$.

* a) Bestimme die Faktoreinsatzmenge, die zu maximalem Gesamtertrag führt.
* b) Diskutiere das Verhalten der Grenzerträge. Bestimme, sofern diese Bereiche existieren, den Bereich zunehmender und den Bereich abnehmender Grenzerträge.
* c) Gibt es einen Bereich negativer Grenzerträge?
* d) Bestimme das Maximum der Grenzerträge.
* e) Bestimme das Maximum der Durchschnittserträge.
* f) Zeige allgemein, daß die Grenzertragskurve die Durchschnittsertragskurve in ihrem Maximum schneidet.

Ü **11.7.2** Für die Produktion eines Gutes, das zu einem konstanten Preis von $p = 53$ abgesetzt wird, existiert die Kostenfunktion $K = 2x^2+5x+242$.
Bestimme
* a) die Umsatzfunktion;
* b) die Grenzumsatzfunktion;
* c) die Grenzkostenfunktion;
* d) die Durchschnittskostenfunktion;
* e) die Gewinnfunktion;
* f) die gewinnmaximale Ausbringungsmenge;
* g) die Ausbringungsmenge mit maximalem Stückgewinn.

Ü 11.7.3 Für eine Einproduktunternehmung lautet die Kostenfunktion $K = 6x+40$ und die Preisabsatzfunktion $p = 30-2x$. Bestimme
a) die Grenzkostenfunktion;
b) die Durchschnittskostenfunktion;
c) die Umsatzfunktion;
d) die Grenzerlösfunktion;
e) den Bereich positiver Gewinne;
f) die gewinnmaximale Ausbringungsmenge.

Ü 11.7.4 Für eine Unternehmung existiert eine lineare Produktionsfunktion $x = -50+0{,}08r$. Der konstante Faktorpreis betrage $q = 2$. Für die Produktion des Gutes wird nur dieser eine Produktionsfaktor benötigt. Für das Gut liegt folgende Preisabsatzfunktion vor: $p = 225-4x$.
a) Bestimme die Gesamtkosten-, Grenzkosten- und Durchschnittskostenfunktion. Erläutere die Ableitung der Gesamtkostenfunktion.
b) Bestimme die Grenzertragsfunktion und leite die Grenzkostenfunktion aus der Grenzertragsfunktion ab.
c) Bestimme die Umsatz-, Grenzumsatz- und Durchschnittsumsatzfunktion.
d) Bestimme die gewinnmaximale Ausbringungsmenge.

Ü 11.7.5 Für eine Einproduktunternehmung gelte eine ertragsgesetzliche Produktionsfunktion $x = x(r)$. Der Preis für eine Mengeneinheit des Produktionsfaktors r sei konstant und betrage q. Für die Unternehmung gelte ferner eine streng monoton fallende Preisabsatzfunktion $p = p(x)$.
a) Leite hinreichende Bedingungen für ein Gewinnmaximum ab.
b) Welche Beziehungen bestehen im Gewinnmaximum zwischen Grenzumsatz, Grenzproduktivität und Faktorpreis?
c) Zeige, daß notwendig für ein Minimum der Stückkosten die Übereinstimmung von Stückkosten und Grenzkosten ist.

Ü 11.7.6 In einem Betrieb befindet sich eine Materialausgabestelle, die pro Stunde von durchschnittlich 20 Arbeitern aufgesucht wird. Die durchschnittliche Wartezeit pro Arbeiter hängt ab von der Zahl x der in der Ausgabestelle Beschäftigten und betrage in Minuten $t = \frac{20}{x}$. Der Stundenlohn eines in der Produktion beschäftigten Arbeiters beträgt 18 DM, der Stundenlohn des in der Ausgabe Beschäftigten 12 DM. Wieviel Arbeitskräfte sollten in der Ausgabe beschäftigt werden, um die Ausgabekosten zu minimieren? (Bei gebrochenen Werten ist in geeigneter Weise auf- bzw. abzurunden.)

Ü 11.7.7 Ein Produzent verbraucht (kontinuierlich) in pro Zeiteinheit konstanten Mengen während eines Jahres insgesamt $x = 10000$ Einheiten eines Halbfabrikates, dessen Preis $p = 4$DM/Einheit beträgt. Er veranschlagt für das durchschnittlich im Lager gebundene Kapital kalkulatorische Zinsen von $i = 10\%$ p.a.. Die durchschnittlich im Lager gebundene Kapitalmenge hängt ab von der Anzahl n der Bestellungen, die er im Jahr aufgibt. Für jede Bestellung entstehen (unabhängig von der Größe) Bestellkosten von $c = 125$ DM.

a) Bestimme die optimale Anzahl von Bestellungen n_0 pro Jahr (die zu einer Minimierung der Gesamtkosten der Lagerhaltung führt).

b) Entwickele die allgemeine Formel für n_0.

c) Angenommen, pro (durchschnittliche) Mengeneinheit und Jahr seien noch Lagerkosten von d = 0,10 DM/Jahr zu berücksichtigen. Weiterhin seien die Bestellkosten von der Größe der Bestellmenge nach der Funktion c = a+bq = 100+0,5q (q = Bestellmenge) abhängig. Bestimme die optimale Anzahl von Bestellungen.

12. Differentiation von Funktionen mit mehreren unabhängigen Veränderlichen – Partielle Differentiation

12.1 Die partiellen ersten Ableitungen einer Funktion mit mehreren unabhängigen Veränderlichen

In der anschaulichen Interpretation entspricht die Bestimmung der ersten Ableitung einer Funktion mit einer unabhängigen Veränderlichen $y = f(x)$ der Bestimmung der Steigung der Kurve. Da diese Steigung davon abhängt, welchen Wert x annimmt, ist auch die erste Ableitung von $y = f(x)$ wieder eine Funktion von x: $y' = f'(x)$.

Bereits bei einer Funktion $z = f(x,y)$ führt die Bestimmung der Steigung zu einigen Schwierigkeiten: $z = f(x,y)$ entspricht in einem x-y-z-Koordinatensystem einer Fläche im Raum. Die Steigung auf einer solchen Fläche hängt nun nicht nur von x und y ab, sondern auch von der Richtung, in der man sich bewegt. Zur Veranschaulichung dieser Tatsache wird ein einfaches Beispiel betrachtet.

B 12.1.1 Wenn man sich auf einer schräg abfallenden Ebene bewegt, etwa auf dem Giebeldach eines Hauses, dann ist die Steigung abhängig von der Richtung, in der man über das Dach geht. Bewegt man sich parallel zum Dachfirst (Richtung a in Figur 12.1.2), so ist die Steigung gleich Null, es handelt sich um eine horizontale Bewegung.

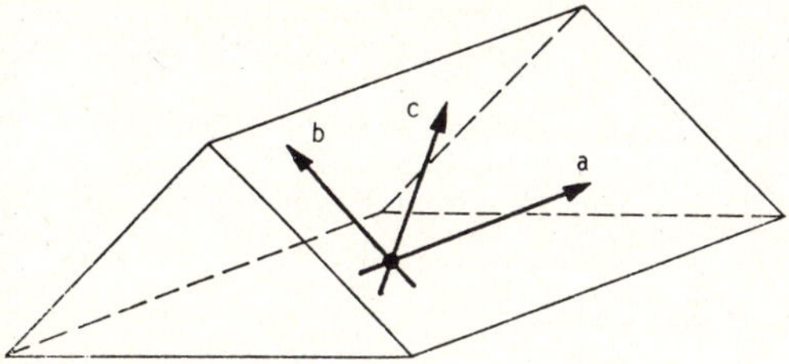

F 12.1.2

Bei einer Bewegung senkrecht zum Dachfirst (Richtung b in Figur 12.1.2) hat die Steigung den größten Wert. Bewegt man sich in Richtung c, dann liegt der Wert der Steigung zwischen Null (Richtung a) und dem größtmöglichen Wert (Richtung b).

Ändert man die Richtung der Bewegung, so ergibt sich jedesmal ein anderer Wert für die Steigung.

Die Einführung der ersten Ableitung einer Funktion $z = f(x,y)$ in Analogie zu Kapitel 10 über die Steigung der Funktion ist, da die Steigung von der Bewegungsrichtung abhängt, nicht möglich. Um dennoch eine Aussage über die Steigung der Funktionsfläche in Abhängigkeit von Ort und Richtung zu erhalten, geht man nun von folgender Überlegung aus:

Wird in der Funktion $z = f(x,y)$ der y-Wert durch eine Konstante y_1 ersetzt, so hängt die nun entstandene Funktion $z = f(x,y_1) = \tilde{z}(x)$ nur noch von x ab. Wird der x-Wert durch eine Konstante x_1 ersetzt, so hängt die

Funktion $z = f(x_1,y) = \hat{z}(y)$ nur noch von y ab. Die Funktionen $\tilde{z}(x)$ und $\hat{z}(y)$ können, da sie nur Funktionen einer Variablen sind, nach x bzw. y differenziert werden. Geometrisch bedeutet dies:

Schneidet man die Funktionsfläche $z = f(x,y)$ mit der Ebene $y = y_1$ (Ebene parallel zur x-z-Koordinatenebene), so erhält man eine Kurve $\tilde{z}(x) = f(x,y_1)$ in der Ebene (siehe F 12.1.3). $\hat{z}(y)$ ergibt sich durch einen Schnitt parallel zur z-y-Ebene. Beide Schnittkurven sind stärker gezeichnet. Sie schneiden sich im Punkt P.

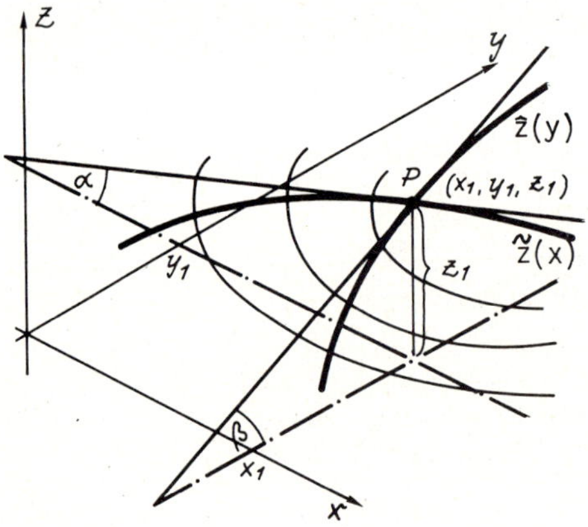

F 12.1.3

Von den unendlich vielen Tangenten an die Funktion im Punkt P sind nur die beiden in Richtung der x-Achse und in Richtung der y-Achse eingezeichnet. Die Steigung der Tangente in Richtung der x-Achse ($\tan \alpha$) entspricht der Ableitung von $\tilde{z}(x)$ nach x an der Stelle x_1, tan ß der Ableitung von $\hat{z}(y)$ nach y an der Stelle y_1.

Für die Steigung in Richtung der x-Achse gilt also y = const. und für die Steigung in Richtung der y-Achse gilt x = const.

Die Ableitung der Funktion $f(x,y_1)$ an der Stelle x_1 wird definiert als

$$\lim_{\Delta x \to 0} \frac{f(x_1+\Delta x,y_1)-f(x_1,y_1)}{\Delta x} = \frac{\partial f(x,y)}{\partial x}\bigg|_{(x_1,y_1)} = f'_x(x_1,y_1)$$

und als **partielle Ableitung erster Ordnung** von f(x,y) **nach x** an der Stelle (x_1,y_1) bezeichnet.

$\frac{\partial f(x,y)}{\partial x}$ heißt **partieller Differentialquotient.**

Für partielle Differentialquotienten verwendet man üblicherweise statt des lateinischen d ein stilisiertes d (∂), bei dem es sich **nicht** um ein kleines griechisches Delta (δ) handelt.

Entsprechend wird

$$\lim_{\Delta y \to 0} \frac{f(x_1,y_1+\Delta y)-f(x_1,y_1)}{\Delta y} = \frac{\partial f(x,y)}{\partial y}\bigg|_{(x_1,y_1)} = f'_y(x_1,y_1)$$

als **partielle Ableitung erster Ordnung** von f(x,y) **nach y** an der Stelle (x_1,y_1) bezeichnet.

Die partiellen Ableitungen $f'_x(x_1,y_1)$ und $f'_y(x_1,y_1)$ geben anschaulich die Steigungen der Funktionsfläche in Richtung der x-Achse und in Richtung der y-Achse im Punkt $P(x_1,y_1,z_1)$ wieder, d.h. die Steigungen der beiden Tangenten an die Funktionsfläche in Richtung der x-Achse und in Richtung der y-Achse an dieser Stelle (siehe F 12.1.3).

Entsprechend den Ausführungen zu Funktionen einer Veränderlichen, kann man die partiellen Ableitungen der Funktion $z = f(x,y)$ in allen Punkten (x,y) des Definitionsbereichs $D(f)$ definieren.

D 12.1.4

Gegeben sei die Funktion $z = f(x,y)$. Existieren für alle $(x,y) \in D(f)$ die Grenzwerte

$$\lim_{\Delta x \to 0} \frac{f(x+\Delta x,y)-f(x,y)}{\Delta x} = \frac{\partial f(x,y)}{\partial x}$$

und

$$\lim_{\Delta y \to 0} \frac{f(x,y+\Delta y)-f(x,y)}{\Delta y} = \frac{\partial f(x,y)}{\partial y}$$

so heißt die Funktion **partiell differenzierbar** nach x und nach y. Die **partiellen Differentialquotienten** nennt man auch **partielle Ableitungen erster Ordnung.** Man schreibt für

$\frac{\partial f(x,y)}{\partial x}$ auch $\frac{\partial}{\partial x}f(x,y)$ oder $f'_x(x,y)$ oder $\frac{\partial z}{\partial x}$ oder z'_x und für

$\frac{\partial f(x,y)}{\partial y}$ auch $\frac{\partial}{\partial y}f(x,y)$ oder $f'_y(x,y)$ oder $\frac{\partial z}{\partial y}$ oder z'_y.

Eine Funktion mit zwei unabhängigen Veränderlichen $z = f(x,y)$ besitzt somit zwei partielle Ableitungen erster Ordnung. Bei der Bestimmung dieser Ableitungen wird die jeweils andere Variable als konstant aufgefaßt. Es gelten deshalb die zu der Differentiation von Funktionen mit einer unabhängigen Veränderlichen gemachten Ausführungen entsprechend. Die dort angegebenen Regeln lassen sich sinngemäß übertragen.

B 12.1.5 a) $z = x^3+y^3$; $\frac{\partial z}{\partial x} = 3x^2$; $\frac{\partial z}{\partial y} = 3y^2$

b) $z = ax^by^c$; $\frac{\partial z}{\partial x} = abx^{b-1}y^c$; $\frac{\partial z}{\partial y} = acx^by^{c-1}$

c) $z = x^3+3x^2y+xy^2+6y^3$; $\frac{\partial z}{\partial x} = 3x^2+6xy+y^2$; $\frac{\partial z}{\partial y} = 3x^2+2xy+18y^2$

d) $z = x^3e^y$; $\frac{\partial z}{\partial x} = 3x^2e^y$; $\frac{\partial z}{\partial y} = x^3e^y$

e) $z = \sqrt{ax^2+by^2} = (ax^2+by^2)^{\frac{1}{2}}$; $\frac{\partial z}{\partial x} = \frac{1}{2}(ax^2+by^2)^{-\frac{1}{2}}2ax = \frac{ax}{\sqrt{ax^2+by^2}}$

$\frac{\partial z}{\partial y} = \frac{1}{2}(ax^2+by^2)^{-\frac{1}{2}}2by = \frac{by}{\sqrt{ax^2+by^2}}$

f) $z = ax+by+c$; $\frac{\partial z}{\partial x} = a$; $\frac{\partial z}{\partial y} = b$

Für die Interpretation von partiellen Ableitungen ist zu beachten, daß sowohl die partielle Ableitung erster Ordnung nach x als auch die partielle Ableitung erster Ordnung nach y wiederum Funktionen mit x und y als unabhängigen Veränderlichen sind.

Durch die beiden Tangenten in F 12.1.3 wird eine Ebene aufgespannt (bestimmt), welche die Funktion in dem Punkt P mit den Koordinaten (x_1,y_1,z_1) berührt. In F 12.1.6 ist diese Ebene bzw. ein Teil davon durch die Schraffur verdeutlicht. Diese sogenannte **Tangentialebene** entspricht einer linearen Funktion $z = ax+by+c$. Die beiden Steigungen der Ebene, also a und b, entsprechen den Werten der partiellen Ableitung erster Ordnung der Funktion $z = f(x,y)$ an der Stelle (x_1,y_1), d.h. es ist

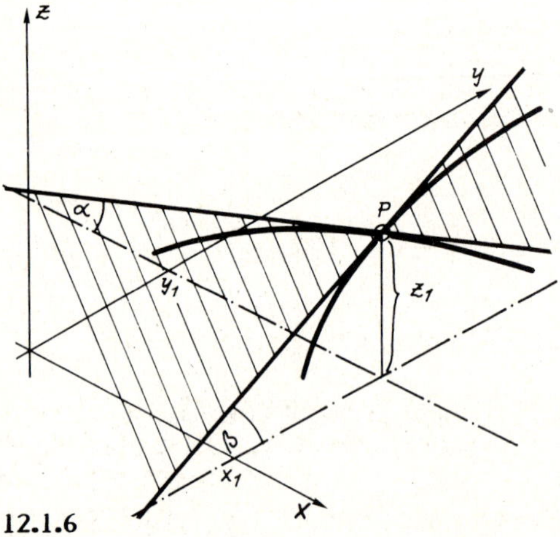

F 12.1.6

$a = f'_x(x_1,y_1)$ und $b = f'_y(x_1,y_1)$. Hat man a und b bestimmt, dann kann man c leicht aus der Gleichung $z_1 = ax_1+by_1+c$ errechnen:

$$c = z_1 - f'_x(x_1,y_1)x_1 - f'_y(x_1,y_1)y_1.$$

Für die Tangentialebene, die die Funktion $z = f(x,y)$ im Punkt (x_1,y_1,z_1) berührt, ergibt sich somit folgende Gleichung:

$$z = f'_x(x_1,y_1)x + f'_y(x_1,y_1)y + z_1 - f'_x(x_1,y_1)x_1 - f'_y(x_1,y_1)y_1.$$

B 12.1.7 $z = f(x,y) = x^2+y^2$; Tangentialebene im Punkt x = 2, y = 1, z = 5

$f'_x(x,y) = 2x$ $\quad f'_x(2;1) = 4$

$f'_y(x,y) = 2y$ $\quad f'_y(2;1) = 2$

Tangentialebene $\quad z = 4x+2y+5-4\cdot 2-2\cdot 1$

$\quad = 4x+2y-5$

Um die Steigung der Funktion in einer beliebigen Richtung zu bestimmen, geht man am einfachsten von der Überlegung aus, daß alle Tangenten an die Funktion in einem bestimmten Punkt auf der **Tangentialebene** liegen. Für die Steigung in Richtung einer Geraden, die mit der x-Achse den Winkel φ bildet, ergibt sich nach der Darstellung in Figur 12.1.8 folgendes: Die Steigung entspricht $\tan\gamma$. Es ist

$\tan\gamma = \frac{c}{v}$; $u = \tan\varphi$; $\tan\beta = \frac{b}{u} = \frac{b}{\tan\varphi}$ oder

$b = \tan\beta\tan\varphi$; $c = a+b = \tan\alpha+\tan\beta\tan\varphi$.

Wegen $\tan\alpha = f'_x$ und $\tan\beta = f'_y$ folgt

$c = f'_x+\tan\varphi f'_y$. Ferner ist $\cos\varphi = \frac{1}{v}$ oder

$v = \frac{1}{\cos\varphi}$. Somit ergibt sich für die gesuchte Steigung

$$\tan\gamma = \frac{c}{v} = \frac{f'_x+\tan\varphi f'_y}{\frac{1}{\cos\varphi}} = \cos\varphi(f'_x+\tan\varphi f'_y).$$

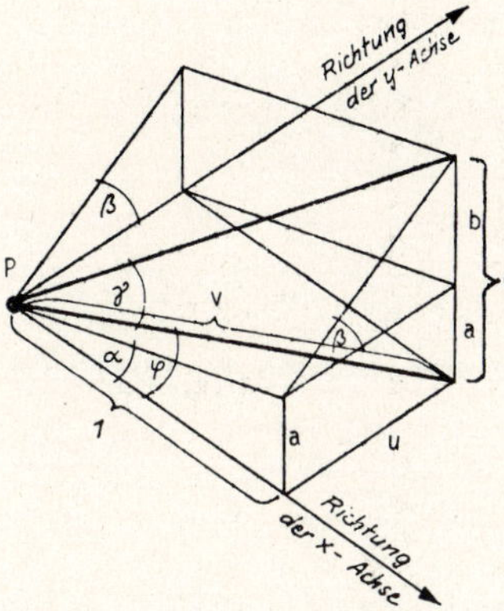

F 12.1.8

Die vorhergehenden Ausführungen beziehen sich auf Funktionen mit zwei unabhängigen Veränderlichen. Für Funktionen mit mehr als zwei unabhängigen Veränderlichen ist eine anschaulich-graphische Interpretation nicht mehr möglich. Ansonsten gelten die obigen Ausführungen entsprechend. Eine Funktion mit mehr als zwei unabhängigen Veränderlichen $y = f(x_1,x_2,x_3,\ldots,x_n)$ kann nach jeder der Variablen $x_1,x_2,\ldots,x_n$ partiell differenziert werden. Die übrigen Variablen werden dabei als konstant unterstellt. Für eine Funktion mit n unabhängigen Veränderlichen gibt es somit n partielle Ableitungen erster Ordnung.

D 12.1.9

> Die erste Ableitung der Funktion $y = f(x_1,\ldots,x_n)$ nach x_i $(i=1,\ldots,n)$ für $x_j = \text{const.}$ für alle $j \neq i$ heißt **partielle Ableitung erster Ordnung** der Funktion nach x_i und wird mit
> $\frac{\partial y}{\partial x_i}$; y'_{x_i}; $\frac{\partial}{\partial x_i} f(x_1,\ldots,x_n)$ oder $f'_{x_i}(x_1,\ldots,x_n)$ bezeichnet.

B 12.1.10 a) $y = ax_1+bx_2+cx_3+dx_4$; $\frac{\partial y}{\partial x_1} = a$; $\frac{\partial y}{\partial x_2} = b$; $\frac{\partial y}{\partial x_3} = c$; $\frac{\partial y}{\partial x_4} = d$.

b) $y = 12x_1^3x_2^4x_3^2x_4$; $\frac{\partial y}{\partial x_1} = 36x_1^2x_2^4x_3^2x_4$; $\frac{\partial y}{\partial x_2} = 48x_1^3x_2^3x_3^2x_4$;

$$\frac{\partial y}{\partial x_3} = 24x_1^3x_2^4x_3x_4;\ \frac{\partial y}{\partial x_4} = 12x_1^3x_2^4x_3^2$$

c) $y = \sqrt{x_1^2+x_2^3}\; x_3^4 \ln x_4 + a^{x_5}$

$$\frac{\partial y}{\partial x_1} = \frac{x_1 x_3^4 \ln x_4}{\sqrt{x_1^2+x_2^3}};\quad \frac{\partial y}{\partial x_2} = \frac{3x_2^2 x_3^4 \ln x_4}{2\sqrt{x_1^2+x_2^3}};\quad \frac{\partial y}{\partial x_3} = \sqrt{x_1^2+x_2^3}\; 4x_3^3 \ln x_4;$$

$$\frac{\partial y}{\partial x_4} = \sqrt{x_1^2+x_2^3}\; \frac{x_3^4}{x_4};\quad \frac{\partial y}{\partial x_5} = \ln a\; a^{x_5}.$$

Aufgaben

Ü 12.1.1 Bestimme die partiellen Ableitungen erster Ordnung der folgenden Funktionen:

a) $z = x^3+xy+y^3$; b) $z = x^2y^4$; c) $z = \frac{x^2}{y^2}$; d) $z = a^x\sqrt{x^2+y^2}$.

Ü 12.1.2 Bestimme die partiellen Ableitungen erster Ordnung der folgenden Funktionen:

a) $y = 3x_1^2x_2+x_1x_2x_3+x_3$; b) $y = \sqrt{x_1^2+x_2^2+x_3^2+x_4^2}$; c) $y = \prod_{i=1}^{n} x_i^{a_i}$.

Ü 12.1.3 Gegeben sei die Funktion $z = 10x^{\frac{1}{2}}y^{\frac{1}{3}}$.

a) Bestimme die ersten Ableitungen dieser Funktion.

b) Als Ableitung welcher Funktion $z = f(x)$ läßt sich die partielle Ableitung $\frac{\partial z}{\partial x}$ für $y = 8$ interpretieren? Als welche Schnittkurve ist diese Funktion geometrisch interpretierbar?

c) Als Ableitung welcher Funktion $z = f(y)$ läßt sich die partielle Ableitung $\frac{\partial z}{\partial y}$ für $x = 9$ interpretieren? Als welche Schnittkurve ist diese Funktion geometrisch interpretierbar?

d) Bestimme die partiellen Ableitungen an den Stellen $x_1 = 0{,}25$; $y_1 = 0{,}027$ und $x_2 = 4$; $y_2 = 8$. Interpretiere diese Ableitungen geometrisch.

e) Bestimme die Gleichung der Tangentialebenen für die unter d) vorgegebenen Punkte.

12.2 Höhere Ableitungen bei Funktionen mit mehreren unabhängigen Veränderlichen

Die partiellen Ableitungen erster Ordnung einer Funktion mit mehreren unabhängigen Veränderlichen sind, wie bereits oben erwähnt wurde, wieder Funktionen der unabhängigen Veränderlichen. Diese partiellen Ableitungen können nun wieder partiell nach den unabhängigen Variablen differenziert werden. Das ergibt die partiellen Ableitungen zweiter Ordnung der Funktion.

D 12.2.1 Gegeben sei eine Funktion mit n unabhängigen Variablen $y = f(x_1,\dots,x_n)$ mit den n partiellen Ableitungen erster Ordnung $\frac{\partial y}{\partial x_i}$, $i = 1,\dots,n$. Die n^2 Ableitungen dieser Ableitungen erster Ordnung nach x_j, $j = 1,\dots,n$, heißen **partielle Ableitungen zweiter Ordnung** der Funktion und werden bezeichnet mit

$$\frac{\partial^2 y}{\partial x_i\,\partial x_j},\ \frac{\partial^2 f}{\partial x_i\,\partial x_j},\ \frac{\partial^2}{\partial x_i\,\partial x_j} f(x_1,\dots,x_n),\ y''_{x_i x_j} \text{ oder } f''_{x_i x_j}(x_1,\dots,x_n).$$

Da jede der n partiellen Ableitungen erster Ordnung wieder nach jeder der n Variablen differenziert werden kann, gibt es insgesamt n^2 partielle Ableitungen zweiter Ordnung.

Wird zweimal nach derselben Variablen differenziert, dann wird anstelle von $\frac{\partial^2 y}{\partial x_i\,\partial x_i}$ meistens $\frac{\partial^2 y}{\partial x_i^2}$ geschrieben. Entsprechendes gilt für die anderen Bezeichnungsweisen.

B 12.2.2 $z = f(x,y) = x^3y^3$; $f'_x = 3x^2y^3$; $f'_y = 3x^3y^2$.

Differenziert man f'_x partiell nach x bzw. nach y, so ergibt sich

$f''_{xx} = 6xy^3$; $f''_{xy} = 9x^2y^2$.

Differenziert man f'_y partiell nach x bzw. y, so ergibt sich

$f''_{yx} = 9x^2y^2$; $f''_{yy} = 6x^3y$.

In dem Beispiel ergibt sich für die Differentiation von f'_x nach y das gleiche wie für die Differentiation von f'_y nach x.

Es gilt allgemein:

R 12.2.3

> Gegeben sei eine zweimal partiell differenzierbare Funktion $y = f(x_1,\dots,x_n)$.
> Sind $f''_{x_i x_j}$ und $f''_{x_j x_i}$ **stetig**, so gilt $f''_{x_i x_j} = f''_{x_j x_i}$ $(i,j = 1,\dots,n)$.

B 12.2.4 a) $z = f(x,y) = x^2+y^2+xy$; $f'_x = 2x+y$; $f'_y = 2y+x$;

$f''_{xx} = 2$; $f''_{yy} = 2$; $f''_{xy} = f''_{yx} = 1$.

b) $z = f(x,y) = x^3+x^2y+xy^2+y^3$; $f'_x = 3x^2+2xy+y^2$; $f'_y = x^2+2xy+3y^2$;

$f''_{xx} = 6x+2y$; $f''_{yy} = 2x+6y$; $f''_{xy} = f''_{yx} = 2x+2y$.

c) $z = f(x,y) = Ax^{\alpha}y^{\beta}$; $f'_x = A\alpha x^{\alpha-1}y^{\beta}$; $f'_y = A\beta x^{\alpha}y^{\beta-1}$;

$f''_{xx} = A\alpha(\alpha-1)x^{\alpha-2}y^{\beta}$; $f''_{yy} = A\beta(\beta-1)x^{\alpha}y^{\beta-2}$; $f''_{xy} = f''_{yx} = A\alpha\beta x^{\alpha-1}y^{\beta-1}$.

Differenziert man die partiellen Ableitungen zweiter Ordnung wieder nach den unabhängigen Variablen, so erhält man die partiellen Ableitungen dritter Ordnung. Dies kann entsprechend fortgesetzt werden.

B 12.2.5 Für die in Beispiel 12.2.2 angegebene Funktion ergeben sich folgende partielle Ableitungen dritter Ordnung:

$f'''_{xxx} = 6y^3$; $f'''_{xxy} = 18xy^2$; $f'''_{xyx} = 18xy^2$; $f'''_{xyy} = 18x^2y$; $f'''_{yyx} = 18x^2y$;

$f'''_{yyy} = 6x^3$; $f'''_{yxx} = 18xy^2$; $f'''_{yxy} = 18x^2y$.

Für die Wirtschaftswissenschaften sind im allgemeinen nur die partiellen Ableitungen erster und zweiter Ordnung von Interesse.

Aufgaben

Ü 12.2.1 Bestimme die partiellen Ableitungen zweiter Ordnung für die folgenden Funktionen.

a) $z = x^2+y^2$; b) $z = x^3y^2$; c) $z = \frac{x}{y}$.

Ü 12.2.2 Bestimme die partiellen Ableitungen dritter Ordnung der Funktion: $z = x^3y^2$.

12.3 Partielles und totales Differential

Bei einer Funktion $y = f(x)$ mit einer unabhängigen Veränderlichen versteht man unter dem Differential der Funktion die (endliche) Änderung $dy = df(x)$, die man erhält, wenn man die unabhängige Veränderliche um den endlichen Wert dx verändert. Durch das Differential dy wird näherungsweise die zu dx gehörige Änderung des Funktionswertes beschrieben. Es ist

$$dy = df(x) = f'(x)dx$$

dx ist das Differential der unabhängigen Veränderlichen (vgl. dazu im einzelnen die Ausführungen in Abschnitt 10.7). Bei einer Funktion mit mehreren unabhängigen Veränderlichen kann man nun entsprechend ein Differential der Funktion in bezug auf jede der unabhängigen Veränderlichen definieren. Für eine Funktion mit zwei unabhängigen Variablen gilt:

D 12.3.1

> Gegeben sei eine Funktion $z = f(x,y)$ mit den partiellen Ableitungen erster Ordnung $f'_x(x,y)$ und $f'_y(x,y)$. Dann heißt
>
> $dz_x = f'_x(x,y)dx$ **partielles Differential bezüglich x** und
>
> $dz_y = f'_y(x,y)dy$ **partielles Differential bezüglich y.**

Die partiellen Differentiale sind ähnlich zu interpretieren wie das Differential einer Funktion $y = f(x)$. dz_x ist die näherungsweise Änderung des Funktionswertes bei einer Variation von x um dx, die sich ergibt, wenn man die Kurve durch ihre Tangente in Richtung der x-Achse approximiert (vgl. dazu Abschnitt 12.1) und y konstant hält.

Bei einer Funktion mit zwei oder mehr unabhängigen Veränderlichen gibt es so viele partielle Differentiale, wie die Funktion unabhängige Veränderliche hat.

Man kann nun fragen, welche näherungsweise Änderung des Funktionswertes der Funktion $z = f(x,y)$ sich ergibt, wenn man sowohl x um dx als auch y um dy ändert.

R 12.3.2

> Das bei einer gleichzeitigen Änderung von x um dx und von y um dy entstehende **totale Differential dz** der Funktion $z = f(x,y)$ ergibt sich durch Addition der partiellen Differentiale:
>
> $dz = f'_x dx + f'_y dy.$

In der graphischen Interpretation kann man das totale Differential als approximativen Zuwachs des Funktionswertes erklären, der sich bei gleichzeitiger Änderung der unabhängigen Variablen um dx und dy ergibt, wenn man die Funktion näherungsweise durch die Tangentialebene beschreibt. In F 12.3.3 (vgl. dazu auch F 12.1.6) gelangt man auf der Tangentialebene im Punkt P bei Änderung von y um dy und x um dx zum Punkt Q. Der Funktionswert ändert sich dabei um $dz_x + dz_y$.

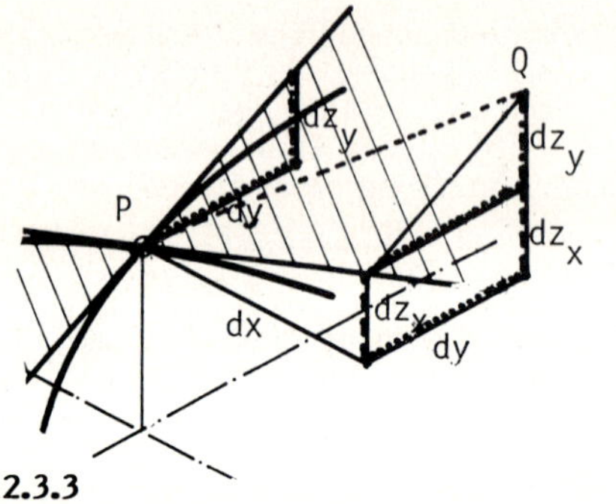

F 12.3.3

Bei einer Funktion mit mehreren unabhängigen Veränderlichen $y = f(x_1,...,x_n)$ ergibt sich das totale Differential zu

$$dy = \sum_{i=1}^{n} f'_{x_i} dx_i.$$

Partielle und totale Differentiale spielen vor allem in der Produktionstheorie eine Rolle.

Es sei $z = f(x,y)$ homogen vom Grade r, d.h. $f(\lambda x, \lambda y) = \lambda^r f(x,y)$. Verändert man x und y im gleichen Verhältnis bzw. um den gleichen Faktor λ, dann lassen sich nicht nur die Veränderungen des Funktionswertes durch λ ausdrücken, sondern auch die von x und y, indem man λ-fache von x_0 und y_0 betrachtet. Es ist dann $x = \lambda x_0$ und $y = \lambda y_0$.

Daraus folgt $\frac{dx}{d\lambda} = x_0$ bzw. $dx = x_0 d\lambda$

und $\frac{dy}{d\lambda} = y_0$ bzw. $dy = y_0 d\lambda$.

Dividiert man $dx = x_0 d\lambda$ durch $x = \lambda x_0$, so folgt

$$\frac{dx}{x} = \frac{x_0 d\lambda}{\lambda x_0} = \frac{d\lambda}{\lambda}$$

oder $$dx = \frac{d\lambda}{\lambda} x.$$

Entsprechend ergibt sich $dy = \frac{d\lambda}{\lambda} y$.

Setzt man diese beiden Ausdrücke für dx und dy in die Gleichung des totalen Differentials $dz = f'_x dx + f'_y dy$ ein, so ergibt sich

G 12.3.4 $$dz = \frac{\partial z}{\partial x} \cdot \frac{d\lambda}{\lambda} x + \frac{\partial z}{\partial y} \cdot \frac{d\lambda}{\lambda} y = \frac{d\lambda}{\lambda} \left(\frac{\partial z}{\partial x} x + \frac{\partial z}{\partial y} y\right).$$

Für die homogene Funktion $z = f(x,y)$ mit $z = \lambda^r f(x_0,y_0)$ gilt nun

$$\frac{dz}{d\lambda} = r\lambda^{r-1} f(x_0,y_0) = r\,\frac{\lambda^r f(x_0,y_0)}{\lambda} = r\frac{z}{\lambda}\,.$$

Daraus folgt

G 12.3.5 $$dz = \frac{rz}{\lambda}\,d\lambda \quad \text{bzw.}\ dz = rz\frac{d\lambda}{\lambda}\,.$$

Aus G 12.3.4 und G 12.3.5 folgt, wenn man in G 12.3.4 für dz den Ausdruck aus G 12.3.5 einsetzt,

$$rz\frac{d\lambda}{\lambda} = \frac{d\lambda}{\lambda}(f'_x x + f'_y y) \text{ oder } rz = \frac{\partial z}{\partial x}x + \frac{\partial z}{\partial y}y.$$

R 12.3.6

> Die Funktion $z = f(x,y)$ sei homogen vom Grad r. Es gilt dann die **Eulersche Homogenitätsrelation** $rz = f'_x x + f'_y y$. Bei mehr als zwei unabhängigen Veränderlichen lautet sie
>
> $$rz = \sum_i f'_{x_i} x_i.$$

Aufgaben

Ü 12.3.1 Gegeben sei eine Funktion $z = f(x,y)$. Für eine Isohöhenlinie (Schnittkurve parallel zur (x,y)-Ebene) gilt $dz = 0$ und $y = g(x)$. Leite unter Verwendung der Gleichung für das totale Differential eine Beziehung zwischen den partiellen Ableitungen erster Ordnung der Funktion $z = f(x,y)$ und der ersten Ableitung der Funktion $y = g(x)$ her.
****

12.4 Differentiation impliziter Funktionen

Eine implizite Funktion $f(x,y) \equiv 0$ kann man als Isohöhenlinie der Funktion $z = f(x,y)$ für $z \equiv 0$ auffassen. Diese Interpretation erlaubt die Bestimmung der ersten Ableitung einer impliziten Funktion.

Für die Funktion $z = f(x,y)$ lautet das totale Differential

$$dz = f'_x dx + f'_y dy.$$

Da für die implizite Funktion wegen $z \equiv 0$ auch $dz = 0$ gilt, ist

$$f'_x dx + f'_y dy = 0.$$

Daraus folgt

$$\frac{dx}{dy} = -\frac{\frac{\partial z}{\partial y}}{\frac{\partial z}{\partial x}} \text{ und } \frac{dy}{dx} = -\frac{\frac{\partial z}{\partial x}}{\frac{\partial z}{\partial y}} .$$

Da die beiden expliziten Funktionen zueinander invers sind, ist die eine Ableitung die Reziproke der anderen (siehe auch R 10.4.16).

B 12.4.1 a) $ax+by+c \equiv 0$; $z = ax+by+c$; $f'_x = a$; $f'_y = b$; $\frac{dx}{dy} = -\frac{b}{a}$; $\frac{dy}{dx} = -\frac{a}{b}$.

Diese Ergebnisse lassen sich leicht überprüfen, wenn man die implizite Funktion nach x bzw. y entwickelt und die sich ergebenden linearen Funktionen differenziert.

b) $x^2+y^2-9 \equiv 0$; $x \neq 0$, $y \neq 0$; $z = x^2+y^2-9$; $f'_x = 2x$; $f'_y = 2y$,

$\frac{dx}{dy} = -\frac{2y}{2x} = -\frac{y}{x}$; $\frac{dy}{dx} = -\frac{2x}{2y} = -\frac{x}{y}$.

Es ist zu beachten, daß in dem zweiten Beispiel die beiden Ableitungen beide Variablen enthalten. Das liegt daran, daß die angegebene Funktion nicht eindeutig ist und daher die erste Ableitung von x nach y nicht nur von y sondern auch von x abhängt.

Aufgaben

Ü 12.4.1 Bestimme die ersten Ableitungen der folgenden Funktionen ($x \neq 0$, $y \neq 0$).

a) $x^2-y^2 = a$; b) $\sqrt{xy} = 10$.

12.5 Ökonomische Anwendungen der partiellen Differentiation

Zu den wirtschaftswissenschaftlichen Anwendungen partieller Ableitungen gilt prinzipiell das gleiche, was zu den Anwendungen der Differentialrechnung in den Abschnitten 10.8 und 11.7 gesagt wurde. Vor allem die Überlegungen aus Abschnitt 10.8 lassen sich sinngemäß übertragen.

Zur Verdeutlichung wirtschaftswissenschaftlicher Anwendungen partieller Ableitungen wird eine Produktionsfunktion mit zwei Produktionsfaktoren betrachtet: $x = x(r_1,r_2) = ar_1^{\alpha}r_2^{\beta}$; $\alpha > 0$, $\beta > 0$.

r_1 und r_2 bezeichnen die Einsatzmengen der beiden Produktionsfaktoren und x die Produktionsmenge.

Setzt man x = const. = c, so ergeben sich die **Isoquanten** als

$$c = ar_1^{\alpha}r_2^{\beta} \quad \text{bzw.} \quad r_2 = \left(\frac{c}{a}\right)^{\frac{1}{\beta}} r_1^{-\frac{\alpha}{\beta}} .$$

Prüft man die **Homogenität** der Funktion, so ergibt sich

$$x(\lambda r_1, \lambda r_2) = a(\lambda r_1)^{\alpha}(\lambda r_2)^{ß} = a\lambda^{\alpha+ß} r_1^{\alpha} r_2^{ß}.$$

Die Funktion ist homogen vom Grad $\alpha + ß$. Eine Vervielfachung der Einsatzmengen beider Produktionsfaktoren um den Faktor λ führt also zu einer Erhöhung des Produktionsergebnisses auf das $\lambda^{\alpha+ß}$-fache.

Die **partiellen Ableitungen erster Ordnung** der Produktionsfunktion nach r_1 und nach r_2 ergeben die **partiellen Grenzproduktivitäten:**

$$x'_{r_1} = a\alpha r_1^{\alpha-1} r_2^{ß} \text{ und } x'_{r_2} = aß r_1^{\alpha} r_2^{ß-1} .$$

Die partielle Grenzproduktivität x'_{r_1} (bzw. x'_{r_2}) in bezug auf den Produktionsfaktor 1 (bzw. 2) gibt näherungsweise die Änderung des Produktionsergebnisses an, wenn man die Faktoreinsatzmenge des Faktors 1 (bzw. 2) bei Konstanz der Einsatzmenge des Faktors 2 (bzw. 1) um eine Einheit verändert.

Die **partiellen Differentiale** der Produktionsfunktion $x'_{r_1} dr_1$ bzw. $x'_{r_2} dr_2$ sind die **partiellen Grenzprodukte.**

Aus der Gleichung $dx = x'_{r_1} dr_1 + x'_{r_2} dr_2$ für das **totale Differential** ergibt sich das **totale Grenzprodukt** als Summe der partiellen Grenzprodukte.

Die partiellen Grenzproduktivitäten sind für $r_1 > 0$ und $r_2 > 0$ wegen $a > 0$, $\alpha > 0$ und $ß > 0$ stets positiv. Daraus folgt, daß die sich für die Schnitte bei $r_2 = \text{const.}$ bzw. $r_1 = \text{const.}$ ergebenden Funktionen streng monoton steigend sind (vgl. dazu den in R 11.4.2 gegebenen Zusammenhang zwischen erster Ableitung einer Funktion und Monotonie).

Differenziert man die partiellen Grenzproduktivitäten wieder nach r_1 bzw. r_2, so ergibt sich

$$\frac{\partial^2 x}{\partial r_1^2} = a\alpha(\alpha-1) r_1^{\alpha-2} r_2^{ß} \text{ und } \frac{\partial^2 x}{\partial r_2^2} = aß(ß-1) r_1^{\alpha} r_2^{ß-2}.$$

Für den häufig unterstellten Fall $0 < \alpha < 1$ und $0 < ß < 1$ ist $\alpha-1 < 0$ und $ß-1 < 0$. Wegen $a > 0, \alpha > 0, ß > 0, r_1^{\alpha-2} > 0, r_2^{ß} > 0, r_1^{\alpha} > 0, r_2^{ß-2} > 0$ folgt dann

$$\frac{\partial^2 x}{\partial r_1^2} < 0 \text{ und } \frac{\partial^2 x}{\partial r_2^2} < 0.$$

Die partiellen Ableitungen zweiter Ordnung der Produktionsfunktion nach dem jeweiligen Produktionsfaktor sind negativ, d.h. diese Funktionen sind streng monoton fallend. Bei konstantem r_2 (bzw. r_1) erhält man also bei zunehmendem r_1 (bzw. r_2) **abnehmende Ertragszuwächse.**

Die Produktionsfunktion ist von der allgemeinen Form $x = x(r_1,r_2)$ oder als implizite Funktion $f(r_1,r_2;x) \equiv 0$.

Zu einer Isoquante, für die $\bar{x}_0$ = const. gilt, gehört dann die implizite Funktion $f(r_1,r_2;\bar{x}_0) \equiv 0$, wobei $\bar{x}_0$ = const. gilt. Wegen $\bar{x}_0 = x(r_1,r_2)$ kann man für die Isoquante auch $x(r_1,r_2) - \bar{x}_0 \equiv 0$ schreiben. Aus den obigen Relationen für die Differentiation einer impliziten Funktion ergibt sich dann für $z = x(r_1,r_2) - \bar{x}_0$:

$$z'_{r_1} = x'_{r_1} \text{ und } z'_{r_2} = x'_{r_2}$$

und somit $\frac{dr_1}{dr_2} = \frac{z'_{r_2}}{z'_{r_1}} = \frac{x'_{r_2}}{x'_{r_1}}$ bzw. $\frac{dr_2}{dr_1} = \frac{z'_{r_1}}{z'_{r_2}} = \frac{x'_{r_1}}{x'_{r_2}}$.

$\frac{dr_1}{dr_2}$ (bzw. $\frac{dr_2}{dr_1}$) bezeichnet die Grenzrate der Substitution des Faktors r_1 (bzw. r_2) durch den Faktor r_2 (bzw. r_1). Sie ist, wie sich aus den obigen Ableitungen ergibt, gleich dem negativen umgekehrten Verhältnis der partiellen Grenzproduktivitäten.

Aufgaben

Ü **12.5.1** Gegeben sei die Produktionsfunktion $x = 16\sqrt{r_1 r_2}$. Bestimme:

* a) den Homogenitätsgrad,

** b) die partiellen Grenzproduktivitäten,

** c) die Isoquante für x = 4 in der Form $r_2 = f(r_1)$.

13. Extremwerte bei Funktionen mit mehreren unabhängigen Veränderlichen

13.1 Extremwerte einer Funktion mit zwei unabhängigen Veränderlichen

Bei Funktionen mit zwei und mehr unabhängigen Veränderlichen und ihren wirtschaftswissenschaftlichen Anwendungen spielt - wie bei einer unabhängigen Veränderlichen - die Untersuchung der Funktionen auf Extremwerte eine wichtige Rolle.

D 13.1.1

Eine Funktion $z = f(x,y)$ hat an einer Stelle (x_0,y_0) ein (relatives) **Maximum,** wenn in einer Umgebung um diesen Punkt alle Funktionswerte kleiner sind als $f(x_0,y_0)$. Für $(x,y) \neq (x_0,y_0)$ gilt dann $f(x,y) < f(x_0,y_0)$. Ist $f(x,y) < f(x_0,y_0)$ für **alle** $(x,y) \neq (x_0,y_0)$ aus dem Definitionsbereich der Funktion, so spricht man von einem **absoluten Maximum.** Sind in einer Umgebung um (x_0,y_0) alle Funktionswerte größer, d.h. gilt $f(x,y) > f(x_0,y_0)$ für $(x,y) \neq (x_0,y_0)$, so liegt ein **(relatives bzw. absolutes) Minimum** vor.

Mit Hilfe dieser Definitionen ist es praktisch nicht möglich, eine Funktion auf Extremwerte zu untersuchen. Ähnlich wie bei differenzierbaren Funktionen mit einer unabhängigen Variablen ist es jedoch auch bei differenzierbaren Funktionen mit mehreren unabhängigen Variablen möglich, Extremwerte unter Verwendung der Ableitungen der Funktion zu bestimmen. Dazu werden zunächst einige graphisch dargestellte Beispiele betrachtet.

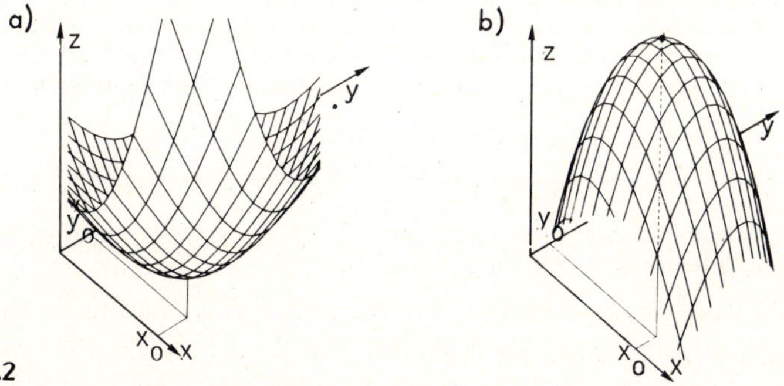

F 13.1.2

Die in F 13.1.2a) dargestellte Funktion hat bei (x_0,y_0) ein Minimum. In F 13.1.2b) liegt bei (x_0,y_0) ein Maximum.

Die Funktion in F 13.1.3 hat bei (x_1,y_1) ein Maximum und bei (x_2,y_2) ein Minimum.

Wie man sich an den graphischen Darstellungen veranschaulichen kann, haben dort, wo die jeweilige Funktion ein Maximum bzw. Minimum hat, auch die Schnittkurven in Richtung der x-Achse und die in Richtung der y-Achse Maxima bzw. Minima. Das bedeutet, daß die beiden partiellen Ableitungen erster Ordnung verschwinden.

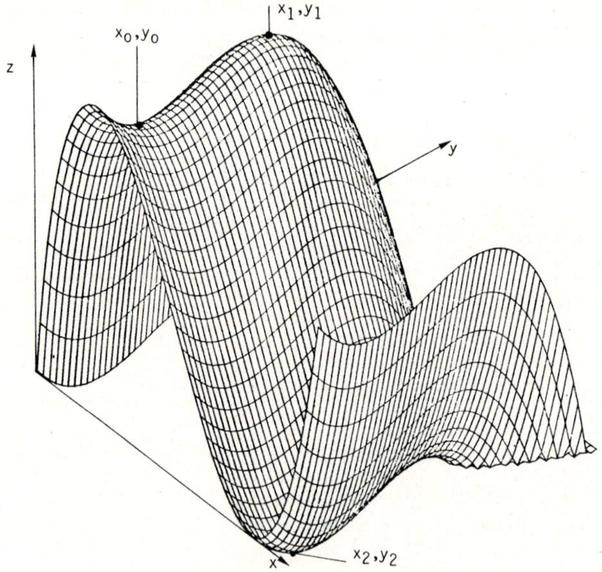

F 13.1.3

Es gilt:

R 13.1.4

> Gegeben sei eine Funktion $z = f(x,y)$ mit stetigen partiellen Ableitungen erster Ordnung. **Notwendige Bedingungen für einen Extremwert** der Funktion an der Stelle (x_0,y_0) sind $f'_x(x_0,y_0) = 0$ **und** $f'_y(x_0,y_0) = 0$.

Aus dem Verschwinden der partiellen Ableitung erster Ordnung allein ergibt sich jedoch nicht unbedingt ein Extremwert.

Die in F 13.1.3 dargestellte Funktion hat bei (x_0,y_0) eine Stelle, an der die Schnittkurve in Richtung der x-Achse ein Maximum hat und die Schnittkurve in Richtung der y-Achse ein Minimum hat. Das bedeutet: Die beiden Ableitungen erster Ordnung nach x und nach y verschwinden bei (x_0,y_0). Dennoch hat die Funktion dort keinen Extremwert, wie aus der Figur 13.1.3 zu ersehen ist, sondern einen sogenannten **Sattelpunkt.**

In F 13.1.5 sind zwei weitere Beispiele dafür wiedergegeben, daß R 13.1.4 keine hinreichenden Bedingungen für Extremwerte liefert. Bei der in F 13.1.5b) dargestellten Funktion hat die Schnittkurve in Richtung der x-Achse bei (x_0,y_0) einen Sattelpunkt. Die Schnittkurve in Richtung der y-Achse hat ein Maximum.

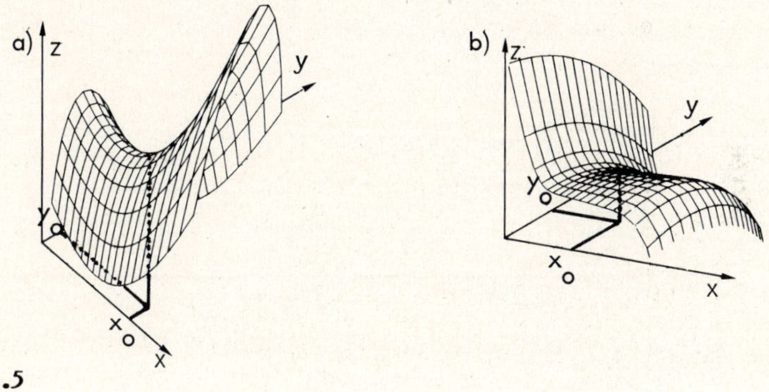

F 13.1.5

Um nachzuweisen, daß an einer Stelle (x_0,y_0), an der die beiden partiellen Ableitungen erster Ordnung verschwinden, tatsächlich ein Extremwert vorliegt, bestimmt man die partiellen Ableitungen zweiter Ordnung und prüft, ob bei (x_0,y_0)

$$f''_{xx}(x_0,y_0)f''_{yy}(x_0,y_0) > \left[f''_{xy}(x_0,y_0) \right]^2$$

gilt. Ist das der Fall, so liegt tatsächlich ein Extremwert vor. Auf eine Begründung dazu wird wegen mangelnder Anschaulichkeit verzichtet.

R 13.1.6

Gegeben sei die Funktion $z = f(x,y)$ mit ihren partiellen Ableitungen erster und zweiter Ordnung. **Hinreichend für einen Extremwert** an der Stelle (x_0,y_0) sind die beiden folgenden Bedingungen:

(1) $f'_x(x_0,y_0) = 0$ **und** $f'_y(x_0,y_0) = 0$;

(2) $f''_{xx}(x_0,y_0)\, f''_{yy}(x_0,y_0) > (f''_{xy}(x_0,y_0))^2$.

Ist

(3a) $f''_{xx}(x_0,y_0) < 0$ (und damit auch $f''_{yy}(x_0,y_0) < 0$), so handelt es sich um ein **Maximum.**

Ist

(3b) $f''_{xx}(x_0,y_0) > 0$ (und damit auch $f''_{yy}(x_0,y_0) > 0$), so liegt bei (x_0,y_0) ein **Minimum.**

Bei der praktischen Untersuchung einer Funktion $z = f(x,y)$ auf Extremwerte geht man so vor, daß man zunächst f'_x und f'_y bestimmt und gleich Null setzt. Das sich dann ergebende Gleichungssystem löst man nach x und y auf. Die Lösungen sind die Stellen, an denen Extremwerte liegen können. Für diese werden dann die Bedingungen (2) und gegebenenfalls (3a) bzw. (3b) überprüft.

B 13.1.7 $z = x-8y-x^2+xy-y^2$; $f'_x = 1-2x+y = 0$; $f'_y = -8+x-2y = 0$.

Die Auflösung des Gleichungssystems ergibt $x = -2$ und $y = -5$ bzw. $(x_0,y_0) = (-2,-5)$.

$f''_{xx} = -2$; $f''_{yy} = -2$; $f''_{xy} = 1$.

Es ist $f''_{xx}(-2,-5)\, f''_{yy}(-2,-5) = (-2)\,(-2) = 4 > 1^2 = \left[f''_{xy}(-2,-5)\right]^2$.

Somit liegt ein Extremwert vor, und zwar ein Maximum, da $f''_{xx}(-2,-5) = -2 < 0$.

R 13.1.8

> Gilt in R 13.1.6 anstelle der Bedingung (2)
> (2*) $f''_{xx}(x_0,y_0)f''_{yy}(x_0,y_0) < (f''_{xy}(x_0,y_0))^2$, so hat die Funktion bei (x_0,y_0) einen **Sattelpunkt.**

Gilt $f''_{xx}(x_0,y_0)f''_{yy}(x_0,y_0) = \left(f''_{xy}(x_0,y_0)\right)^2$, dann ist keine verbindliche Aussage möglich. In diesem Fall kann bei (x_0,y_0) ein Extremwert liegen.

Es ist aber auch möglich, daß dort kein Extremwert liegt. Es müssen dann andere Kriterien herangezogen werden, auf die hier nicht eingegangen werden kann.
In dem nächsten Beispiel wird gezeigt, wie man, wenn es mehrere Stellen gibt, an denen die partiellen Ableitungen erster Ordnung verschwinden, die Überprüfung der Bedingung (2) zweckmäßig in einer Tabelle vornimmt.

B 13.1.9 $z = f(x,y) = x^4+y^4-x^2-y^2+2xy$;

$f'_x = 4x^3-2x+2y = 0$; $f'_y = 4y^3-2y+2x = 0$.

Addiert man beide Gleichungen, so ergibt sich $4x^3+4y^3 = 0$ oder $-x^3 = y^3$ bzw. $x = -y$ oder $y = -x$.

Setzt man $y = -x$ in $4x^3-2x+2y = 0$ ein, so erhält man

$$4x^3-2x-2x = 4x^3-4x = 4x(x^2-1) = 0.$$

Es ergibt sich $x_1 = 0$, $x_2 = 1$, $x_3 = -1$.

Da $y = -x$ gilt, kann die Funktion also Extremwerte bei (0;0),(1;-1) und (-1;1) haben.

Für die partiellen Ableitungen zweiter Ordnung ergibt sich

$f''_{xx} = 12x^2-2;\ f''_{yy} = 12y^2-2;\ f''_{xy} = 2.$

Zur Überprüfung der Bedingung (2) empfiehlt sich folgende Tabelle.

(x_i,y_i)	f''_{xx} $12x^2-2$	f''_{yy} $12y^2-2$	$f''_{xx} \cdot f''_{yy}$	$\lesseqgtr$	$(f''_{xy})^2$	f''_{xy}
(1)	(2)	(3)	(4)	(5)	(6)	(7)
(0;0)	-2	-2	4	=	4	2
(1;-1)	10	10	100	>	4	2
(-1;1)	10	10	100	>	4	2

Ein Vergleich der Werte in Spalte (4) und Spalte (6) der Tabelle zeigt, daß bei (1;-1) und (-1;1) Extremwerte liegen.

In beiden Fällen handelt es sich um Minima, da $f''_{xx} > 0$. Über die Stelle (0;0) kann keine verbindliche Aussage gemacht werden.

Es sei ausdrücklich darauf hingewiesen, daß es für die Existenz eines Maximums (bzw. eines Minimums) bei (x_0,y_0) nicht ausreichend ist, wenn außer dem Verschwinden der partiellen Ableitungen erster Ordnung auch gilt

$f''_{xx}(x_0,y_0) < 0$ **und** $f''_{yy}(x_0,y_0) < 0$ (bzw. $f''_{xx}(x_0,y_0) > 0$ **und** $f''_{yy}(x_0,y_0) > 0$).

Dann haben zwar sowohl die Schnittkurve in Richtung der x-Achse als auch die Schnittkurve in Richtung der y-Achse beide ein Maximum (bzw. ein Minimum), aber die Funktion z = f(x,y) muß dennoch keinen Extremwert haben. Ein Beispiel dafür ist in F 13.1.10 dargestellt.

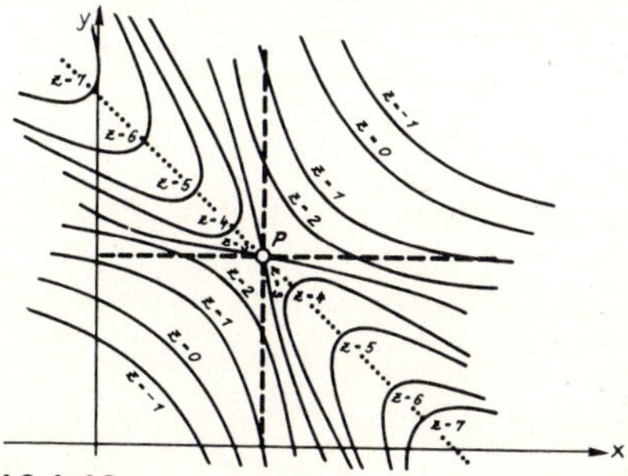

F 13.1.10

Die Funktion z = f(x,y) ist in dieser Figur durch Isohöhenlinien gezeichnet. Die entlang den gestrichelten Linien verlaufenden Schnittkurven haben beide bei P ein **Maximum.** Es gilt also für den Punkt P

$f'_x = f'_y = 0,\ f''_{xx} < 0$ und $f''_{yy} < 0.$

Der Schnitt entlang der punktierten Linie ergibt aber bei P ein **Minimum.** Bei P liegt also kein Extremwert.

Für die Untersuchung einer Funktion z = f(x,y) auf Extremwerte kann man folgendes Schema heranziehen.

R 13.1.11

(1) Bestimmung von f'_x und f'_y.

(2) Lösung des Gleichungssystems $f'_x = 0$ und $f'_y = 0$ für x und y.

a) Hat das Gleichungssystem keine Lösung, so existiert kein Extremwert.

b) Hat das Gleichungssystem die Lösungen (x_i,y_i) $(i=1,...,n)$, so ist Schritt (3) durchzuführen.

(3) Bestimmung von f''_{xx}, f''_{yy}, f''_{xy}.

(4) Bestimmung von $f''_{xx}(x_i,y_i)$, $f''_{yy}(x_i,y_i)$, $f''_{xy}(x_i,y_i)$.

(5) Vergleich von $f''_{xx}(x_i,y_i)f''_{yy}(x_i,y_i)$ und $(f''_{xy}(x_i,y_i))^2$.

a) Gilt $f''_{xx}f''_{yy} > (f''_{xy})^2$, so liegt an der Stelle (x_i,y_i) ein Extremwert vor. Es folgt Schritt (6).

b) Gilt $f''_{xx}f''_{yy} < (f''_{xy})^2$, so liegt kein Extremwert an der Stelle (x_i,y_i) vor (Sattelpunkt).

c) Gilt $f''_{xx}f''_{yy} = (f''_{xy})^2$, so ist keine verbindliche Aussage über die Stelle (x_i,y_i) möglich.

(6) Für $f''_{xx} < 0$ folgt ein Maximum an der Stelle (x_i,y_i).
Für $f''_{xx} > 0$ folgt ein Minimum an der Stelle (x_i,y_i).

B 13.1.12 $z = f(x,y) = x^3+3x^2y-3xy^2-21x+y^3-3y;$

$f'_x = 3x^2+6xy-3y^2-21 = 0;\quad f'_y = 3x^2-6xy+3y^2-3 = 0.$

Werden diese beiden Gleichungen addiert, ergibt sich

$6x^2-24 = 0 \Longrightarrow x^2 = 4 \Longrightarrow x_1 = 2,\ x_2 = -2.$

Durch Einsetzen von x_1 und x_2 in $f'_y = 0$ folgt:

$x_1 = 2 \Longrightarrow 12-12y+3y^2-3 = 0 \Longrightarrow y_1 = 1,\ y_2 = 3$

$x_2 = -2 \Longrightarrow 12+12y+3y^2-3 = 0 \Longrightarrow y_3 = -1,\ y_4 = -3.$

Beide partiellen Ableitungen erster Ordnung verschwinden also an den Stellen (2;1), (2;3), (-2;-1), (-2;-3).

$f''_{xx} = 6x+6y,\quad f''_{yy} = -6x+6y,\quad f''_{xy} = 6x-6y.$

(x_i,y_i)	f''_{xx} $6x+6y$	f''_{yy} $-6x+6y$	$f''_{xx}f''_{yy}$		$(f''_{xy})^2$	f''_{xy} $6x-6y$
(2;1)	18	-6	-108	<	36	6
(2;3)	30	6	180	>	36	-6
(-2;-1)	-18	6	-108	<	36	-6
(-2;-3)	-30	-6	180	>	36	6

Bei (2;3) und (-2;-3) liegen Extremwerte, und zwar bei (2;3) ein Minimum und bei (-2;-3) ein Maximum. An den beiden anderen Stellen liegen Sattelpunkte.

Aufgaben

Ü 13.1.1 Untersuche die Funktion $z = x^2y+xy^2+\frac{1}{3}y^3-4y$ auf Extremwerte.
*

Ü 13.1.2 Untersuche die Funktion $z = \frac{1}{3}x^3+x^2y-xy^2-7x+\frac{1}{3}y^3-y$ auf Extremwerte.
**

Ü 13.1.3 Untersuche die folgenden Funktionen auf Extremwerte.

a) $z = 2x^3-24x-18y+3y^2$; b) $z = 64-2x^2-3x+3y^2-y$;

c) $z = 2+2x^2-x+4{,}5y^2-y$; d) $z = \frac{1}{3}x^3-x^2+y^3-12y$.
****

Ü 13.1.4 Eine Funktion $z = f(x,y)$ wird auf Extremwerte untersucht. An den Stellen A, B, C, D, E, F und G verschwinden die partiellen Ableitungen erster Ordnung und es ergibt sich für diese Stellen weiterhin:

A: $f''_{xx} > 0$; $f''_{yy} > 0$ B: $f''_{xx} < 0$; $f''_{yy} < 0$ C: $f''_{xx} > 0$; $f''_{yy} < 0$

D: $f''_{xx}\, f''_{yy} > (f''_{xy})^2$ und $f''_{xx} < 0$ E: $f''_{xx}\, f''_{yy} = (f''_{xy})^2$ und $f''_{xx} > 0$.

F: $f''_{xx}\, f''_{yy} < (f''_{xy})^2$ G: $f''_{xx}\, f''_{yy} > (f''_{xy})^2$ und $f''_{xx} > 0$ und $f''_{yy} < 0$.

Gib zu **jedem** Punkt an, ob dort ein Extremwert vorliegt oder nicht.
******

Ü 13.1.5 Auf einer gegebenen landwirtschaftlichen Fläche sind r_1 Mengeneinheiten eines Mineraldüngers A und r_2 Mengeneinheiten eines Mineraldüngers B zur Erreichung von x Produktionsmengeneinheiten (eines landwirtschaftlichen Produktes) einzusetzen. Es bestehe die Produktionsfunktion

$$x = f(r_1,r_2) = 240+4r_1+10r_2-r_1^2+3r_1r_2-2{,}5r_2^2.$$

Bestimme, für welche Faktormengenkombination sich ein Produktionsmaximum ergibt. Wie hoch ist die maximale Produktion?
******

13.2 Extremwerte bei Funktionen mit mehr als zwei unabhängigen Veränderlichen

Für Funktionen $y = f(x_1,x_2,...,x_n)$ mit mehr als zwei unabhängigen Veränderlichen sind Maximum und Minimum ähnlich definiert wie bei zwei unabhängigen Veränderlichen (vgl. D 13.1.1).

D 13.2.1

> Die Funktion $y = f(x_1,...,x_n)$ hat bei $(x_{10},x_{20},...,x_{n0})$ ein Maximum (Minimum), wenn in einer Umgebung um $(x_{10},x_{20},...,x_{n0})$ die Funktionswerte kleiner (größer) sind als bei $(x_{10},x_{20},...,x_{n0})$. Für $(x_1,...,x_n) \neq (x_{10},...,x_{n0})$ gilt dann
> $f(x_1,...,x_n) < f(x_{10},...,x_{n0})$ (bzw. $f(x_1,...,x_n) > f(x_{10},...,x_{n0})$).

Als notwendige Bedingungen für die Existenz eines Extremwertes ergeben sich bei einer Funktion mit mehreren unabhängigen Variablen entsprechende Bedingungen wie bei zwei unabhängigen Variablen (vgl. R 13.1.4).

R 13.2.2

> **Notwendige Bedingung** für die Existenz eines **Extremwertes** der stetig partiell differenzierbaren Funktion $y = f(x_1,...,x_n)$ an der Stelle $(x_{10},...,x_{n0})$ ist das Verschwinden der partiellen Ableitungen erster Ordnung nach allen unabhängigen Variablen an der Stelle $(x_{10},...,x_{n0})$, also
> $f'_{x_i}(x_{10},...,x_{n0}) = 0$ für $i = 1,...,n$.

B 13.2.3 $y = x_1^2+x_2^2+x_3^2+4x_1-2x_2-10x_3+27$

$y'_{x_1} = 2x_1+4 = 0;\ x_1 = -2;$

$y'_{x_2} = 2x_2-2 = 0;\ x_2 = 1;$

$y'_{x_3} = 2x_3-10 = 0;\ x_3 = 5.$

Die partiellen Ableitungen erster Ordnung verschwinden alle an der Stelle $(x_1,x_2,x_3) = (-2;1;5)$.

In den Wirtschaftswissenschaften begnügt man sich im allgemeinen bei Funktionen mit mehr als zwei unabhängigen Veränderlichen mit der Angabe der notwendigen Bedingungen. Auf die Angabe hinreichender Bedingungen wird üblicherweise verzichtet.
Diese Bedingungen, die sich nur bei Kenntnis des Determinantenbegriffs verstehen lassen (siehe dazu Band III), werden der Vollständigkeit halber hier aufgeführt.

R 13.2.4

Wenn für eine differenzierbare Funktion $y = f(x_1,\ldots,x_n)$ an der Stelle $(x_{10},\ldots,x_{n0})$ folgendes gilt:

(1) $y'_{x_i} = 0,\ i = 1,\ldots,n$

(2) $y''_{x_1x_1} < 0$

$$\begin{vmatrix} y''_{x_1x_1} & y''_{x_1x_2} \\ y''_{x_2x_1} & y''_{x_2x_2} \end{vmatrix} > 0; \quad \begin{vmatrix} y''_{x_1x_1} & y''_{x_1x_2} & y''_{x_1x_3} \\ y''_{x_2x_1} & y''_{x_2x_2} & y''_{x_2x_3} \\ y''_{x_3x_1} & y''_{x_3x_2} & y''_{x_3x_3} \end{vmatrix} < 0$$

$$\begin{vmatrix} y''_{x_1x_1} & y''_{x_1x_2} & y''_{x_1x_3} & y''_{x_1x_4} \\ y''_{x_2x_1} & y''_{x_2x_2} & y''_{x_2x_3} & y''_{x_2x_4} \\ y''_{x_3x_1} & y''_{x_3x_2} & y''_{x_3x_3} & y''_{x_3x_4} \\ y''_{x_4x_1} & y''_{x_4x_2} & y''_{x_4x_3} & y''_{x_4x_4} \end{vmatrix} > 0$$

...

$$\begin{vmatrix} y''_{x_1x_1} & y''_{x_1x_2} & \cdots & y''_{x_1x_m} \\ y''_{x_2x_1} & y''_{x_2x_2} & \cdots & y''_{x_2x_m} \\ \cdot & \cdot & \cdots & \cdot \\ y''_{x_mx_1} & y''_{x_mx_2} & \cdots & y''_{x_mx_m} \end{vmatrix} \begin{matrix} < 0 \text{ für ungerades } m \leqq n. \\ > 0 \text{ für gerades } m \leqq n. \end{matrix}$$

so hat die Funktion bei $(x_{10},\ldots,x_{n0})$ ein **Maximum.** Sind alle Determinanten positiv, so hat die Funktion bei $(x_{10},\ldots,x_{n0})$ ein **Minimum.**

Dazu werden zwei Beispiele betrachtet.

B 13.2.5 Für die Funktion aus B 13.2.3 ergibt sich $f''_{x_1x_1} = 2$, $f''_{x_1x_2} = 0$, $f''_{x_1x_3} = 0$, $f''_{x_2x_2} = 2$, $f''_{x_2x_3} = 0$, $f''_{x_3x_3} = 2$.

Es ist also
$y''_{x_1x_1} = 2 > 0$;

$$\begin{vmatrix} y''_{x_1x_1} & y''_{x_1x_2} \\ y''_{x_2x_1} & y''_{x_2x_2} \end{vmatrix} = \begin{vmatrix} 2 & 0 \\ 0 & 2 \end{vmatrix} = 4 > 0$$

$$\begin{vmatrix} y''_{x_1x_1} & y''_{x_1x_2} & y''_{x_1x_3} \\ y''_{x_2x_1} & y''_{x_2x_2} & y''_{x_2x_3} \\ y''_{x_3x_1} & y''_{x_3x_2} & y''_{x_3x_3} \end{vmatrix} = \begin{vmatrix} 2 & 0 & 0 \\ 0 & 2 & 0 \\ 0 & 0 & 2 \end{vmatrix} = 8 > 0$$

Da $y''_{x_1x_1}$ und die beiden Determinanten positiv sind, liegt bei (-2;1;5) ein Minimum.

B 13.2.6 $y = x_1^2x_2 + x_1x_2^2 + \frac{1}{3}x_2^3 - 4x_2 - \frac{1}{2}x_3^2 + x_3 - x_4^2 + 2x_4$

$$\left.\begin{array}{l} y'_{x_1} = 2x_1x_2 + x_2^2 = 0 \\ y'_{x_2} = x_1^2 + 2x_1x_2 + x_2^2 - 4 = 0 \end{array}\right\} \Longrightarrow \left\{\begin{array}{l} x_1 = 2;\ x_2 = 0 \text{ oder } -4; \\ x_1 = -2;\ x_2 = 0 \text{ oder } 4; \end{array}\right.$$

$$y'_{x_3} = -x_3 + 1 = 0 \quad \Longrightarrow \quad x_3 = 1;$$

$$y'_{x_4} = -2x_4 + 2 = 0 \quad \Longrightarrow \quad x_4 = 1.$$

Extremwerte können also bei (2;0;1;1), (2;-4;1;1), (-2;0;1;1) und (-2;4;1;1) liegen.

$y''_{x_1x_1} = 2x_2$; $y''_{x_1x_2} = 2x_1 + 2x_2$; $y''_{x_1x_3} = 0$; $y''_{x_1x_4} = 0$; $y''_{x_2x_2} = 2x_1 + 2x_2$;

$y''_{x_2x_3} = 0$; $y''_{x_2x_4} = 0$; $y''_{x_3x_3} = -1$; $y''_{x_3x_4} = 0$; $y''_{x_4x_4} = -2$.

Für die Determinanten, die in ihrer allgemeinen Form nicht mehr aufgeführt sind, ergibt sich an den 4 Stellen:

(2;0;1;1)

(I) 0

Es kann nicht auf einen Extremwert geschlossen werden.

(2;-4;1;1)

(I) $-8 < 0$

(II) $\begin{vmatrix} -8 & -4 \\ -4 & -4 \end{vmatrix} = +16 > 0$

(III) $\begin{vmatrix} -8 & -4 & 0 \\ -4 & -4 & 0 \\ 0 & 0 & -1 \end{vmatrix} = -16 < 0$

(IV) $\begin{vmatrix} -8 & -4 & 0 & 0 \\ -4 & -4 & 0 & 0 \\ 0 & 0 & -1 & 0 \\ 0 & 0 & 0 & -2 \end{vmatrix} = 32 > 0$

Es liegt ein Maximum vor.

(-2;0;1;1)

(I) 0

Es kann nicht auf einen Extremwert geschlossen werden.

(-2;4;1;1)

(I) $8 > 0$

(II) $\begin{vmatrix} 8 & 4 \\ 4 & 4 \end{vmatrix} = +16 > 0$

(III) $\begin{vmatrix} 8 & 4 & 0 \\ 4 & 4 & 0 \\ 0 & 0 & -1 \end{vmatrix} = -16 < 0$

Es kann nicht auf einen Extremwert geschlossen werden.

Es wird hier noch ein weiteres Beispiel angeführt, das in der Statistik und der Fehlerrechnung eine Rolle spielt.

B 13.2.7 Gegeben seien zwei Größen x und y, zwischen denen ein nicht eindeutiger Zusammenhang besteht. Es liegen n Beobachtungspaare (x_i,y_i) $i=1,\dots,n$ vor, die als Punkte in einem x-y-Koordinatensystem dargestellt werden können (F 13.2.8). Die Tendenz des Zusammenhangs zwischen x und y soll durch eine Gerade $y = a+bx$ beschrieben werden. Diese Gerade soll so bestimmt werden, daß die Summe der Quadrate der Abweichungen der Punkte von der Geraden in Richtung der y-Achse minimal wird. D.h.: Ist (x_i,y_i) ein Beobachtungspunkt und ist $\hat{y}_i = a+bx_i$ der zu x_i gehörige Punkt auf der gesuchten Geraden, dann ist die Gerade $\hat{y} = a+bx$ so zu bestimmen, daß

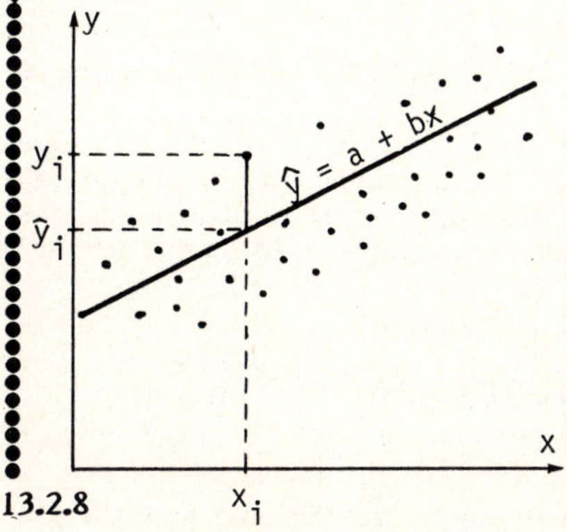

F 13.2.8

$$\sum_{i=1}^{n}(y_i-\hat{y}_i)^2 = \sum_{i=1}^{n}(y_i-a-bx_i)^2$$

minimal wird. Gesucht sind dabei die Koeffizienten a und b der Geraden. Gegeben sind die Beobachtungen (x_i,y_i). Da die Summe der quadratischen Abweichungen zu minimieren ist, spricht man vom **Kriterium der kleinsten Quadrate.**
Es ist also ein Minimum von

$$f(a,b) = \sum_{i=1}^{n}(y_i-a-bx_i)^2$$

gesucht. Dabei sind a und b die unabhängigen Variablen. Notwendige Bedingungen für ein Minimum ergeben sich aus dem Nullsetzen der partiellen Ableitungen erster Ordnung nach a und b.

$$\frac{\partial f(a,b)}{\partial a} = \sum_{i=1}^{n} 2(y_i-a-bx_i)(-1) = 0$$

$$\frac{\partial f(a,b)}{\partial b} = \sum_{i=1}^{n} 2(y_i-a-bx_i)(-x_i) = 0$$

Die Division der beiden Gleichungen durch -2 und die Umformung der Summe ergibt:

$$\sum_{i=1}^{n} y_i - na - b\sum_{i=1}^{n} x_i = 0 \qquad \text{bzw.} \qquad \sum_{i=1}^{n} y_i = na + b\sum_{i=1}^{n} x_i$$

$$\sum_{i=1}^{n} x_i y_i - a\sum_{i=1}^{n} x_i - b\sum_{i=1}^{n} x_i^2 = 0 \qquad \text{bzw.} \qquad \sum_{i=1}^{n} x_i y_i = a\sum_{i=1}^{n} x_i + b\sum_{i=1}^{n} x_i^2$$

Damit hat man zwei Bestimmungsgleichungen für a und b.

13.3 Extremwerte unter Berücksichtigung von Nebenbedingungen

Bei zahlreichen wirtschaftlichen Anwendungen sind Extremwerte einer Funktion mit mehreren unabhängigen Veränderlichen zu bestimmen für den Fall, daß die Variablen nicht beliebige Werte annehmen können, sondern daß dafür Nebenbedingungen (Beschränkungen, Restriktionen) existieren und bei der Extremwertbestimmung zu berücksichtigen sind. Dazu werden zunächst einige Beispiele betrachtet.

B 13.3.1 a) Als erstes sei hier ein Beispiel gegeben, das sich anhand einer Zeichnung interpretieren läßt. Es soll die Funktion $z = -x^2-y^2+9$ unter Berücksichtigung der Beschränkung $y = -x+2$ für die beiden unabhängigen Variablen auf Extremwerte untersucht werden. Die Funktion und die Beschränkung sind in F 13.3.2a) und b) skizziert. Durch die Beschränkung sind nur solche x- und y-Werte zulässig, die auf der Geraden $y = -x+2$ liegen. Bei der Untersuchung auf Extremwerte werden nur solche Funktionswerte $f(x,y)$ betrachtet, bei denen y und x die Beschränkung $y = -x+2$ erfüllen. Diese Funktionswerte liegen auf der senkrecht auf $y = -x+2$ stehenden Ebene (F 13.3.2b) und c)). Die Untersuchung auf Extremwerte unter Berücksichtigung der Beschränkung bezieht sich dann nur noch auf die Schnittkurve von Ebene und Funktionsfläche (F 13.3.2c)).

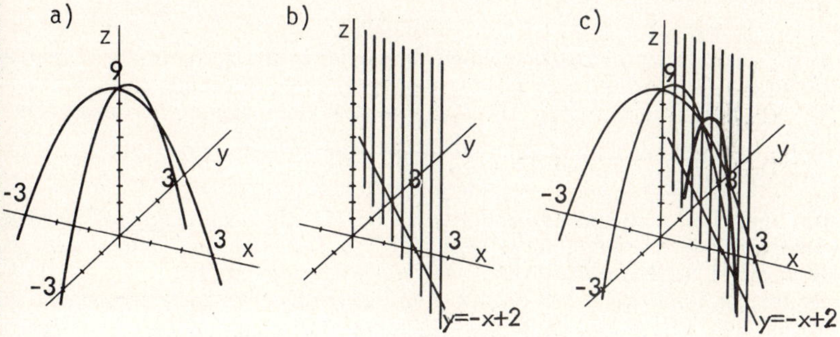

F 13.3.2

b) Für Verpackungszwecke sollen quaderförmige Schachteln aus Blech hergestellt werden, die ein vorgegebenes Gewicht G und einen möglichst großen Inhalt haben sollen. Ist ℓ die Länge, b die Breite und h die Höhe, dann hat die Schachtel die Oberfläche $O = 2(\ell b+\ell h+bh)$. Wiegt $1 cm^2$ a Gramm, so beträgt das Gewicht der Schachtel $a2(\ell b+\ell h+bh)$. Dieses Gewicht ist vorgeschrieben:

$$2a(\ell b+\ell h+bh) = G.$$

Das ist die Nebenbedingung des Problems. Das Volumen der Schachtel ergibt sich zu $V = \ell bh$. Die mathematische Formulierung des Problems, eine quaderförmige Schachtel vorgegebenen Gewichts mit maximalem Inhalt zu bestimmen, lautet also:

$$\text{Max } \{V = \ell bh \mid 2a(\ell b+\ell h+bh) = G\} .$$

Der angegebene Ausdruck bedeutet: Es ist das Maximum der in der Klammer vor dem senkrechten Strich stehenden Funktion zu bestimmen, wobei die nach dem Strich stehende Beschränkung zu berücksichtigen ist.

c) Bei einem Produktionsprozeß ist das Minimum der gesamten Kosten

$$K = \sum_{i=1}^{n} q_i r_i$$

gesucht, (q_i = Preis des i-ten Faktors; r_i = Einsatzmenge des i-ten Faktors). Das Problem ist in dieser Form sinnlos, da sich das Kostenminimum dann ergibt, wenn $r_i = 0$ $(i=1,\ldots,n)$ ist, d.h. wenn keine

Produktionsfaktoren eingesetzt werden und somit nichts produziert wird. Im allgemeinen wird die zu produzierende Menge x_0 vorgegeben: $x_0 = x(r_1,...,r_n)$. Es ist dann das Kostenminimum gesucht unter der Beschränkung $x_0 = x(r_1,...,r_n)$. Die Beschränkung ist die Isoquante für x_0. Das Extremwertproblem (vgl. auch S. 54,55 und die Figur 11.7.4) lautet:

$$\text{Min}\ \{ K = \sum_{i=1}^{n} q_i r_i \mid x_0 = x(r_1,...,r_n)\}\ .$$

Die in dem Beispiel beschriebenen Probleme sind allgemein von folgender Struktur:
Es ist eine Funktion $y = f(x_1,..,x_n)$ auf Extremwerte zu untersuchen, wobei für die unabhängigen Variablen eine Beschränkung $g(x_1,...,x_n) \equiv 0$ zu beachten ist.

Bei manchen Extremwertproblemen sind für die unabhängigen Variablen mehrere Beschränkungen zu beachten, so daß sich für Extremwertprobleme mit Nebenbedingungen allgemein folgendes ergibt:
Es ist die Funktion $y = f(x_1,...,x_n)$ auf Extremwerte zu untersuchen. Für die unabhängigen Variablen sind dabei die m Nebenbedingungen

$$g_j(x_1,...,x_n) \equiv 0 \qquad (j=1,...,m)$$

zu berücksichtigen.

Für die Lösung derartiger Probleme, bei der die Nebenbedingungen in Gleichungsform gegeben sind, bieten sich zwei Möglichkeiten an: (1) die Variablensubstitution und (2) die Multiplikatorregel von LAGRANGE. Beide Verfahren werden im folgenden erläutert.

Variablensubstitution
Die Lösung einer Extremwertaufgabe unter Beachtung einer **Nebenbedingung** durch Variablensubstitution besteht darin, daß man die Nebenbedingung nach einer Variablen auflöst und diese Variable dann in der auf Extremwerte zu untersuchenden Funktion entsprechend ersetzt. Diese Funktion, die nach der Variablensubstitution eine unabhängige Variable weniger enthält, wird dann nach dem bekannten Schema auf Extremwerte untersucht.
Das wird für die Beispiele in B 13.3.1 im folgenden gezeigt:

B 13.3.3 a) Für Beispiel 13.3.1a) ergibt sich:

$z = -x^2-y^2+9$ Nebenbedingung: $y = -x+2$

Die Substitution von y ergibt:

$z^* = -x^2-(-x+2)^2+9 = -x^2-x^2+4x-4+9 = -2x^2+4x+5.$

Die abhängige Variable wird, da nicht mehr die ursprüngliche Funktion vorliegt, mit z* bezeichnet.

$z^* = -2x^2 + 4x + 5$ wird auf Extremwerte untersucht:

$$\frac{dz^*}{dx} = -4x + 4 = 0 \Longrightarrow x = 1$$

$$\frac{d^2z^*}{dx^2} = -4 < 0 .$$

Es liegt also ein Maximum bei $x = 1$ und (das kann man über die Nebenbedingung ausrechnen) $y = 1$.

b) Für das Beispiel 13.3.1b) ergibt sich:

$V = \ell bh$; Nebenbedingung: $\ell b + \ell h + bh = \frac{G}{2a} = A$

Löst man diese Nebenbedingung nach ℓ auf, so ergibt sich:

$$\ell = \frac{A-bh}{b+h} .$$

Substitution von ℓ in $V = \ell bh$ ergibt:

$$V^* = \frac{A-bh}{b+h} bh = \frac{Abh-b^2h^2}{b+h} .$$

Diese Funktion ist auf Extremwerte zu untersuchen:

$$\frac{\partial V^*}{\partial b} = \frac{(Ah-2bh^2)(b+h)-(Abh-b^2h^2)}{(b+h)^2} = 0$$

$$\frac{\partial V^*}{\partial h} = \frac{(Ab-2b^2h)(b+h)-(Abh-b^2h^2)}{(b+h)^2} = 0.$$

Daraus folgt: $Ah^2-b^2h^2-2bh^3 = h^2(A-b^2-2bh) = 0$

$Ab^2-b^2h^2-2b^3h = b^2(A-h^2-2bh) = 0.$

$h = 0$ und $b = 0$ sind als Lösung uninteressant.

Aus $A-b^2-2bh = 0$ und $A-h^2-2bh = 0$ folgt $b = \pm h$ und daraus, da negative Werte für b und h nicht in Frage kommen $b = h = \sqrt{\frac{A}{3}}$.
Aus der Nebenbedingung folgt dann:

$\ell = \frac{A-b^2}{2b}$ und wegen $b = \sqrt{\frac{A}{3}}$ bzw. $A = 3b^2$ ergibt sich

$$\ell = \frac{3b^2-b^2}{2b} = b = \sqrt{\frac{A}{3}} .$$

Notwendig für ein maximales Volumen ist also $\ell = b = h = \sqrt{\frac{A}{3}}$, d.h. die Blechdose hat Würfelform. Auf die Prüfung hinreichender Bedingungen wird verzichtet.

c) Das Beispiel 13.3.1c) soll hier für den Fall behandelt werden, daß nur zwei Produktionsfaktoren eingesetzt werden.

$K = q_1 r_1 + q_2 r_2$; Nebenbedingung: $x_0 = x(r_1, r_2)$.

Löst man die Nebenbedingung nach r_2 auf, so erhält man $r_2 = f(r_1)$. Es ist nun die Funktion $K^* = q_1 r_1 + q_2 f(r_1)$ auf Extremwerte zu untersuchen. Man erhält

$$\frac{dK^*}{dr_1} = q_1 + q_2 \frac{df(r_1)}{dr_1} = q_1 + q_2 \frac{dr_2}{dr_1} = 0.$$

Daraus folgt

$$\frac{dr_2}{dr_1} = -\frac{q_1}{q_2} \quad .$$

Notwendige Bedingung für die kostenminimale Kombination der Faktoreinsatzmengen ist also, daß die Grenzrate der Substitution gleich dem negativen umgekehrten Verhältnis der Faktorpreise ist.

Liegen **mehrere Nebenbedingungen** vor, dann kann man das System der m Gleichungen nach m Variablen auflösen.

Aus $g_j(x_1,\dots,x_n) \equiv 0$ $(j=1,\dots,m)$ erhält man dann, wenn man nach $x_1,\dots,x_m$ auflöst $(m < n)$:

$$x_j = g_j^*(x_{m+1}, x_{m+2}, \dots, x_n) \qquad j=1,\dots,m \; .$$

Die Variablen x_j kann man dann in der auf Extremwerte zu untersuchenden Funktion substituieren. Dieses Vorgehen kann jedoch zu erheblichen Schwierigkeiten führen.

Multiplikatorregel von LAGRANGE

Bei Anwendung der Multiplikatorregel von LAGRANGE werden die Nebenbedingungen $(g_j(x_1,\dots,x_n) \equiv 0)$ mit einem Faktor, dem sogenannten **Lagrangeschen Multiplikator** multipliziert und dann zu der auf Extremwerte zu untersuchenden Funktion addiert.

Aus der Funktion $y = f(x_1,\dots,x_n)$ wird dadurch

$$y_L = f(x_1,\dots,x_n) + \sum_{j=1}^{m} \lambda_j g_j(x_1,\dots,x_n).$$

Diese erweiterte Funktion ist dann auf Extremwerte zu untersuchen. In der erweiterten Funktion sind außer den x_i $(i=1,\dots,n)$ auch die Lagrangeschen Multiplikatoren λ_j $(j=1,\dots,m)$ unabhängige Variablen.

Ohne auf die exakten Voraussetzungen einzugehen, die bei wirtschaftswissenschaftlichen Anwendungen im allgemeinen erfüllt sind, ergibt sich folgendes:

R 13.3.4

Notwendige Bedingung für die Existenz eines Extremwertes der Funktion $y = f(x_1,...,x_n)$ unter der Berücksichtigung der m Beschränkungen $g_j(x_1,...,x_n) \equiv 0$, $j=1,...,m$ ist das Verschwinden der partiellen Ableitungen erster Ordnung der Funktion

$$y_L = F(x_1,...,x_n; \lambda_1,...,\lambda_m) = f(x_1,...,x_n)+\sum_{j=1}^{m} \lambda_j g_j(x_1,...,x_n)$$

nach den x_i $(i=1,...,n)$ und den λ_j $(j=1,...,m)$

$F'_{x_i} = 0$, $i=1,...,n$; $F'_{\lambda_j} = 0$, $j=1,...,m$.

Auf hinreichende Bedingungen wird hier nicht eingegangen. Die Anwendung der Multiplikatorregel von LAGRANGE wird an den Problemen aus B 13.3.1 erläutert.

B 13.3.5 a) $z = -x^2-y^2+9$; Nebenbedingung: $y = -x+2$ bzw. $2-x-y \equiv 0$

$z_L = F(x,y,\lambda) = -x^2-y^2+9+\lambda(2-x-y)$

$F'_x = -2x-\lambda = 0 \Longrightarrow \lambda = -2x$; $F'_y = -2y-\lambda = 0 \Longrightarrow -2y+2x = 0 \Longrightarrow y = x$

$F'_\lambda = 2-x-y = 0$; $2-x-x = 0 \Longrightarrow x = 1$.

Es ergibt sich $x = 1$; $y = 1$; $\lambda = -2$.

Ein Extremwert kann also bei $x = 1$ und $y = 1$ liegen.

b) $V = \ell bh$; Nebenbedingung: $A-\ell b-\ell h-bh \equiv 0$

$V_L = F(\ell,b,h,\lambda) = \ell bh+\lambda(A-\ell b-\ell h-bh)$

$F'_\ell = bh-\lambda b-\lambda h = 0$; $F'_b = \ell h-\lambda\ell-\lambda h = 0$;

$F'_h = \ell b-\lambda\ell-\lambda b = 0$; $F'_\lambda = A-\ell b-\ell h-bh = 0$.

Die Auflösung des Gleichungssystems ergibt

$$\ell = b = h = \sqrt{\frac{A}{3}}; \quad \lambda = \frac{1}{2}\sqrt{\frac{A}{3}}.$$

c) $K = \sum_{i=1}^{n} q_i r_i$; Nebenbedingung $x_0-x(r_1,...,r_n) \equiv 0$

$$K_L = F(r_1,...,r_n;\lambda) = \sum_{i=1}^{n} q_i r_i + \lambda(x_0-x(r_1,...,r_n))$$

$F'_{r_i} = q_i-\lambda x'_{r_i} = 0$ $(i=1,...,n)$; $F'_\lambda = x_0 - x(r_1,...,r_n) = 0$.

Aus den partiellen Ableitungen nach r_i folgt

$$\frac{q_i}{x'_{r_i}} = \lambda \quad (i=1,...,n),$$

d.h. notwendige Bedingung für die Realisierung der Minimalkostenkombination ist, daß für alle Produktionsfaktoren das Verhältnis aus Faktorpreis und partieller Grenzproduktivität übereinstimmt (vgl. dazu auch die Ausführungen zu "Bestimmung einer Minimalkostenkombination" in Abschnitt 11.7).

Das folgende Beispiel zeigt ein Problem mit mehreren Nebenbedingungen.

B 13.3.6 $y = x_1^2 + x_2^2 + x_3^2 + x_4^2$

Nebenbedingungen: $x_1 + x_2 = 2$ bzw. $2 - x_1 - x_2 \equiv 0$

$x_2 + x_3 + x_4 = 4$ bzw. $4 - x_2 - x_3 - x_4 \equiv 0$

$$y_L = F(x_1, x_2, x_3, x_4; \lambda_1, \lambda_2)$$
$$= x_1^2 + x_2^2 + x_3^2 + x_4^2 + \lambda_1(2 - x_1 - x_2) + \lambda_2(4 - x_2 - x_3 - x_4)$$

$F'_{x_1} = 2x_1 - \lambda_1 = 0$; $F'_{x_2} = 2x_2 - \lambda_1 - \lambda_2 = 0$; $F'_{x_3} = 2x_3 - \lambda_2 = 0$;

$F'_{x_4} = 2x_4 - \lambda_2 = 0$; $F'_{\lambda_1} = 2 - x_1 - x_2 = 0$; $F'_{\lambda_2} = 4 - x_2 - x_3 - x_4 = 0$.

Die Auflösung des Gleichungssystems, das sich aus dem Verschwinden der partiellen Ableitungen erster Ordnung ergibt, führt zu folgenden Lösungswerten:

$x_1 = 0{,}4$; $x_2 = 1{,}6$; $x_3 = x_4 = 1{,}2$; $\lambda_1 = 0{,}8$; $\lambda_2 = 2{,}4$.

Bei Verwendung von Lagrangeschen Multiplikatoren zur Bestimmung von Extremwerten einer Funktion unter Berücksichtigung von Nebenbedingungen für die Variablen geht man zweckmäßigerweise nach folgendem Schema vor:

R 13.3.7

Schema zur Untersuchung einer Funktion $y = f(x_1,...,x_n)$ auf Extremwerte unter Berücksichtigung von in Gleichungsform gegebenen Beschränkungen $g_j(x_1,...,x_n) \equiv 0$, $(j=1,...,m)$
(Multiplikatorregel von LAGRANGE)

(1) Bildung der Funktion

$$y_L = F(x_1,...,x_n; \lambda_1,...,\lambda_m)$$
$$= f(x_1,...,x_n) + \sum_{j=1}^{m} \lambda_j g_j(x_1,...,x_n)$$

(Die absoluten Glieder der Beschränkungen sollten mit den zugehörigen Lagrangeschen Multplikatoren vorzeichengleich sein.)

(2) Bestimmung der partiellen Ableitungen erster Ordnung F'_{x_i} $(i=1,...,n)$ und F'_{λ_j} $(j=1,...,m)$.

(3) Nullsetzen der partiellen Ableitungen (notwendige Bedingungen für Extremwerte). Es ergibt sich ein Gleichungssystem mit m+n Gleichungen in m+n Unbekannten.
(4) Lösung des Gleichungssystems. Die Lösungen geben die Stellen an, an denen Extremwerte von f unter Berücksichtigung der Nebenbedingungen liegen können.

Liegt nur eine Nebenbedingung vor, dann kann der Lagrangesche Multiplikator verhältnismäßig anschaulich interpretiert werden: Er gibt näherungsweise an, wie sich y der unter der Nebenbedingung auf Extremwerte zu untersuchenden Funktion $y = f(x_1,\dots,x_n)$ im Extremwert ändert, wenn das absolute Glied c der Nebenbedingung um eine Einheit geändert wird.

Lautet die Nebenbedingung $g(x_1,\dots,x_n) = c$ bzw. $c-g(x_1,\dots,x_n)\equiv 0$, so lautet der Ansatz nach Lagrange

$$F(x_1,\dots,x_n, \lambda) = f(x_1,\dots,x_n)+\lambda(c-g(x_1,\dots,x_n)).$$

Wird hier c als Variable aufgefaßt, so ergibt sich

$$\frac{dF}{dc} = \lambda .$$

B 13.3.8 a) In B 13.3.5b) ist $\lambda = \frac{1}{2}\sqrt{\frac{A}{3}}$. Um diesen Wert von λ nimmt das Volumen der Dose (näherungsweise) zu, wenn das Gewicht um eine Einheit erhöht wird.
b) In B 13.3.5c) ist $\lambda = q_i/x'_{r_i}$. Um diesen Betrag nehmen die minimalen Kosten (näherungseise) zu, wenn die Produktion um eine Einheit erhöht wird. λ entspricht in dem Beispiel also der ersten Ableitung der Kostenfunktion nach der Menge (Grenzkosten).

Aufgaben

Ü 13.3.1 Bestimme die Extremwerte der Funktion $z = 5xy-y^2$ unter der Nebenbedingung $x+y = 12$.
a) Mit Hilfe der Methode der LAGRANGEschen Multiplikatoren,
b) durch Substitution.

Ü 13.3.2 Untersuche die Funktion $z = -4x^2+y^2$ unter Berücksichtigung der Beschränkung $y = x+6$ auf Extremwerte
a) durch Substitution,
b) mit Hilfe des LAGRANGEschen Ansatzes.

Ü 13.3.3 Untersuche die Funktion $K = 6r_1+12r_2$ unter Berücksichtigung der Beschränkung $80 = 5r_1^2 r_2$ auf Extremwerte mit Hilfe des LAGRANGEschen Ansatzes.
Gib eine Interpretation des LAGRANGEschen Multiplikators.

Ü 13.3.4 Gegeben sei die Produktionsfunktion $x = f(r_1, r_2)$ und die lineare Kostengleichung $K = q_1 r_1 + q_2 r_2$. Bestimme die notwendigen Bedingungen für

a) das Produktionsmaximum bei einem vorgegebenen Kostenbetrag von $K = K_0$,

b) das Kostenminimum bei einer vorgegebenen Ausbringungsmenge von $x = x_0$.

Ü 13.3.5 Gegeben sei die Produktionsfunktion $x = 10 r_1^{\frac{1}{4}} r_2^{\frac{3}{4}}$. Die Preise der Produktionsfaktoren betragen $q_1 = 2$ und $q_2 = 6$.

a) Bestimme die Minimalkostenkombination für die Isoquante $x = 80$.
b) Interpretiere den LAGRANGEschen Multiplikator.
c) Bestimme die zu der Produktionsfunktion gehörige Kostenfunktion $K = K(x)$.

Ü 13.3.6 Ein Dosenfabrikant will zylindrische Blechdosen von 1 ℓ Inhalt ($=1000 cm^3$) mit möglichst wenig Blech herstellen. Bestimme die Höhe h und den Radius r der Dose mit Hilfe der LAGRANGEschen Multiplikatorregel so, daß bei gegebenem Volumen V von 1 ℓ die Dosen eine minimale Oberfläche haben.
(Hinweise: Zylindervolumen $V = h\pi r^2$, Oberfläche $O = 2\pi r^2 + 2\pi rh$.)
Interpretiere den Wert des LAGRANGEschen Multiplikators.

13.4 Ein Beispiel aus den Wirtschaftswissenschaften

Die folgenden Ausführungen knüpfen an das Beispiel der Kostenminimierung aus dem vorhergehenden Abschnitt an.
Es wird ein Produktionsprozeß betrachtet, bei dem ein Gut mit zwei Produktionsfaktoren hergestellt wird. Die Produktionsfunktion lautet

$$x = a r_1^{\alpha} r_2^{\beta}.$$

Diese Produktionsfunktion ist in Abschnitt 12.5 diskutiert worden. Die **Isoquanten** lauten für gegebenes $x = x_0$

$$r_2 = \left(\frac{x_0}{a}\right)^{\frac{1}{\beta}} r_1^{-\frac{\alpha}{\beta}}$$

und haben tendenziell den in F 13.4.1a) angegebenen Verlauf.

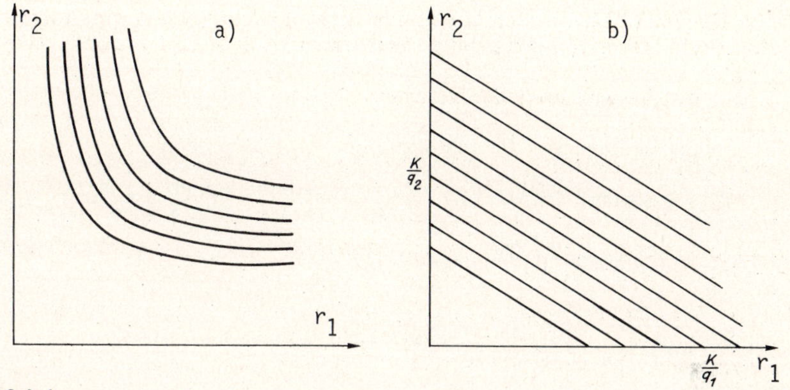

F 13.4.1

Für die Produktion einer bestimmten Menge x_0 wird man nun aus den möglichen Kombinationen der Faktoreinsatzmengen diejenige wählen, bei der die Kosten des Faktoreinsatzes am niedrigsten sind. Wenn q_1 und q_2 die Faktorpreise bezeichnen, so werden die Kosten gegeben durch

$$K = q_1 r_1 + q_2 r_2 \, .$$

Stellt man diese Kostendefinitionsgleichung durch Isohöhenlinien in einem (r_1, r_2)-Koordinatensystem graphisch dar, so bekommt man eine Schar paralleler **Isokostengeraden** der Form

$$r_2 = -\frac{q_1}{q_2} r_1 + \frac{K}{q_2} \, ,$$

die sich nur im absoluten Glied durch die verschiedenen Werte von K unterscheiden (vgl. Figur 13.4.1b)).

Die Achsenabschnitte einer Isokostengeraden werden durch $\frac{K}{q_2}$ (r_2-Achse) und $\frac{K}{q_1}$ (r_1-Achse) gegeben.

Die Bestimmung der Kombination der Faktoreinsatzmengen, mit der die vorgegebene Produktionsmenge zu den geringsten Kosten produziert werden kann, die sogenannte **Minimalkostenkombination**, entspricht dann der Bestimmung eines Minimums der Funktion

$$K = q_1 r_1 + q_2 r_2$$

unter Berücksichtigung der Beschränkung

$$x_0 = a r_1^{\alpha} r_2^{\beta} \quad \text{bzw.} \quad x_0 - a r_1^{\alpha} r_2^{\beta} \equiv 0.$$

Nach der LAGRANGEschen Multiplikatorregel ergibt sich daraus folgende Funktion, deren Minima gesucht werden:

$$K = q_1 r_1 + q_2 r_2 + \lambda (x_0 - a r_1^{\alpha} r_2^{\beta}).$$

Notwendige Bedingungen für ein Minimum von K sind dann

$$K'_{r_1} = q_1 - \lambda a \alpha r_1^{\alpha-1} r_2^{\beta} = 0; \quad K'_{r_2} = q_2 - \lambda a \beta r_1^{\alpha} r_2^{\beta-1} = 0; \quad K'_{\lambda} = x_0 - a r_1^{\alpha} r_2^{\beta} = 0.$$

Aus den ersten beiden Bedingungen folgt

$$\lambda a = \frac{q_1}{\alpha r_1^{\alpha-1} r_2^{\beta}} \quad \text{und} \quad \lambda a = \frac{q_2}{\beta r_1^{\alpha} r_2^{\beta-1}}$$

und daraus

$$\frac{q_1}{\alpha r_1^{\alpha-1} r_2^{\beta}} = \frac{q_2}{\beta r_1^{\alpha} r_2^{\beta-1}} .$$

Multipliziert man beide Seiten dieser Gleichung mit $r_1^{\alpha} r_2^{\beta}$, so ergibt sich

$$\frac{q_1}{\alpha} r_1 = \frac{q_2}{\beta} r_2 \quad \text{oder} \quad \frac{r_1}{r_2} = \frac{q_2 \alpha}{q_1 \beta} .$$

Dieses Verhältnis der Faktoreinsatzmengen ist eine **notwendige Bedingung für ein Minimum der Kosten.**

Setzt man $r_1 = \frac{q_2 \alpha}{q_1 \beta} r_2$ in die sich aus der partiellen Ableitung nach λ ergebenden Gleichung ein, so ergibt sich

$$x_0 - a\left(\frac{q_2 \alpha}{q_1 \beta} r_2\right)^{\alpha} r_2^{\beta} = 0 \quad \text{oder} \quad a\left(\frac{q_2 \alpha}{q_1 \beta}\right)^{\alpha} r_2^{\alpha+\beta} = x_0 .$$

Daraus folgt

$$r_2 = \left(\frac{x_0}{a}\left(\frac{q_1 \beta}{q_2 \alpha}\right)^{\alpha}\right)^{\frac{1}{\alpha+\beta}} \quad \text{und} \quad r_1 = \left(\frac{x_0}{a}\left(\frac{q_2 \alpha}{q_1 \beta}\right)^{\beta}\right)^{\frac{1}{\alpha+\beta}} .$$

Ist z.B. $x = 30 r_1^{\frac{1}{4}} r_2^{\frac{3}{4}}$ und $q_1 = 16$, $q_2 = 3$ bzw. $K = 16 r_1 + 3 r_2$, so erhält man für ein Produktionsergebnis von $x_0 = 60$ als kostenminimale Kombination der Faktoreinsatzmengen:

$$r_1 = \left(\frac{60}{30}\left(\frac{3}{16} \cdot \frac{\frac{1}{4}}{\frac{3}{4}}\right)^{\frac{3}{4}}\right)^{\frac{1}{\frac{1}{4} + \frac{3}{4}}} = 2\left(\frac{1}{16}\right)^{\frac{3}{4}} = \frac{1}{4} \quad \text{und} \quad r_2 = 2 \cdot 2 = 4.$$

Graphisch ergibt sich die Minimalkostenkombination durch die Berührung einer Isokostengeraden mit der Isoquante (vgl. F 13.4.2a).
Eine kostenminimale Kombination der Faktoreinsatzmengen gibt es zu jedem Produktionsergebnis. Die Verbindungslinie dieser Punkte ergibt eine Kurve, die als **Faktoranpassungskurve,** Expansionspfad oder **Minimalkostenlinie** bezeichnet wird (vgl. F 13.4.2b).

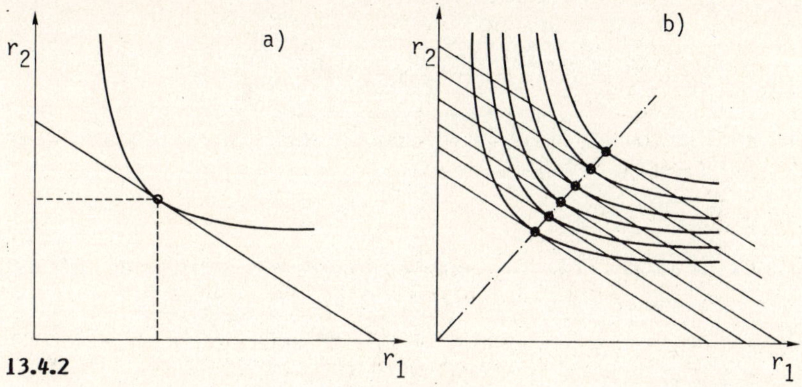

F 13.4.2

Die Minimalkostenlinie hat allgemein die Form $r_2 = f(r_1)$. In dem Beispiel ergibt sich diese Funktion aus den notwendigen Bedingungen für die Minimalkostenkombination, die zu einer Beziehung zwischen r_2 und r_1 führen. Es ist

$$r_2 = \frac{q_1 \beta}{q_2 \alpha} r_1.$$

Für die Faktoranpassungskurve ergibt sich also eine Ursprungsgerade. Auf ihr liegen alle Minimalkostenkombinationen, die zu den verschiedenen Produktionsergebnissen gehören.

Aus der Kostengleichung $K = q_1 r_1 + q_2 r_2$, der Faktoranpassungskurve und der Produktionsfunktion läßt sich nun die Abhängigkeit der durch den Faktoreinsatz entstehenden Kosten vom Produktionsergebnis bestimmen. Es ist (Faktoranpassungskurve)

$$r_1 = \frac{q_2 \alpha}{q_1 \beta} r_2 \quad \text{und} \quad x = a\left(\frac{q_2 \alpha}{q_1 \beta} r_2\right)^{\alpha} r_2^{\beta}$$

bzw.

$$r_2 = \left(\frac{x}{a}\left(\frac{q_1 \beta}{q_2 \alpha}\right)^{\alpha}\right)^{\frac{1}{\alpha+\beta}}.$$

Setzt man den obigen Ausdruck für r_1 in die Kostenfunktion ein, so erhält man

$$K = q_1 \frac{q_2 \alpha}{q_1 \beta} r_2 + q_2 r_2 = \frac{\alpha+\beta}{\beta} q_2 r_2.$$

Für r_2 setzt man nun den sich aus der Produktionsfunktion ergebenden Ausdruck:

$$K = \frac{\alpha+\beta}{\beta} q_2 \left(\frac{x}{a}\left(\frac{q_1 \beta}{q_2 \alpha}\right)^{\alpha}\right)^{\frac{1}{\alpha+\beta}} = \underbrace{\frac{\alpha+\beta}{\beta} q_2 \left(\frac{1}{a}\left(\frac{q_1 \beta}{q_2 \alpha}\right)^{\alpha}\right)^{\frac{1}{\alpha+\beta}}} x^{\frac{1}{\alpha+\beta}}.$$

Der unterstrichene Ausdruck stellt eine Konstante dar, so daß man, wenn man dafür c setzt, erhält:

$$K = c x^{\frac{1}{\alpha+\beta}}.$$

Das ist die auf das Produktionsergebnis bezogene Kostenfunktion. Für die oben verwendeten Zahlen ($q_1 = 16$, $q_2 = 3$, $a = 30$, $\alpha = \frac{1}{4}$, $\beta = \frac{3}{4}$) erhält man

$$K = \frac{4}{15} x.$$

Bei der Produktion eines Gutes mit n Produktionsfaktoren ergibt sich für die Minimalkostenkombination allgemein folgendes:

Kosten: $K = \sum_{i=1}^{n} q_i r_i$

Produktionsfunktion: $x = x(r_1, \ldots, r_n).$

Ansatz zur Bestimmung der Minimalkostenkombination

$$K = \sum_{i=1}^{n} q_i r_i + \lambda (x_0 - x(r_1, \ldots, r_n)).$$

Notwendige Bedingungen für die Minimalkostenkombination sind dann

$$K'_{r_i} = q_i - \lambda x'_{r_i} = 0; \; i=1,\ldots,n \text{ und } K'_{\lambda} = x_0 - x(r_1, \ldots, r_n) = 0.$$

Aus den partiellen Ableitungen nach den r_i folgt

$$\frac{q_i}{x'_{r_i}} = \lambda; \; i=1,\ldots,n.$$

Bei der kostenminimalen Kombination der Faktoreinsatzmengen stimmt also für **alle** Faktoren das Verhältnis aus Faktorpreis und partieller Grenzproduktivität des betreffenden Faktors überein.
Aus dieser Beziehung folgt wegen

$$\frac{q_i}{x'_{r_i}} = \frac{q_j}{x'_{r_j}} \quad \text{für } i \neq j$$

die Beziehung $\frac{q_i}{q_j} = \frac{x'_{r_i}}{x'_{r_j}}$; $i,j=1,\ldots,n$; $i \neq j$.

Notwendige Bedingung für die Verwirklichung der **Minimalkostenkombination** ist also, daß für zwei beliebige Faktoren das **Verhältnis der partiellen Grenzproduktivitäten gleich dem Verhältnis der Faktorpreise ist.**

14. Elastizitäten

14.1 Begriff der Elastizität

Bei manchen wirtschaftswissenschaftlichen Fragestellungen reicht die Bestimmung der ersten Ableitung einer Funktion $y = f(x)$ nicht aus, um zu beurteilen, wie die Größe y auf Veränderungen der Größe x reagiert.

B **14.1.1** Die Nachfragefunktion einer bestimmten Whiskysorte sei bekannt, wobei x die Anzahl der nachgefragten Flaschen (0,7 l) angibt: $x = 80.000 - 4.000p$. Bei $p = 10$ werden dann z.B. 40.000 Flaschen nachgefragt, und eine Preiserhöhung um $\Delta p = 1$ führt zu einer Nachfrageänderung von $\Delta x = -4.000$.

Für einen Kleinwagen eines bestimmten Typs sei die Nachfragefunktion $x = 4.000 - 0{,}2p$. Bei einem Preis von z.B. 10.000 werden also 2.000 Wagen nachgefragt. Eine Preisänderung um $\Delta p = 1$ führt zu einer Nachfrageänderung von $\Delta x = -0{,}2$, und erst wenn der Preis um 5 erhöht wird, ist die Nachfrage um 1 Wagen niedriger.

Es hat den Anschein, als wenn die Nachfrage in beiden Fällen sehr unterschiedlich auf Preiserhöhungen reagiert. Für eine realistische Beurteilung ist aber zu beachten, daß eine Preisänderung von 10 auf 11 relativ wesentlich größer ist als von 10.000 auf 10.001.

Betrachtet man nun die relativen Änderungen der Größen, so ergibt sich:

Whisky: $\frac{\Delta p}{p} = \frac{1}{10} = 0{,}1; \qquad \frac{\Delta x}{x} = \frac{-4.000}{40.000} = -0{,}1$

Pkw: $\frac{\Delta p}{p} = \frac{1}{10.000} = 0{,}0001; \qquad \frac{\Delta x}{x} = \frac{-0{,}2}{2.000} = -0{,}0001.$

Setzt man die relativen Änderungen in Beziehung, so ergibt sich:

Whisky: $\frac{\frac{\Delta x}{x}}{\frac{\Delta p}{p}} = \frac{-0{,}1}{0{,}1} = -1$

Pkw: $\frac{\frac{\Delta x}{x}}{\frac{\Delta p}{p}} = \frac{-0{,}0001}{0{,}0001} = -1.$

Das Verhältnis der relativen Nachfrageänderung zu der sie auslösenden relativen Preisänderung ist also in beiden Fällen gleich. Bei Betrachtung relativer Änderungen wird die Reaktion der Nachfrage auf Preisänderungen besser erfaßt, als über (meist nicht vergleichbare) absolute Änderungen.

Die Frage nach der Reaktion einer ökonomischen Größe auf Änderungen einer sie beeinflussenden ökonomischen Größe kann also, wie das Beispiel zeigt, nicht in allen Fällen sinnvoll mit dem Differentialquotienten beantwortet werden. In solchen Fällen wird es notwendig, mit relativen (anstelle von absoluten) Änderungen der Größen zu arbeiten.

Unter der relativen Änderung von x im Bereich x bis $x+\Delta x$ versteht man die Größe $\frac{\Delta x}{\frac{x+(x+\Delta x)}{2}}$. Ist $y = f(x)$, so bezeichnet $\frac{\Delta y}{\frac{y+(y+\Delta y)}{2}} = \frac{f(x+\Delta x)-f(x)}{\frac{f(x)+f(x+\Delta x)}{2}}$ die zu der relativen Änderung von x gehörige bzw. durch sie ausgelöste relative Änderung der abhängigen Variablen y.

D 14.1.2

> Gegeben sei die stetige Funktion $y = f(x)$.
> Der Quotient der durchschnittlichen relativen Änderungen
>
> $$\frac{\Delta y}{\frac{y+y+\Delta y}{2}} : \frac{\Delta x}{\frac{x+x+\Delta x}{2}} = \frac{\Delta y}{\Delta x} \frac{x + \frac{\Delta x}{2}}{y + \frac{\Delta y}{2}}$$
>
> wird als **durchschnittliche Elastizität** oder **Bogenelastizität** der Funktion $y = f(x)$ in dem betreffenden Bereich bezeichnet.

Die Bogenelastizität sagt aus, um wieviel Prozent sich y im Durchschnitt in dem betreffenden Bereich ändert, wenn x um 1% variiert wird. Einige betriebswirtschaftliche Autoren verwenden anstelle des Begriffs Bogenelastizität den Ausdruck **Reagibilität.**

Anstelle der mit endlichen Größen arbeitenden Bogenelastizität verwendet man meistens deren Grenzwert für $\Delta x \to 0$. Es gilt dann

$$\lim_{\Delta x \to 0} \frac{\Delta y}{\Delta x} \frac{x + \frac{\Delta x}{2}}{y + \frac{\Delta y}{2}} = \lim_{\Delta x \to 0} \frac{f(x+\Delta x)-f(x)}{\Delta x} \frac{x + \frac{\Delta x}{2}}{f(x) + \frac{f(x+\Delta x)-f(x)}{2}}$$

$$= f'(x) \frac{x}{f(x)} = \frac{dy}{dx} \frac{x}{y} .$$

D 14.1.3

> Die Funktion $y = f(x)$ sei differenzierbar und es sei $x \neq 0$ und $y \neq 0$.
> $f'(x) \frac{x}{f(x)} = \frac{dy}{dx} \frac{x}{y}$ heißt **Elastizität von y in bezug auf x** und wird mit ε_{yx} bezeichnet.

Im Gegensatz zur Bogenelastizität spricht man hier manchmal auch von der **Punktelastizität.**

Bisweilen wird die Elastizität auch mit η_{xy} bezeichnet.

Statt der obigen Definition der Elastizität verwendet man in der Wirtschaftstheorie häufig auch die folgende:

$$\varepsilon_{yx} = \left| \frac{dy}{dx} \frac{x}{y} \right| .$$

Dadurch wird erreicht, daß die Elastizität nicht negativ wird. Diese Definition erscheint jedoch nicht zweckmäßig, denn das Vorzeichen gibt Auskunft über die Richtung der Änderungen.
Eine negative Elastizität bedeutet, daß eine relative Vermehrung (Verminderung) der einen ökonomischen Größe eine relative Verminderung (Vermehrung) der anderen Größe zur Folge hat. Eine positive Elastizität besagt, daß eine Vermehrung (Verminderung) eine Vermehrung (Verminderung) zur Folge hat.

Der Differentialquotient bzw. die erste Ableitung einer Funktion ist wieder eine Funktion von x. Das gilt auch für die Elastizität, also $\varepsilon = \varepsilon(x)$, und man spricht deshalb häufig von der **Elastizitätsfunktion.** Man muß also, wie bei der ersten Ableitung, **zwischen der Elastizitätsfunktion und der Elastizität in einem bestimmten Punkt unterscheiden.**

B 14.1.4 a) $y = x^3+x$; $\frac{dy}{dx} = 3x^2+1$. Die Elastizitätsfunktion lautet:

$$\varepsilon_{yx} = \frac{dy}{dx}\frac{x}{y} = (3x^2+1)\frac{x}{x^3+x} = \frac{3x^3+x}{x^3+x} = \frac{3x^2+1}{x^2+1} .$$

Für die Stellen x = 1 bzw. x = 3 ergeben sich für die Elastizität die Werte $\varepsilon_{yx} = 2$ bzw. $\varepsilon_{yx} = 2{,}8$.

b) $y = ax+b$; $\frac{dy}{dx} = a$; $\varepsilon_{yx} = \frac{dy}{dx}\frac{x}{y} = a\frac{x}{ax+b} = \frac{ax}{ax+b}$.

Eine Gerade hat eine konstante erste Ableitung (Steigung), aber eine variable Elastizität.

c) $y = x^n$; $\frac{dy}{dx} = nx^{n-1}$; $\varepsilon_{yx} = \frac{dy}{dx}\frac{x}{y} = nx^{n-1}\frac{x}{x^n} = n$.

Die Potenzfunktion $y = x^n$ hat für $n \neq 1$ eine variable erste Ableitung (Steigung) aber eine konstante Elastizität.

Für die Bestimmung der Elastizität als Quotient von relativen Änderungen ökonomischer Größen ist es wichtig, sich klar zu machen, was die Ursache und was die Wirkung einer Veränderung ist. Die relative Änderung der Größe, die als Ursache anzusehen ist, steht immer im Nenner, während die relative Änderung der als Wirkung anzusehenden Größe im Zähler steht.

Aufgaben

Ü 14.1.1 Bestimme die zu den folgenden Funktionen gehörigen Elastizitätsfunktionen.
a) $y = 2x^2$; b) $y = 10-2x$; c) $y = 2x^2+3x$; d) $y = \frac{x^2}{x-2}$; e) $y = e^x$;
f) $y = a^x$; g) $y = x^x$.

Ü 14.1.2 An welcher Stelle hat die Funktion $y = 3x+2$ die Elastizität $\varepsilon_{yx} = 0{,}5$?

14.2 Eigenschaften der Elastizität

Für die Bestimmung der ersten Ableitung einer Funktion mit einer unabhängigen Variablen wurden in Abschnitt 10.4 Regeln bzw. Eigenschaften der ersten Ableitung angegeben. Ähnliche Regeln bzw. Eigenschaften existieren auch für die Elastizität.

Elastizität eines Produktes von Funktionen

Es sei $u = f(x)$ und $v = g(x)$ und $y = uv = f(x)g(x)$.

Es ist dann $\varepsilon_{ux} = \frac{du}{dx}\frac{x}{u}$ und $\varepsilon_{vx} = \frac{dv}{dx}\frac{x}{v}$. Für die Elastizität von y in bezug auf x ergibt sich

$$\varepsilon_{yx} = \varepsilon_{uv,x} = \frac{dy}{dx}\frac{x}{y} = \frac{d(uv)}{dx}\frac{x}{uv} = (\frac{du}{dx}v + \frac{dv}{dx}u)\frac{x}{uv} =$$

$$= \frac{du}{dx}v\frac{x}{uv} + \frac{dv}{dx}u\frac{x}{uv} = \frac{du}{dx}\frac{x}{u} + \frac{dv}{dx}\frac{x}{v} = \varepsilon_{ux} + \varepsilon_{vx}.$$

R 14.2.1

> Die Elastizität eines Produktes uv von Funktionen ist gleich der Summe der Elastizitäten der beiden Faktoren u und v:
>
> $$\varepsilon_{uv,x} = \varepsilon_{ux} + \varepsilon_{vx}.$$

Einen Spezialfall dieser Produktregel, der häufig Anwendung in der Wirtschaftstheorie findet, erhält man für $u = f(x) = x$.

Wegen $\frac{du}{dx} = 1$ ist dann $\varepsilon_{ux} = \frac{du}{dx}\frac{x}{u} = 1\,\frac{x}{x} = 1$, und es gilt:

R 14.2.2

> $$\varepsilon_{xf(x),x} = 1 + \varepsilon_{f(x),x}$$

Die Elastizität eines Produktes einer Funktion mit der unabhängigen Variablen, also die Elastizität der Funktion $y = xf(x)$, ergibt sich demnach aus der Elastizität der Funktion $f(x)$ durch Addition von 1.

B 14.2.3 Die Beziehung zwischen dem Preis p eines Gutes und der von diesem Gut nachgefragten Menge x kann durch eine Nachfragefunktion $x = x(p)$ beschrieben werden. ε_{xp} ist dann die Elastizität der Nachfrage in bezug auf den Preis oder **Preiselastizität der Nachfrage.** Ist $x = x(p)$ die Nachfragefunktion für ein Unternehmen und kann die nachgefragte Menge auch vollständig abgesetzt werden, dann ist $E = px = px(p)$ der Erlös. Es gilt dann nach R 14.2.2:

$$\varepsilon_{Ep} = \varepsilon_{px(p),p} = 1 + \varepsilon_{xp},$$

d.h. die Preiselastizität des Erlöses ist um 1 größer als die Preiselastizität der Nachfrage.

Zwischen der Elastizität der Funktion f(x) und der ersten Ableitung der Funktion xf(x) besteht folgender Zusammenhang:
Es ist $\frac{d(xf(x))}{dx} = f(x) + x\frac{df(x)}{dx} = f(x) + f(x)\frac{x}{f(x)} \cdot \frac{df(x)}{dx}$.
Es gilt also:

R 14.2.4

$$\frac{d(xf(x))}{dx} = f(x)(1 + \varepsilon_{f(x),x})$$

B 14.2.5 Es wird angeknüpft an B 14.2.3. Nach R 14.2.4 gilt $\frac{dE}{dp} = \frac{d(px(p))}{dp} = x(1 + \varepsilon_{xp})$, d.h. der Grenzerlös in bezug auf den Preis ist gleich dem Produkt aus Menge und der um 1 vermehrten Preiselastizität der Nachfrage.

Elastizität eines Quotienten von Funktionen

Es sei wieder u = f(x) und v = g(x) sowie $y = \frac{u}{v}$. Für die Elastizität von y in bezug auf x erhält man dann:

$$\varepsilon_{yx} = \varepsilon_{\frac{u}{v},x} = \frac{dy}{dx}\frac{x}{y} = \frac{d(\frac{u}{v})}{dx}\frac{x}{\frac{u}{v}} = \frac{\frac{du}{dx}v - \frac{dv}{dx}u}{v^2}\frac{xv}{u} = \frac{du}{dx}v\frac{xv}{v^2u} - \frac{dv}{dx}u\frac{xv}{v^2u}$$

$$= \frac{du}{dx}\frac{x}{u} - \frac{dv}{dx}\frac{x}{v} = \varepsilon_{ux} - \varepsilon_{vx}.$$

R 14.2.6

Die Elastizität eines Quotienten von Funktionen ergibt sich aus der Differenz der Elastizität der Funktion im Zähler und der Elastizität der Funktion im Nenner:

$$\varepsilon_{\frac{u}{v},x} = \varepsilon_{ux} - \varepsilon_{vx}$$

Aus der Quotientenregel folgt für den Spezialfall v = g(x) = x eine Beziehung für die Elastizität einer Durchschnittsfunktion. Die Durchschnittsfunktion der Funktion y = f(x) ist definiert als $\bar{y} = \frac{f(x)}{x}$. Mit y = f(x) und v = g(x) = x ergibt sich die Elastizität der Durchschnittsfunktion nach der Quotientenregel:

R 14.2.7

$$\varepsilon_{\bar{y}x} = \varepsilon_{yx} - \varepsilon_{vx} = \varepsilon_{yx} - 1$$

Die Elastizität der Durchschnittsfunktion $\bar{y} = \frac{f(x)}{x}$ einer Funktion y = f(x) ist gleich der Elastizität ε_{yx} der Funktion f(x) vermindert um 1.

B 14.2.8 Es sei $K = K(x)$ die Kostenfunktion einer Unternehmung und $k = \frac{K(x)}{x}$ die Durchschnittskostenfunktion. Dann gilt nach R 14.2.7: $\varepsilon_{kx} = \varepsilon_{Kx} - 1$, d.h. die Elastizität der Durchschnittskosten in bezug auf die Menge ist um 1 kleiner als die Elastizität der Gesamtkosten.

Elastizität der Umkehrfunktion

Es sei $y = f(x)$ eine differenzierbare Funktion und $x = g(y)$ die Umkehrfunktion dazu. Dann gilt bekanntlich:

$$\frac{df(x)}{dx} = \frac{1}{\frac{dg(y)}{dy}} .$$

Für die Elastizitäten folgt unter Verwendung dieser Beziehung:

$$\varepsilon_{yx} = \frac{df(x)}{dx}\frac{x}{y} = \frac{1}{\frac{dg(y)}{dy}}\frac{x}{y} = \frac{1}{\frac{dg(y)}{dy}}\frac{1}{\frac{y}{x}} = \frac{1}{\frac{dg(y)}{dy}\frac{y}{x}} = \frac{1}{\varepsilon_{xy}} .$$

R 14.2.9 Bei einer **umkehrbaren Funktion** $y = f(x)$ sind die Elastizitäten von x in bezug auf y und von y in bezug auf x zueinander invers:

$$\varepsilon_{yx} = \frac{1}{\varepsilon_{xy}}$$

B 14.2.10 $y = e^x$ und $x = \ln y$ sind zueinander invers.

$\varepsilon_{yx} = e^x \frac{x}{e^x} = x, \quad \varepsilon_{xy} = \frac{1}{y}\frac{y}{\ln y} = \frac{1}{\ln y} = \frac{1}{x} .$

Die Elastizitäten sind zueinander invers.

Zusammenhang zwischen Elastizitätsfunktion, Grenzfunktion und Durchschnittsfunktion

Die Durchschnittsfunktion zu $y = f(x)$ ist definiert als $\bar{y} = \frac{f(x)}{x} = \frac{y}{x}$. Für die Elastizität der Funktion $y = f(x)$ folgt daraus:

R 14.2.11

$$\varepsilon_{yx} = \frac{dy}{dx}\frac{x}{y} = \frac{\frac{dy}{dx}}{\frac{y}{x}} = \frac{y'}{\bar{y}}$$

Die Elastizität(sfunktion) einer Funktion $y = f(x)$ ist gleich dem Quotienten aus der ersten Ableitung und der zugehörigen Durchschnittsfunktion.

Durch einfache Umformung folgt aus R 14.2.11 $y' = \bar{y}\varepsilon_{yx}$.
Aus R 14.2.7 $\varepsilon_{\bar{y}x} = \varepsilon_{yx} - 1$ folgt $\varepsilon_{yx} = 1 + \varepsilon_{\bar{y}x}$. Wird in $y' = \bar{y}\varepsilon_{yx}$ für ε_{yx} entsprechend eingesetzt, so ergibt sich:

R 14.2.12 $y' = \bar{y}(1 + \varepsilon_{\bar{y}x})$

Diese Beziehung ist auf andere Art bereits abgeleitet worden. Es ergab sich für die Ableitung des Produktes $y = xf(x)$ (in R 14.2.4):

$$\frac{dy}{dx} = f(x)(1 + \varepsilon_{f(x),x}).$$

$f(x)$ ist aber gerade die Durchschnittsfunktion der Funktion $y = xf(x)$.

Elastizität homogener Funktionen

Die Funktion $y = f(x)$ sei homogen vom Grad r, d.h. es gilt $f(\lambda x_0) = \lambda^r f(x_0)$. Es ist $x = \lambda x_0$ bzw. $\lambda = \frac{x}{x_0}$. Dann gilt

$$y = \left(\frac{x}{x_0}\right)^r f(x_0) = \frac{x^r}{x_0^r} f(x_0) \text{ und somit } \frac{dy}{dx} = \frac{rx^{r-1}}{x_0^r} f(x_0).$$

Daraus folgt für die Elastizität:

$$\varepsilon_{yx} = \frac{dy}{dx}\,\frac{x}{y} = \frac{rx^{r-1}}{x_0^r}\, f(x_0)\,\frac{x}{\frac{x^r}{x_0^r}\, f(x_0)} = r.$$

R 14.2.13 Die Elastizität einer homogenen Funktion ist gleich dem Homogenitätsgrad.

Elastizität und logarithmische Transformation

Die erste Ableitung der Funktion $y = \ln x$ lautet $y' = \frac{d(\ln x)}{dx} = \frac{1}{x}, (x > 0)$.

Für das Differential dieser Funktion erhält man $d(\ln x) = \frac{dx}{x}$.

Entsprechend gilt auch $d(\ln y) = \frac{dy}{y}, (y > 0)$.

Unter Verwendung dieser beiden Beziehungen folgt für die Elastizität der Funktion $y = f(x)$:

R 14.2.14

$$\varepsilon_{yx} = \frac{dy}{y} : \frac{dx}{x} = \frac{d(\ln y)}{d(\ln x)}$$

Die Elastizität einer Funktion y = f(x) ist gleich der ersten Ableitung der "logarithmierten" Funktion $\ln y = f^*(\ln x)$.

Diese Beziehung gilt für Logarithmen einer beliebigen Basis, denn es ist

$$d(\log_a x) = \frac{dx}{x} \log_a e$$

und somit

$$\varepsilon_{yx} = \frac{\frac{dy}{y}}{\frac{dx}{x}} = \frac{\frac{dy}{y} \log_a e}{\frac{dx}{x} \log_a e} = \frac{d(\log_a y)}{d(\log_a x)} .$$

Insbesondere gilt die Beziehung also auch für den dekadischen Logarithmus:

$$\varepsilon_{yx} = \frac{d(\log y)}{d(\log x)} .$$

B 14.2.15 $y = x^2$, $\log y = 2 \log x$; $\varepsilon_{yx} = \frac{d(\log y)}{d(\log x)} = 2.$

Aufgaben

Ü 14.2.1 Bestimme die Elastizität der Summe der beiden Funktionen u = u(x) und v = v(x) in bezug auf x unter Zuhilfenahme der Elastizitäten der beiden Summanden.
***

Ü 14.2.2 Die Funktion y = f(x) hat an der Stelle x_0 einen Extremwert und es ist $f(x_0) \neq 0$. Wie groß ist die Elastizität an der Stelle x_0?
***

Ü 14.2.3 Gegeben sei eine Funktion y = f(x). Zeige, daß $\bar{y} = \frac{f(x)}{x}$ nur dort einen Extremwert haben kann, wo $|\varepsilon_{yx}| = 1$ gilt.
***

Ü 14.2.4 Gegeben sei eine Funktion y = f(x). Welche Bedingung muß erfüllt sein, damit $y' = \varepsilon_{yx}$ gilt?
***

14.3 Graphische Interpretation und Bestimmung der Elastizität

Aus der Beziehung zwischen der Elastizität einer Funktion und der ersten Ableitung der logarithmierten Funktion (vgl. R 14.2.14) ergibt sich eine einfache geometrische Interpretation der Elastizität. Stellt man y = f(x) in einem doppellogarithmischen Koordinatensystem dar, d.h. führt man eine Koordinatentransformation der Form $u = \log y$ und $v = \log x$ durch, dann entspricht die Elastizität der ursprünglichen Funktion der Steigung der Kurve $u = f^*(v)$ bzw. $\log y = f^*(\log x)$ (vgl. F 14.3.1a)).

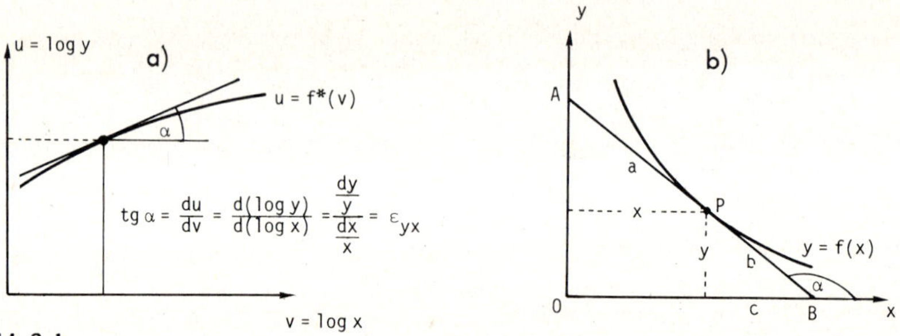

F 14.3.1

Eine andere Möglichkeit zur graphischen Interpretation und zur graphischen Bestimmung der Elastizität ist die folgende:

Bei der in F 14.3.1b) dargestellten Funktion $y = f(x)$ wird der Punkt P mit den Koordinaten (x,y) betrachtet. Die Gerade von A nach B ist die Tangente an $f(x)$ im Punkt P.

Es gilt $\frac{a}{b} = \frac{x}{c} = x \cdot \frac{1}{c}$ und $\frac{y}{c} = \tan(180^\circ - \alpha) = -\tan\alpha = -\frac{dy}{dx}$ bzw. $\frac{1}{c} = -\frac{dy}{dx}\frac{1}{y}$.

Daraus folgt $\frac{a}{b} = x(-\frac{dy}{dx}\frac{1}{y}) = -\frac{dy}{dx}\frac{x}{y} = -\varepsilon_{yx}$.

Das Verhältnis der beiden Tangentenabschnitte stimmt also, bis auf das Vorzeichen, mit der Elastizität von y in bezug auf x im Punkt P überein. Das gilt auch für den Fall, daß die Funktion $f(x)$ eine positive Steigung aufweist (vgl. F 14.3.2):

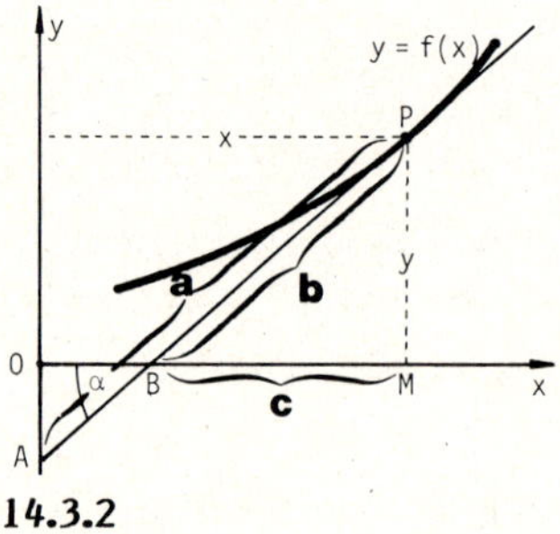

F 14.3.2

Es sei $\overline{AP} = a$; $\overline{BP} = b$; $\overline{BM} = c$.

Damit gilt $\frac{a}{b} = \frac{x}{c} = x \cdot \frac{1}{c}$ und

$\frac{y}{c} = \tan\alpha = \frac{dy}{dx}$ bzw. $\frac{1}{c} = \frac{dy}{dx}\frac{1}{y}$.

Daraus folgt

$\frac{a}{b} = x \cdot \frac{1}{c} = x\frac{dy}{dx}\frac{1}{y} = \frac{dy}{dx}\frac{x}{y} = \varepsilon_{yx}$.

In diesem Fall stimmt sogar auch das Vorzeichen.

Allgemein gilt:

R 14.3.3 Gegeben sei eine Funktion $y = f(x)$ und die Tangente an die Funktion an der Stelle $x = x_0$. Der absolute Betrag der Elastizität der Funktion an der Stelle x_0 entspricht dem Quotienten aus dem Tangentenabschnitt, der durch den Schnittpunkt der Tangente mit der y-Achse entsteht, und dem Tangentenabschnitt, der durch den Schnittpunkt der Tangente mit der x-Achse entsteht. Das Vorzeichen der Elastizität ergibt sich aus dem Vorzeichen der Steigung der Funktion.

Aufgaben

Ü 14.3.1 Gegeben sei die in der nebenstehenden Zeichnung dargestellte Funktion. An welcher Stelle gilt für die Elastizität $|\varepsilon_{yx}| = 1$?

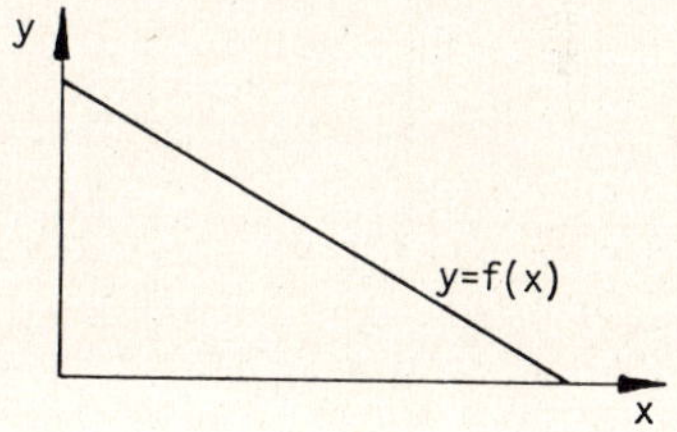

Ü 14.3.2 Ist in der nebenstehenden Zeichnung die Elastizität bei P_1 bzw. P_2 größer oder kleiner als 1?

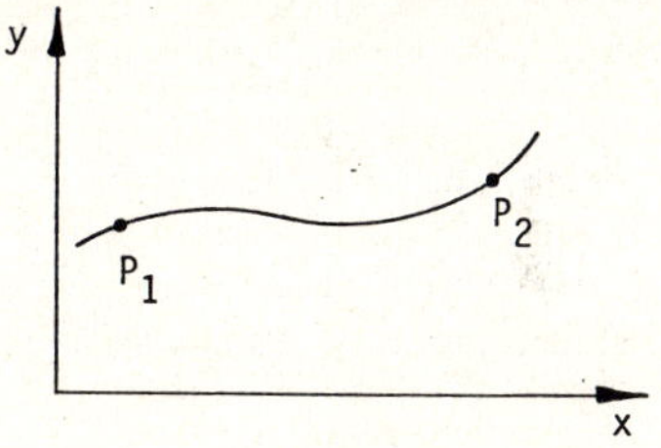

14.4 Partielle Elastizitäten

Bei Funktionen mit mehreren unabhängigen Veränderlichen definiert man in Analogie zum partiellen Differentialquotienten partielle Elastizitäten.

D 14.4.1 Gegeben sei die Funktion $y = f(x_1,\ldots,x_n)$ und ihre partiellen Ableitungen erster Ordnung f'_{x_i}, $i = 1,\ldots,n$.

$\varepsilon_{yx_i} = f'_{x_i} \frac{x_i}{y}$ heißt **partielle Elastizität** von y in bezug auf x_i $(i = 1,\ldots,n)$.

Die partiellen Elastizitäten einer Funktion sind, wie die partiellen Ableitungen, wieder Funktionen der unabhängigen Veränderlichen.
Die partielle Elastizität von y in bezug auf x_i gibt an, wie sich die abhängige Variable y relativ bzw. prozentual näherungsweise verändert, wenn die unabhängige Variable x_i um 1% geändert wird und die übrigen Variablen nicht verändert werden.

B 14.4.1 a) $z = x^2+y^2$; $f'_x = 2x$; $f'_y = 2y$

$$\varepsilon_{zx} = 2x\frac{x}{x^2+y^2} = \frac{2x^2}{x^2+y^2}; \quad \varepsilon_{zy} = 2y\frac{y}{x^2+y^2} = \frac{2y^2}{x^2+y^2}.$$

b) $z = \frac{a^x}{y}$; $f'_x = \frac{a^x \ln a}{y}$; $f'_y = -\frac{a^x}{y^2}$

$$\varepsilon_{zx} = \frac{a^x \ln a}{y}\frac{x}{\frac{a^x}{y}} = x\ln a; \quad \varepsilon_{zy} = -\frac{a^x}{y^2}\frac{y}{\frac{a^x}{y}} = -1.$$

c) $z = Ax^a y^b$; $f'_x = Aax^{a-1}y^b$; $f'_y = Abx^a y^{b-1}$;

$$\varepsilon_{zx} = Aax^{a-1}y^b\frac{x}{Ax^a y^b} = \frac{Aax^a y^b}{Ax^a y^b} = a;$$

$$\varepsilon_{zy} = Abx^a y^{b-1}\frac{y}{Ax^a y^b} = \frac{Abx^a y^b}{Ax^a y^b} = b.$$

Ein interessanter Zusammenhang zwischen dem Homogenitätsgrad einer homogenen Funktion und den partiellen Elastizitäten dieser Funktion läßt sich unter Verwendung der in Abschnitt 12.3 bestimmten Eulerschen Homogenitätsrelation bestimmen.

Für eine Funktion $z = f(x,y)$, die homogen vom Grad r ist, lautet die Eulersche Homogenitätsrelation (vgl. R 12.3.6)

$$rz = \frac{\partial z}{\partial x}x + \frac{\partial z}{\partial y}y.$$

Dividiert man beide Seiten der Gleichung durch z, so ergibt sich

$$r = \frac{\partial z}{\partial x}\frac{x}{z} + \frac{\partial z}{\partial y}\frac{y}{z}.$$

Die beiden Summanden auf der rechten Seite der Gleichung sind aber die beiden partiellen Elastizitäten. Somit gilt:

R 14.4.3

> Der Homogenitätsgrad einer homogenen Funktion $z = f(x,y)$ ist gleich der Summe der partiellen Elastizitäten:
>
> $r = \varepsilon_{zx} + \varepsilon_{zy}$

Für eine Funktion mit mehr als zwei unabhängigen Veränderlichen $y = f(x_1,\ldots,x_n)$ gilt entspechend:

$$r = \sum_{i=1}^{n} \varepsilon_{yx_i}.$$

B 14.4.4 $z = f(x,y) = ax^{\alpha}y^{\beta}$

Es ist $f(\lambda x,\lambda y) = a(\lambda x)^{\alpha}(\lambda y)^{\beta} = a\lambda^{\alpha}x^{\alpha}\lambda^{\beta}y^{\beta} = a\lambda^{\alpha+\beta}x^{\alpha}y^{\beta}$.
Die Funktion ist also homogen vom Grad $r = \alpha + \beta$.
Ferner ist

$$f'_x = a\alpha x^{\alpha-1}y^{\beta}; \quad f'_y = a\beta x^{\alpha}y^{\beta-1}$$

und somit

$$\varepsilon_{zx} = a\alpha x^{\alpha-1}y^{\beta}\frac{x}{ax^{\alpha}y^{\beta}} = \alpha; \quad \varepsilon_{zy} = a\beta x^{\alpha}y^{\beta-1}\frac{y}{ax^{\alpha}y^{\beta}} = \beta.$$

Es gilt also $r = \alpha + \beta = \varepsilon_{zx} + \varepsilon_{zy}$.

Aufgaben

Ü 14.4.1 Bestimme die partiellen Elastizitäten der folgenden Funktionen:
*** a) $z = x^2+xy+y^2$; b) $z = \sqrt{xy}$.

14.5 Ökonomische Anwendungen von Elastizitäten

Wie bereits zu Beginn dieses Kapitels bei der Einführung des Elastizitätsbegriffes gesagt wurde, findet die Elastizität überall dort Anwendung, wo es nicht auf absolute, sondern auf relative Änderungen ökonomischer Größen ankommt. Einige Beispiele ökonomischer Anwendungen von Elastizitäten wurden bereits in Abschnitt 14.2 gegeben (vgl. B 14.2.3, B 14.2.5 und B 14.2.8). Es wird hier deshalb nur kurz auf weitere wirtschaftliche Anwendungen eingegangen.

B 14.5.1 Es wird an B 14.2.3 angeknüpft.
Die Beziehungen zwischen der nachgefragten Menge x eines Gutes und dem Preis p dieses Gutes werden ausgedrückt durch die Nachfragefunktion $x = x(p)$. Die Elastizität dieser Funktion

$$\varepsilon_{xp} = \frac{dx}{dp}\frac{p}{x}$$

ist die **Elastizität der Nachfrage in bezug auf den Preis.** Sie gibt (näherungsweise) an, um wieviel Prozent sich die nachgefragte Menge ändert, wenn der Preis um 1% geändert wird. Häufig spricht man auch von der **Preiselastizität der Nachfrage** oder der Nachfrage-Preis-Elastizität.

Ist x die von einer Unternehmung oder auf einem Markt angebotene Menge und x = x(p) die Angebotsfunktion, so ist ε_{xp} die Elastizität des Angebots in bezug auf den Preis oder die **Preiselastizität des Angebots.**

Sind Nachfragefunktion oder Angebotsfunktion in der Form p = p(x) gegeben, dann kann die Elastizität wie folgt bestimmt werden:

$$\varepsilon_{xp} = \frac{1}{\varepsilon_{px}} = \frac{1}{\frac{dp}{dx}\frac{x}{p}} = \frac{1}{\frac{dp}{dx}}\frac{p}{x} .$$

Die von einem Gut nachgefragte Menge x hängt nicht nur von dem Preis p des Gutes, sondern auch von dem Einkommen Y der Nachfrager ab, also x = x(Y).

$$\varepsilon_{xY} = \frac{dx}{dY}\frac{Y}{x}$$

ist die Elastizität der Nachfrage in bezug auf das Einkommen oder die **Einkommenselastizität der Nachfrage.**

Im Zusammenhang mit Elastizitäten tauchen in der Wirtschaftstheorie häufig Begriffe wie **elastisch** und **unelastisch** auf. Liegt die Elastizität einer Funktion an einer bestimmten Stelle zwischen 0 und 1 oder, wenn die Elastizität negativ ist, zwischen -1 und 0, so sagt man, die Funktion sei dort unelastisch. Ist die Elastizität größer als 1 oder kleiner als -1, so ist die Funktion elastisch. Die folgende Zusammenstellung gibt eine Übersicht über die Verwendung der Begriffe:

Wert der Elastizität	Attribut der Funktion
$\varepsilon = 0$	vollkommen unelastisch
$-1 < \varepsilon < 0$ $0 < \varepsilon < 1$	unelastisch
$\varepsilon = -1$ bzw. $\varepsilon = 1$	Grenze zwischen elastischem und unelastischem Bereich
$-\infty < \varepsilon < -1$ $1 < \varepsilon < \infty$	elastisch
$\varepsilon = -\infty$ bzw. $\varepsilon = \infty$	vollkommen elastisch

Abschließend noch eine Anwendung der Preiselastizität der Nachfrage.

B 14.5.2 Notwendige Bedingung für ein Maximum der Gewinnfunktion

G = G(x) = E(x) - K(x) ist

G' = E' - K' = 0 bzw. E' = K'.

Wegen E = E(x) = xp(x) gilt:

$$E' = p(x)+x\frac{dp(x)}{dx} = p(x)+x\,\frac{dp(x)}{dx}\,\frac{p(x)}{p(x)} = p(x) + p(x)\frac{dp(x)}{dx}\,\frac{x}{p(x)}$$

$$= p(x) + p(x)\varepsilon_{p(x),x} = p(x)\,(1 + \varepsilon_{p(x),x}).$$

Es ist

$$\varepsilon_{p(x),x} = \varepsilon_{px} = \frac{1}{\varepsilon_{xp}}\,.$$

Damit ergibt sich

$$E' = p(1 + \frac{1}{\varepsilon_{xp}})\,.$$

Diese Beziehung zwischen Grenzumsatz, Preis und Preiselastizität der Nachfrage wird allgemein als **AMOROSO-ROBINSON-Relation** bezeichnet. Für das Gewinnmaximum folgt daraus als notwendige Bedingung wegen $E' = K'$

$$K' = p(1 + \frac{1}{\varepsilon_{xp}})\,.$$

In der Wirtschaftstheorie kann man im allgemeinen davon ausgehen, daß $K' > 0$ gilt. Für das Gewinnmaximum gilt dann:

$$p(1 + \frac{1}{\varepsilon_{xp}}) > 0$$

oder, wegen $p > 0$, auch

$$1 + \frac{1}{\varepsilon_{xp}} > 0 \text{ bzw. } \frac{1}{\varepsilon_{xp}} > -1.$$

Nun ist im allgemeinen $\varepsilon_{xp} < 0$, denn zunehmende (abnehmende) Preise werden abnehmende (zunehmende) Nachfragemengen zur Folge haben. Somit folgt:

$$\varepsilon_{xp} < -1$$

Das Gewinnmaximum liegt also stets im elastischen Bereich der Nachfragefunktion.

Aufgaben

Ü **14.5.1** Gegeben sei die folgende Nachfragefunktion: $p = \frac{500}{x+10} - 5$.

a) Bestimme die Funktion der Preiselastizität der Nachfrage.

b) Bestimme die Preiselastizität der Nachfrage für $x_1 = 10$ und für $x_2 = 40$.

c) Bei welcher Menge beträgt die Preiselastizität der Nachfrage -3?

d) Bestimme die Grenze zwischen elastischem und unelastischem Bereich der Nachfragefunktion.

Ü 14.5.2 Für eine Unternehmung existiert die Preisabsatzfunktion
$p = 24-2x$ und die Kostenfunktion $K = 0{,}2x^2+2x+11$. Bestimme das Gewinnmaximum unter Verwendung
a) der Beziehung Grenzumsatz = Grenzkosten,
b) der AMOROSO-ROBINSON-Relation.
c) Prüfe, ob die Preiselastizität der Nachfrage im Gewinnmaximum absolut größer ist als 1, d.h. ob $|\varepsilon_{xp}| > 1$ gilt.

15. Grundzüge der Integralrechnung

15.1 Das unbestimmte Integral

Bei der Bestimmung des unbestimmten Integrals einer Funktion stellt sich die umgekehrte Aufgabe wie bei der Ermittlung der ersten Ableitung einer Funktion:
Es sei die erste Ableitung $y' = f(x)$ oder das Differential $dy = f(x)dx$ einer unbekannten Funktion $y = F(x)$ gegeben.
Gesucht ist eine Funktion $y = F(x)$, zu der die gegebene Funktion $f(x)$ die erste Ableitung bzw. $f(x)dx$ das Differential ist.

D 15.1.1

> Eine differenzierbare Funktion $F(x)$ heißt eine **Stammfunktion** oder ein **unbestimmtes Integral** von $f(x)$, falls $F'(x) = f(x)$.
> Man schreibt $F(x) = \int f(x)dx$.
> $f(x)$ heißt **Integrand** und x heißt **Integrationsvariable.**

Das **Integralzeichen** $\int$ ist ein langgezogenes, stilisiertes S. Man sagt für $\int f(x)dx$ "Integral von $f(x)dx$ über x". Es wird "über x" integriert.

B 15.1.2 $f(x) = x^2$; $\int f(x)dx = \int x^2 dx = \frac{1}{3}x^3$, denn es ist $\frac{d(\frac{1}{3}x^3)}{dx} = x^2$. Es sind aber auch die Funktionen $F_1(x) = \frac{1}{3}x^3+28$ und $F_2(x) = \frac{1}{3}x^3-12$ Stammfunktionen zu der gegebenen Funktion, denn es ist

$$\frac{dF_1(x)}{dx} = x^2 \quad \text{und} \quad \frac{dF_2(x)}{dx} = x^2.$$

Die in Beispiel 15.1.2 gegebene Funktion hat **mehrere Stammfunktionen.** Die Bestimmung einer Stammfunktion bzw. eines unbestimmten Integrals ist also nicht eindeutig. Es gilt:

R 15.1.3

> Es sei $F(x)$ eine Stammfunktion von $f(x)$. Dann ist für jede beliebige Konstante $C \in \mathbb{R}$ auch $F(x)+C$ eine Stammfunktion von $f(x)$.

Es ist $\frac{d(F(x)+C)}{dx} = \frac{dF(x)}{dx} + \frac{dC}{dx} = \frac{dF(x)}{dx} = f(x)$.

Da die Konstante C jeden beliebigen reellen Wert annehmen kann, gibt es also unendlich viele Stammfunktionen zu $f(x)$, die sich nur durch eine additive Konstante, die sogenannte **Integrationskonstante,** unterscheiden.

Stammfunktionen zu f(x) werden deshalb grundsätzlich unter expliziter Angabe der Integrationskonstanten geschrieben:

$$\int f(x)dx = F(x)+C.$$

Die Ermittlung unbestimmter Integrale ist (größtenteils wesentlich) schwieriger als die Differentiation. In den folgenden Abschnitten werden deshalb nur einige elementare Grundlagen der Integralrechnung behandelt. Für die Ermittlung unbestimmter Integrale ist hier vor allem auf die im Literaturverzeichnis angegebenen Integraltafeln hinzuweisen, in denen Integrale gegebener Funktionen zusammengestellt sind.

15.2 Integrale häufig vorkommender Funktionen

Im folgenden sind die unbestimmten Integrale für einige häufig vorkommende Funktionen angegeben. Diese und weitere Integrale können unter Verwendung der gegebenen ersten Ableitungen einiger Funktionen bestimmt bzw. bestätigt werden. Man beachte die jeweils explizit angegebene Integrationskonstante C.

R 15.2.1

a) $\int dx = x + C$

b) $\int (ax+b)dx = \frac{1}{2}ax^2 + bx + C$

c) $\int x^n dx = \frac{x^{n+1}}{n+1} + C$ für $n \neq -1$

d) $\int \frac{dx}{x} = \ln|x| + C \qquad x \neq 0$

e) $\int a^x dx = \frac{a^x}{\ln a} + C$

f) $\int e^x dx = e^x + C$

g) $\int \sin x dx = -\cos x + C$

h) $\int \cos x dx = \sin x + C$

Bei der Integration von $\frac{1}{x}$ ist beim Logarithmus der Betrag $|x|$ zu nehmen, da der Logarithmus nur für $x > 0$ definiert ist.

Aufgaben

Ü 15.2.1 Bestimme die Stammfunktionen der folgenden Funktionen:

****

a) $f(x) = 2x+4$; b) $f(x) = x^6$; c) $f(x) = \sqrt{x}$; d) $f(x) = \sqrt[4]{x}$;

e) $f(x) = \frac{1}{x^3}$; f) $f(x) = \frac{1}{\sqrt{x}}$.

15.3 Integrationsregeln

Für die Ermittlung unbestimmter Integrale existieren die im folgenden aufgeführten Regeln, die sich unmittelbar aus Differentiationsregeln herleiten lassen.

R 15.3.1 **Konstanter Faktor**

$$\int af(x)dx = a\int f(x)dx, \quad a = \text{const.}$$

B 15.3.2 $\int 20x^4dx = 20\int x^4dx = 20\,\frac{1}{5}x^5 + C = 4x^5 + C$

R 15.3.3 **Summe von Funktionen**

$$\int\sum_{i=1}^{n} a_i f_i(x)dx = \sum_{i=1}^{n} a_i \int f_i(x)dx.$$

B 15.3.4 a) $\int(5x^4+\sqrt{x}+\frac{1}{x^2}+e^x)dx = 5\int x^4dx+\int\sqrt{x}\,dx+\int\frac{1}{x^2}dx+\int e^xdx$

$$= x^5+\frac{2}{3}\sqrt{x^3}-\frac{1}{x}+e^x+C$$

b) $\int\sum_{i=0}^{n} a_i x^i\,dx = \sum_{i=0}^{n} a_i \int x^i dx = \sum_{i=0}^{n} a_i\,\frac{x^{i+1}}{i+1} + C$

Partielle Integration

Auf Grund der Produktregel der Differentialrechnung (R 10.4.6) gilt bekanntlich für das Produkt zweier Funktionen:

$$\frac{d(f(x)g(x))}{dx} = \frac{df(x)}{dx}g(x) + f(x)\frac{dg(x)}{dx}$$

oder

$$f(x)\frac{dg(x)}{dx} = \frac{d(f(x)g(x))}{dx} - \frac{df(x)}{dx}g(x).$$

Integration beider Seiten der Gleichung ergibt:

$$\int f(x)\,\frac{dg(x)}{dx}dx = \int\frac{d(f(x)g(x))}{dx}\,dx - \int\frac{df(x)}{dx}g(x)dx$$

bzw.

$$\int f(x)g'(x)dx = f(x)g(x) - \int f'(x)g(x)dx.$$

Das ergibt folgende Formel:

R 15.3.5 **Partielle Integration**

$$\int f(x)g'(x)dx = f(x)g(x) - \int f'(x)g(x)dx.$$

Die Formel der partiellen Integration wird dann angewendet, wenn $\int f'(x)g(x)dx$ leichter gelöst werden kann als $\int f(x)g'(x)dx$.

B 15.3.6 a) Es ist xe^x zu integrieren. Dazu setzt man $f(x) = x$ und $f'(x) = 1$ $g'(x) = e^x$ und $g(x) = e^x$.
Dann erhält man

$$\int xe^x dx = xe^x - \int e^x dx = xe^x - e^x + C = e^x(x-1)+C.$$

b) Es ist $\ln|x|$ zu integrieren. Dazu setzt man $f(x) = \ln|x|$ und $f'(x) = \frac{1}{x}$; $g'(x) = 1$ und $g(x) = \int dx = x$.
Damit ergibt sich dann

$$\int \ln|x|dx = x\ln|x| - \int x\frac{1}{x}dx = x\ln|x| - \int dx = x\ln|x| - x+C$$

Integration durch Substitution der Veränderlichen

Es sei $y = F(z)$, $\frac{dF(z)}{dz} = f(z)$ und $z = g(x)$, dann gilt nach der Kettenregel der Differentiation (R 10.4.10)

$$\frac{dF(z)}{dx} = \frac{dF(z)}{dz}\frac{dg(x)}{dx} = f(z)\frac{dg(x)}{dx}.$$

Aus $\frac{dF(z)}{dz} = f(z)$ und $\frac{dF(z)}{dx} = f(z)\frac{dg(x)}{dx}$ folgt

$$dF(z) = f(z)dz = f(z)\frac{dg(x)}{dx}dx = f(g(x))g'(x)dx.$$

Es gilt damit folgende Regel:

R 15.3.7

> **Integration durch Substitution**
> Gegeben sei die integrierbare Funktion $y = f(z)$ und es sei $z = g(x)$ und $dz = g'(x)dx$. Dann gilt
> $\int f(z)dz = \int f(g(x))g'(x)dx.$

Sinn dieser Regel ist es, durch die Substitution einen einfacheren Integranden zu erhalten. Die Variable z wird durch g(x) substituiert. x tritt dann als neue Variable auf. Man beachte, daß bei Substitution von z auch das Differential dz substituiert werden muß.

B 15.3.8 a) $\int (ax+b)^m dx$; $m \neq -1$.
Man setzt $ax+b = t$ bzw. $x = \frac{t}{a} - \frac{b}{a}$. Damit ist $\frac{dx}{dt} = \frac{1}{a}$ bzw. $dx = \frac{dt}{a}$.
Es ergibt sich dann

$$\int (ax+b)^m dx = \int t^m \frac{dt}{a} = \frac{1}{a}\int t^m dt = \frac{1}{a}\frac{t^{m+1}}{m+1} + C = \frac{(ax+b)^{m+1}}{a(m+1)} + C.$$

b) $\int e^{\sqrt{x}}dx$. Man setzt $\sqrt{x} = t$ bzw. $x = t^2$ und $dx = 2tdt$ und erhält

$$\int e^{\sqrt{x}}dx = \int e^t 2tdt = 2\int e^t tdt.$$

Mit dem Ergebnis aus Beispiel 15.3.6a) zur partiellen Integration ergibt sich dann $\int e^{\sqrt{x}}dx = 2\int e^t t dt = 2e^t(t-1) + C = 2e^{\sqrt{x}}(\sqrt{x}-1) + C$.

Aufgaben

Ü 15.3.1 Bestimme für die folgenden Funktionen die unbestimmten Integrale:

a) $f(x) = 2x+3$; b) $f(x) = 3x^2+5x+7$; c) $f(x) = \frac{1}{x}$; d) $f(x) = \frac{1}{x^2} + \frac{1}{x} + 5$;

e) $f(x) = \sqrt[3]{x}$; f) $f(x) = 10x^5+x^2+\frac{1}{\sqrt{x}} + \frac{1}{x^6}$; g) $f(x) = e^x$; h) $f(x) = 3x^2+\ln x$.

Ü 15.3.2 Bestimme für die folgenden Funktionen die unbestimmten Integrale:

a) $y = x\cos x$; b) $y = x^2e^x$; c) $y = 2^x+5x+4$; d) $y = \frac{1}{2x-3}$.

15.4 Das bestimmte Integral als Grenzwert einer Summe

Die erste Grundaufgabe der Integralrechnung ist die Ermittlung des **unbestimmten Integrals.**

Die zweite Grundaufgabe der Integralrechnung besteht in der Ermittlung des bestimmten Integrals, unter der man sich anschaulich die Berechnung einer Fläche unterhalb einer Kurve über einem gegebenen Intervall vorstellen kann.

Es wird von einer stetigen Funktion ausgegangen, für die gilt $f(x) > 0$, d.h. die Kurve verläuft in der graphischen Darstellung stets oberhalb der x-Achse (vgl. dazu Figur 15.4.1).

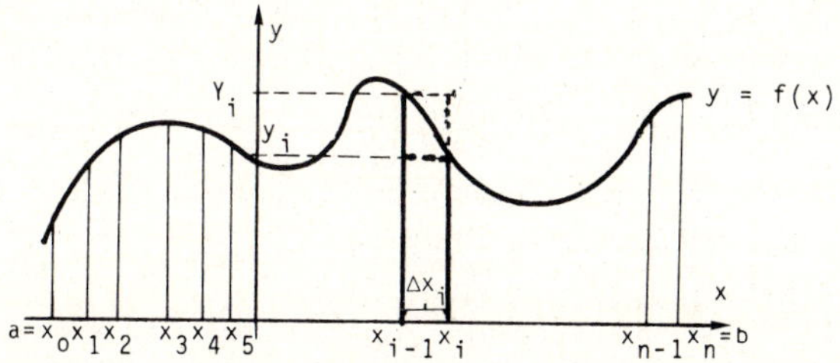

F 15.4.1

Gesucht ist die Fläche zwischen der Kurve und der x-Achse im Bereich von x = a bis x = b. Zu diesem Zweck wird das Intervall in n Teile durch die Punkte $a = x_0, x_1, x_2, \ldots, x_{i-1}, x_i, \ldots, x_n = b$ geteilt, wobei $x_{i-1} < x_i$ für $i = 1, \ldots, n$ gilt. Das führt zu einer Zerlegung der Fläche in n vertikale Streifen, von denen der i-te Streifen die Breite $\Delta x_i = x_i - x_{i-1}$ hat.

Es sei Y_i der größte Funktionswert im i-ten Intervall und y_i der kleinste Funktionswert in diesem Intervall. (Es wird unterstellt, daß Y_i und y_i existieren.) Der Flächeninhalt des i-ten Streifens liegt dann zwischen den Flächeninhalten der beiden Rechtecke mit der gemeinsamen Grundlinie $\Delta x_i = x_i - x_{i-1}$ und den Höhen y_i bzw. Y_i. Der Flächeninhalt des i-ten Streifens liegt also zwischen $y_i \Delta x_i$ und $Y_i \Delta x_i$.

Die Fläche des ersten Rechtecks stellt eine untere Grenze und die des zweiten Rechtecks eine obere Grenze für die Fläche des Streifens dar. Summiert man nun alle Rechtecke, die die untere Grenze des jeweiligen Streifens darstellen, so erhält man eine untere Grenze für die gesuchte Gesamtfläche (Untersumme). Die Summation der Rechtecke, die die oberen Grenzen der Streifenflächen sind, stellen dann eine obere Grenze für die gesuchte Gesamtfläche dar (Obersumme).

Ist A die gesuchte Fläche, dann gilt also:

$$\sum_{i=1}^{n} y_i \Delta x_i \leqq A \leqq \sum_{i=1}^{n} Y_i \Delta x_i .$$

Läßt man die Breite Δx_i des i-ten Streifens gegen Null gehen, dann strebt y_i gegen Y_i, da es sich voraussetzungsgemäß um eine stetige Funktion handelt. Wenn aber y_i gegen Y_i strebt, dann bedeutet das, daß sich die Flächeninhalte der beiden Rechtecke immer mehr nähern.

Unter der Voraussetzung, daß alle Δx_i gegen Null gehen, gilt also

$$\lim_{n \to \infty} \sum_{i=1}^{n} y_i \Delta x_i = \lim_{n \to \infty} \sum_{i=1}^{n} Y_i \Delta x_i ,$$

da man die Verkleinerung der Intervalle sicher dadurch erreichen kann, daß man immer mehr Streifen bildet ($n \to \infty$).

Da die gesuchte Fläche A zwischen den beiden Summen liegt, sind die beiden obigen Grenzwerte dann aber gerade gleich der gesuchten Fläche.

Da für jeden Streifen im Grenzübergang das größte und kleinste Rechteck einander gleich sind, kann man folglich auch ein beliebiges Rechteck dazwischen nehmen, d.h. an Stelle von y_i oder Y_i kann ein beliebiger Funktionswert aus dem Intervall gewählt werden.

Zusammengefaßt ergibt sich:

Die Funktion f(x) sei im Intervall $a \leqq x \leqq b$ stetig und beschränkt. Durch die Punkte $a = x_0 < x_1 < x_2 < \ldots < x_{i-1} < x_i < \ldots < x_{n-1} < x_n = b$ wird das Intervall in n Teile zerlegt. $x = \xi_i$ sei ein beliebiger Wert aus dem Intervall $x_{i-1} \leqq x \leqq x_i$ und $f(\xi_i)$ der zugehörige Funktionswert. Die Summe

$$\sum_{i=1}^{n} f(\xi_i) \Delta x_i$$

strebt für $n \to \infty$ und $\Delta x_i \to 0$ (für alle i) gegen einen endlichen Grenzwert.

Dieser Grenzwert ist das bestimmte Integral der Funktion f(x) über dem Intervall (a,b) und wird mit

$$\int_a^b f(x)dx \quad \text{bezeichnet.}$$

D 15.4.2

> Gegeben sei eine über dem Intervall (a,b) stetige und beschränkte Funktion f(x) sowie eine Zerlegung des Intervalls (a,b) in Intervalle der Breite $\Delta x_i = x_i - x_{i-1}$ (i=1,...,n).
> Ferner sei ξ_i ein beliebiger Funktionswert aus dem i-ten Teilintervall.
> Der Grenzwert
>
> $$\lim_{\substack{n \to \infty \\ \Delta x_i \to 0}} \sum_{i=1}^{n} f(\xi_i)\Delta x_i = \int_a^b f(x)dx$$
>
> heißt **bestimmtes Integral** der Funktion f(x) über (a,b). a und b heißen untere bzw. obere **Integrationsgrenze,** x heißt **Integrationsvariable** und f(x) **Integrand.**

Das bestimmte Integral ist also der Grenzwert einer Summe.

Man beachte, daß die Integrationsvariable beliebig gewählt werden kann: $\int_a^b f(x)dx = \int_a^b f(t)dt = \int_a^b f(\xi)d\xi$ = usw.

Die Berechnung eines bestimmten Integrals als Grenzwert einer Summe führt zu einem erheblichen Rechenaufwand, wie das folgende Beispiel zeigt. Im nächsten Abschnitt wird daher ein Weg zur Bestimmung eines bestimmten Integrals beschrieben, bei dem sich die Grenzwertbildung erübrigt.

B 15.4.3 Es sei die Fläche zwischen der Funktion $y = x^2$ und der x-Achse in den Grenzen x = a und x = b mit a > 0, b > 0, a < b zu berechnen. Das Intervall $a \leq x \leq b$ wird dazu in n gleiche Teile geteilt. Die Teilintervalle haben alle die gleiche Breite $\Delta x_i = x_i - x_{i-1} = \frac{b-a}{n}$ für i=1,...,n. Für ξ_i wird die obere Grenze des i-ten Teilintervalls gewählt, also

$$\xi_1 = a + \frac{b-a}{n}, \quad \xi_2 = a + 2\frac{b-a}{n}, \dots, \quad \xi_i = a + i\frac{b-a}{n}, \dots .$$

Dann ist

$$f(\xi_i) = (a + i\frac{b-a}{n})^2 .$$

Man erhält dann

$$\sum_{i=1}^{n} f(\xi_i)\Delta x_i = \sum_{i=1}^{n}(a+i\frac{b-a}{n})^2\frac{b-a}{n} = \sum_{i=1}^{n}(a^2+2ia\frac{b-a}{n}+i^2\frac{(b-a)^2}{n^2})\frac{b-a}{n}$$

$$= \frac{a^2(b-a)}{n}\sum_{i=1}^{n}1+2a\frac{(b-a)^2}{n^2}\sum_{i=1}^{n}i+\frac{(b-a)^3}{n^3}\sum_{i=1}^{n}i^2.$$

Nun ist $\sum_{i=1}^{n} 1 = n;\quad \sum_{i=1}^{n} i = \frac{n(n+1)}{2} = \frac{n^2}{2}+\frac{n}{2}$ und

$$\sum_{i=1}^{n} i^2 = \frac{n(n+1)(2n+1)}{6} = \frac{n^3}{3}+\frac{n^2}{2}+\frac{n}{6}.$$

Setzt man diese Beziehung ein, so ergibt sich:

$$\sum_{i=1}^{n}(a+i\frac{b-a}{n})^2\frac{b-a}{n} = a^2(b-a)+a(b-a)^2+\frac{a(b-a)^2}{n}+\frac{(b-a)^3}{3}+\frac{(b-a)^3}{2n}+\frac{(b-a)^3}{6n^2}.$$

Bildet man den Grenzwert dieser Summe für $n\to\infty$, dann kann der Grenzwert jedes Summanden einzeln ermittelt werden. Es ist

$$\lim_{n\to\infty}\frac{a(b-a)^2}{n} = 0,\quad \lim_{n\to\infty}\frac{(b-a)^3}{2n} = 0,\quad \lim_{n\to\infty}\frac{(b-a)^3}{6n^2} = 0.$$

Die übrigen Summanden sind Konstanten. Es ergibt sich somit

$$\lim_{n\to\infty}\sum_{i=1}^{n}(a+i\frac{b-a}{n})^2\frac{b-a}{n} = a^2(b-a)+a(b-a)^2+\frac{(b-a)^3}{3} = \frac{b^3}{3}-\frac{a^3}{3}.$$

Daraus folgt $\int_a^b x^2dx = \frac{b^3}{3}-\frac{a^3}{3}$.

15.5 Zusammenhang zwischen bestimmtem und unbestimmtem Integral

Die Berechnung eines bestimmten Integrals als Grenzwert einer Summe ist, wie B 15.4.3 zeigt, sehr aufwendig. Die folgende Regel, die in dieser Einführung ohne Beweis bzw. Herleitung angegeben wird, ermöglicht eine einfache Ermittlung.

R 15.5.1

> Gegeben sei die Funktion f(x) und eine zugehörige Stammfunktion F(x). Dann gilt
>
> $$\int_a^b f(x)dx = F(b) - F(a).$$

Die Regel besagt: Der **Wert eines bestimmten Integrals** ist gleich der Differenz der Werte einer Stammfunktion des Integranden an der oberen und der unteren Grenze. Durch diese Regel wird die Berechnung eines bestimmten Integrals wesentlich vereinfacht.
Da (F(b)+c)-(F(a)+c) = F(b)-F(a), kann auf die Integrationskonstante verzichtet werden.

B 15.5.2 a) Im vorhergehenden Abschnitt wurde $\int_a^b x^2dx$ über den Grenzwert der Summe bestimmt. Nun ist $\int x^2dx = \frac{1}{3}x^3$.
Aus R 15.5.1 folgt dann

$$\int_a^b x^2dx = \frac{1}{3}b^3 - \frac{1}{3}a^3 = \frac{b^3}{3} - \frac{a^3}{3}.$$

b) $$\int_0^2 (x^3+x^2+x)dx = \frac{1}{4}\cdot 2^4 + \frac{1}{3}\cdot 2^3 + \frac{1}{2}\cdot 2^2 - \frac{1}{4}\cdot 0^4 - \frac{1}{3}\cdot 0^3 - \frac{1}{2}\cdot 0^2$$

$$= \frac{16}{4} + \frac{8}{3} + \frac{4}{2} = 8\frac{2}{3}.$$

Es ist üblich, bei der Berechnung eines bestimmten Integrals folgende Bezeichnungsweise zu verwenden:

$$\int_a^b f(x)dx = \Big[F(x)\Big]_a^b = F(b) - F(a).$$

Man bestimmt also im ersten Schritt eine Stammfunktion, notiert die Integrationsgrenzen und setzt die Grenzen erst im zweiten Schritt ein.

B 15.5.3 $$\int_1^2 (15x^4-8x^3)dx = \Big[3x^5-2x^4\Big]_1^2 = 3\cdot 32-2\cdot 16-3\cdot 1+2\cdot 1$$

$$= 96-32-3+2 = 63.$$

Manchmal schreibt man auch:

$$\int_a^b f(x)dx = F(x)\Big|_a^b .$$

Ist $f(x) < 0$ für $a < x < b$, so ist auch $\int_a^b f(x)dx < 0$. Zur Flächenbestimmung mittels bestimmter Integrale ist deshalb entweder $|f(x)|$ zu verwenden oder es sind die Bereiche mit $f(x) < 0$ und $f(x) > 0$ getrennt zu behandeln.

In manchen Fällen stellt sich die Aufgabe, ein bestimmtes Integral zu ermitteln, bei dem die obere Grenze eine Variable ist. Es ist also $\int_a^x f(t)dt$ zu bestimmen, mit variabler oberer Grenze. Dabei wurde die Integrationsvariable zur Unterscheidung von der variablen oberen Grenze mit einem anderen Symbol (t) bezeichnet. Der Wert dieses bestimmten Integrals hängt von der variablen oberen Grenze ab, d.h. er ist eine Funktion der Grenze x.

R 15.5.4

> Das **bestimmte Integral mit variabler oberer Grenze** einer stetigen Funktion ist eine Stammfunktion der gegebenen Funktion.
>
> $$\int_a^x f(t)dt = F(x) - F(a).$$

B 15.5.5 $f(x) = 3x^2-2.$

$$\int_2^x f(t)dt = \int_2^x (3t^2-2)dt = t^3-2t\Big|_2^x = x^3-2x-2^3+2\cdot 2 = x^3-2x-4.$$

Für das Integral mit variabler oberer Grenze gilt die folgende wichtige Beziehung:

R 15.5.6

> **Hauptsatz der Differential- und Integralrechnung**
>
> Die **erste Ableitung eines bestimmten Integrals mit variabler oberer Grenze** und stetigem Integranden ist gleich dem Wert des Integranden an der oberen Grenze:
>
> $$\frac{d}{dx}\int_a^x f(t)dt = \frac{d(F(x)+C)}{dx} = f(x).$$

B 15.5.7 $\frac{d}{dx}\int_1^x (15t^4-8t^3)dt = 15x^4-8x^3.$

Aufgaben

Ü 15.5.1 Bestimme a) $\int_0^4 \frac{1}{8}x^3dx$; b) $\int_{-2}^2 x^2dx$; c) $\int_{-1}^1 xdx$.
**

Ü 15.5.2 Bestimme a) $\int_0^x 3t^2dt$; b) $\int_0^x e^tdt$.
**

15.6 Eigenschaften und Rechenregeln bestimmter Integrale

In diesem Abschnitt sind Eigenschaften und Regeln für bestimmte Integrale angegeben, die teilweise denen für unbestimmte Integrale entsprechen.

Der Wert eines bestimmten Integrals mit gleicher oberer und unterer Grenze ist gleich Null:

R 15.6.1

$$\int_a^a f(x)dx = 0$$

Die folgenden Eigenschaften bestimmter Integrale werden ohne nähere Begründung oder Beweis angeführt.

R 15.6.2

$$\int_a^b f(x)dx = -\int_b^a f(x)dx$$

B 15.6.3

$$\int_1^3 3x^2dx = x^3 \Big|_1^3 = 27-1 = 26$$

$$\int_3^1 3x^2dx = x^3 \Big|_3^1 = 1-27 = -26$$

R 15.6.4

Ist eine Folge reeller Zahlen $a_1, a_2, \ldots, a_n$ in beliebiger Anordnung gegeben, so gilt:

$$\int_{a_1}^{a_n} f(x)dx = \int_{a_1}^{a_2} f(x)dx + \int_{a_2}^{a_3} f(x)dx + \ldots + \int_{a_{n-1}}^{a_n} f(x)dx = \sum_{i=2}^{n} \int_{a_{i-1}}^{a_i} f(x)dx$$

B 15.6.5

$$\int_2^8 \frac{1}{2}xdx = \frac{1}{4}x^2 \Big|_2^8 = 16-1 = 15$$

$$\int_2^5 \frac{1}{2}xdx + \int_5^3 \frac{1}{2}xdx + \int_3^6 \frac{1}{2}xdx + \int_6^8 \frac{1}{2}xdx = \frac{1}{4}x^2 \Big|_2^5 + \frac{1}{4}x^2 \Big|_5^3 + \frac{1}{4}x^2 \Big|_3^6 + \frac{1}{4}x^2 \Big|_6^8 =$$

$$\frac{25}{4} - \frac{4}{4} + \frac{9}{4} - \frac{25}{4} + \frac{36}{4} - \frac{9}{4} + \frac{64}{4} - \frac{36}{4} = 16 - 1 = 15.$$

Eine Konstante kann vor das Integralzeichen geschrieben werden:

R 15.6.6

$$\int_a^b cf(x)dx = c\int_a^b f(x)dx$$

R 15.6.7

$$\int_a^b \sum_{i=1}^n a_i f_i(x)\; dx = \sum_{i=1}^n a_i \int_a^b f_i(x)dx$$

Für die **partielle Integration** ergibt sich:

R 15.6.8

$$\int_a^b f(x)g'(x)dx = f(b)g(b) - f(a)g(a) - \int_a^b f'(x)g(x)dx$$

R 15.6.9 Bei **Substitution der Veränderlichen** in einem bestimmten Integral erhält man

$$\int_a^b f(z)dz = \int_\alpha^\beta f(g(x))g'(x)dx$$

wobei $z = g(x)$, $g(\alpha) = a$ und $g(\beta) = b$ gilt, bzw. $\alpha = g^{-1}(a)$ und $\beta = g^{-1}(b)$ sowie $x = g^{-1}(z)$ die Umkehrfunktion zu $z = g(x)$ ist.

B 15.6.10 Es ist $\int_0^2 \sqrt{2x+10}\,dx$ zu bestimmen. Man setzt $z = 2x+10$ und $dz = 2dx$ bzw. $dx = \frac{1}{2}dz$. Zur Bestimmung der Integrationsgrenzen ergibt sich für $x = 2$: $z = 2\cdot 2+10 = 14$ und für $x = 0$ folgt $z = 10$. Man erhält also

$$\int_0^2 \sqrt{2x+10}\,dx = \int_{10}^{14} z^{\frac{1}{2}}\,\frac{1}{2}dz = \frac{1}{2}\left[\frac{2}{3}z^{\frac{3}{2}}\right]_{10}^{14} = \frac{1}{3}(14^{\frac{3}{2}}-10^{\frac{3}{2}}) =$$

$$= \frac{1}{3}(52{,}3832-31{,}6228) = 6{,}9201$$

Aufgaben

Ü 15.6.1 Bestimme a) $\int_2^5 (2+3x)dx$; b) $\int_1^3 2x^2dx$; c) $\int_1^e \frac{3}{x}dx$.

*
*

Ü 15.6.2 Bestimme a) $\int_0^x (2t+1)dt$; b) $\int_0^x t^2 dt$.
**

15.7 Integrale mit Parametern

Oft hat man es in den Wirtschaftswissenschaften mit Integranden zu tun, die außer von der Integrationsvariablen x zusätzlich noch von einem Parameter t abhängen. Dieser Parameter kann zum Beispiel die Zeit sein. (In der Physik bedeutet ganz allgemein die Ableitung nach der Zeit die Berechnung der Geschwindigkeit.) Will man ein solches Integral, das dann die Form

$$F(t) = \int_a^b f(x,t)dx$$

hat, nach t differenzieren, so gilt unter gewissen, im allgemeinen erfüllten Voraussetzungen:

R 15.7.1

$$\frac{dF(t)}{dt} = \frac{d}{dt}\int_a^b f(x,t)dx = \int_a^b \frac{\partial f(x,t)}{\partial t}dx.$$

Das heißt, daß die Operation "$\frac{d}{dt}$", also die Differentiation nach dem Parameter t der Funktion f, mit der Operation "$\int dx$", der Integration über x, vertauschbar ist.

B 15.7.2 Es soll untersucht werden, für welche Werte des Parameters t das von der Funktion $y = (x-t)^2$, der x-Achse und den Senkrechten bei x = 0 und x = 3 eingeschlossene Flächenstück seinen kleinsten Inhalt hat. Das Flächenstück ergibt sich bekanntlich aus dem Integral

$$F(t) = \int_0^3 (x-t)^2 dx.$$

Die Bestimmung des minimalen Flächenstücks in Abhängigkeit von t ist daher gleichbedeutend mit der Suche nach einem Minimum der Funktion F(t). Notwendig hierfür ist bekanntlich

$$\frac{dF(t)}{dt} = 0.$$

Nach der oben angegebenen Regel erhält man als notwendige Bedingung:

$$\frac{dF(t)}{dt} = \int_0^3 \frac{\partial\left[(x-t)^2\right]}{\partial t}\,dx$$

$$= \int_0^3 \left[-2(x-t)\right] dx = \int_0^3 (-2x+2t)dx = -x^2+2x\,t\,\Big|_0^3 = -9+6t \stackrel{!}{=} 0$$

$$\Longleftrightarrow t = \frac{3}{2}.$$

Nun ist es in vielen Fällen so, daß die Abhängigkeit des Integrals vom Parameter t sich nicht nur auf den Integranden beschränkt, sondern auch die Integrationsgrenzen betrifft. Ein derartiges Integral hat die Form

$$F(t) = \int_{\alpha(t)}^{ß(t)} f(x,t)dx.$$

Stellt man nun die Aufgabe, ein solches Integral nach t zu differenzieren, so kann man folgendermaßen vorgehen:

Da das obige Integral sowohl vom Wert des Parameters t als auch vom Wert der oberen und unteren Grenze abhängt, wird das Integral als Funktion dreier Veränderlicher aufgefaßt. F(t) entspricht dann der Funktion $F(t,\alpha(t), ß(t))$ oder mit $r = ß(t)$, $s = \alpha(t)$ der Funktion

$$F(t,r,s) = \int_s^r f(x,t)dx.$$

Für die Ableitung $\frac{dF(t,r,s)}{dt}$ wird die Regel für das totale Differential verwendet, die hier für den Fall einer Funktion mit drei Veränderlichen noch einmal aufgeführt ist.

$$dz = \frac{\partial z}{\partial x_1}dx_1 + \frac{\partial z}{\partial x_2}dx_2 + \frac{\partial z}{\partial x_3}dx_3.$$

Auf die Funktion F(t,r,s) übertragen ergibt sich

$$dF = \frac{\partial F}{\partial t}dt + \frac{\partial F}{\partial r}dr + \frac{\partial F}{\partial s}ds\,.$$

Dividiert man beide Seiten formal durch dt, so erhält man

$$\frac{dF}{dt} = \frac{\partial F}{\partial t}\frac{dt}{dt} + \frac{\partial F}{\partial r}\frac{dr}{dt} + \frac{\partial F}{\partial s}\frac{ds}{dt}\,.$$

Es gilt:

$$\frac{dt}{dt} = 1, \quad \frac{dr}{dt} = \frac{dß(t)}{dt}, \quad \frac{ds}{dt} = \frac{d\alpha(t)}{dt}\,.$$

Weiterhin ist $\frac{\partial F}{\partial t}$ die partielle Ableitung des Integrals nach t, die "unter das Integral" gezogen werden darf.

$\frac{\partial F}{\partial r}$ ist die Ableitung des Integrals nach der oberen Grenze und damit gleich dem Integranden für $x = r = ß(t)$ (R 15.5.6).

$\frac{\partial F}{\partial s}$ kann geschrieben werden als

$$\frac{\partial F}{\partial s} = \frac{\partial}{\partial s}\left(\int_s^r f(x,t)dx\right) = -\frac{\partial}{\partial s}\int_r^s f(x,t)dx$$

und ergibt den negativen Integranden für $x = s = \alpha(t)$ (R 15.6.2 und R 15.6.9).

Es ergibt sich schließlich:

R 15.7.3

$$\frac{d}{dt}\int_{\alpha(t)}^{ß(t)} f(x,t)dx = \int_{\alpha(t)}^{ß(t)} \frac{\partial f(x,t)}{\partial t}dx + \frac{dß(t)}{dt}f(ß(t),t) - \frac{d\alpha(t)}{dt}f(\alpha(t),t)$$

Speziell gilt

$$F(t) = \int_c^{ß(t)} f(x)dx \Longrightarrow \frac{dF(t)}{dt} = \frac{dß(t)}{dt}f(ß(t))$$

und

$$F(t) = \int_{\alpha(t)}^{c} f(x)dx \Longrightarrow \frac{dF(t)}{dt} = \frac{d\alpha(t)}{dt}f(\alpha(t)).$$

B 15.7.4 a) $F(t) = \int_0^t (t-x)f(x)dx$

Es ist $\alpha(t) = 0$ und $ß(t) = t$. Somit gilt

$$\frac{dF(t)}{dt} = \int_0^t f(x)dx + 1\cdot(t-t)f(t) - 0\cdot f(t-0)f(0) = \int_0^t f(x)dx$$

b) $F(t) = \int_{2t}^{t^2} tx^2dx$

Es ist $\alpha(t) = 2t$ und $ß(t) = t^2$. Also

$$\frac{dF(t)}{dt} = \int_{2t}^{t^2} x^2dx + 2t\cdot t(t^2)^2 - 2t(2t)^2 = \left[\frac{1}{3}x^3\right]_{2t}^{t^2} + 2t^6 - 8t^3$$

$$= \frac{1}{3}t^6 - \frac{8}{3}t^3 + 2t^6 - 8t^3 = \frac{7}{3}t^6 - \frac{32}{3}t^3.$$

Aufgaben

Ü 15.7.1 Gegeben sei $F(x,t) = a\int_0^t (t - \frac{x}{2})f(x)dx + a\int_t^\infty \frac{t^2}{2x} f(x)dx + b\int_t^\infty (x-t)f(x)dx.$

**** Bestimme für die Funktion F(x,t) die Ableitung erster Ordnung nach t.

15.8 Ökonomische Anwendungen der Integralrechnung

Die wirtschaftstheoretische Bedeutung der Integralrechnung liegt unter anderem in der Bestimmung einer Stammfunktion zu einer gegebenen "Grenzfunktion". Während man durch Differentiation aus einer Gesamtfunktion die zugehörige Grenzfunktion bestimmt, kann mit Hilfe der Integralrechnung aus einer gegebenen Grenzfunktion die zugehörige Gesamtfunktion bestimmt werden.

Die ökonomische Bedeutung der Integration liegt also in der Umkehrung der Differentiation und es erübrigt sich deshalb an dieser Stelle eine ausführliche Diskussion der Zusammenhänge. Es sei hier nur erwähnt, daß die Bestimmung einer Gesamtfunktion aus einer Grenzfunktion in der Wirtschaftstheorie im allgemeinen nicht als unbestimmte Integration, sondern als Berechnung eines bestimmten Integrals mit variabler oberer Grenze aufzufassen ist. Im folgenden sind einige Beispiele gegeben.

Bestimmung einer Gesamtkostenfunktion aus der Grenzkostenfunktion

Gegeben sei die Grenzkostenfunktion K'(x) und es sei nach der zugehörigen Gesamtkostenfunktion gefragt. Da die Grenzkostenfunktion die erste Ableitung der Gesamtkostenfunktion ist, ist die Gesamtkostenfunktion eine Stammfunktion der Grenzkostenfunktion.
Man hat also

$$K(x) = \int K'(x)dx = K_v(x) + C.$$

$K_v(x)$ ist der von der produzierten Menge abhängige Teil der Kosten, also die variablen Kosten. Die Integrationskonstante C hat hier eine spezielle Bedeutung. Es ist der Teil der Gesamtkosten, der unabhängig von der produzierten Menge ist, d.h. C sind die fixen Kosten. Es ist also $C = K(0) = K_f$.

Man kann die variablen Gesamtkosten auch als bestimmtes Integral mit variabler oberer Grenze auffassen:

$$K(x) = \int_0^x K'(t)dt + K(0) = K_v(x) + K_f(x).$$

Aus den Ausführungen ergibt sich, daß die Bestimmung einer Gesamtkostenfunktion durch Integration der Grenzkostenfunktion allein nicht möglich ist. Man benötigt außer der Grenzkostenfunktion noch eine Angabe über die Höhe der fixen Kosten.

Bestimmung einer Gesamterlösfunktion aus der Grenzerlösfunktion

Ist E'(x) die Grenzerlösfunktion, so erhält man die Gesamterlösfunktion E(x) wegen E(0) = 0 zu

$$\int_0^x E'(t)dt = \Big[E(t)\Big]_0^x = E(x) - E(0) = E(x).$$

Ein Zusammenhang zwischen Durchschnitts- und Grenzgrößen

Gegeben sei die Preisabsatzfunktion einer Unternehmung p = p(x). Durch das Produkt aus Preis und Menge (E = px) erhält man den Erlös der Unternehmung, der in Abhängigkeit von der Menge durch die Funktion E = E(x) beschrieben wird. Aus der Erlösfunktion kann man

(1) mittels Division durch x den Durchschnittserlös bestimmen (es ergibt sich dafür dann gerade die Preisabsatzfunktion) und
(2) durch Bildung der ersten Ableitung die Grenzerlösfunktion bestimmen.

Es sei nun für eine Unternehmung Durchschnitts- und Grenzerlösfunktion gegeben (vgl. F 15.8.1).

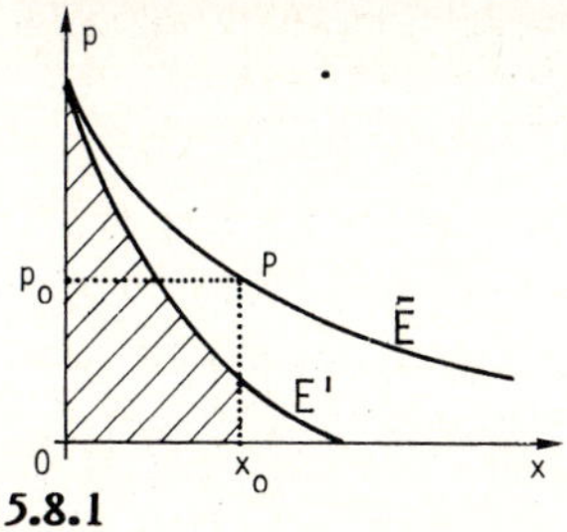

F 15.8.1

Aus der Grenzerlösfunktion kann die Gesamterlösfunktion durch das Integral

$$\int_0^x E'(t)dt = E(x)$$

bestimmt werden. Der Gesamterlös bei Absatz der Menge x_0 (F 15.8.1) entspricht dann gerade der schraffierten Fläche unterhalb der Grenzerlöskurve.

Für den Durchschnittserlös gilt:

$$\bar{E} = \frac{E}{x} = \frac{px}{x} = p = p(x).$$

Den Gesamterlös erhält man aus dem Durchschnittserlös durch Multiplikation mit x:

$$E = \bar{E}x.$$

Bei Absatz der Menge x_0 beträgt der Durchschnittserlös:

$$\bar{E} = p(x_0) = p_0.$$

Der Gesamterlös ist dann $p_0 x_0 = E_0$. In F 15.8.1 entspricht also der Gesamterlös dann gerade der Fläche des Rechtecks mit den Eckpunkten 0, x_0, P, p_0. Um also den Gesamterlös bei der Menge x_0 zu bestimmen, muß man entweder die Fläche unterhalb der Grenzerlöskurve zwischen 0 und x_0 oder die Fläche des Rechtecks 0, x_0, P, p_0 bestimmen.

Aufgaben

Ü **15.8.1** Gegeben sei die Grenzkostenfunktion: $K'(x) = 3x^2-5x+10$.
a) Bestimme die Funktion der (gesamten) variablen Kosten und
b) die Gesamtkostenfunktion.

Ü **15.8.2** Gegeben sei die Grenzertragsfunktion: $x'(r) = 20r-r^2$.
Bestimme die zugehörige (Gesamt-) Ertragsfunktion.

Ü **15.8.3** Die Fläche unterhalb der Grenzerlöskurve zwischen $x = 0$ und $x = x_0$ gibt bekanntlich den Gesamterlös an der Stelle $x = x_0$ an. Die Fläche unterhalb der Grenzkostenkurve im gleichen Intervall gibt aber nicht die Gesamtkosten bei $x = x_0$ an. Gib dafür eine Erklärung.

Ü **15.8.4** Eine Unternehmung produziert 3000 Stück eines Gutes am Tag. Die Grenzproduktivität für zusätzliche eingesetzte Arbeitskräfte beträgt $x' = 75-\sqrt{r}$.
Wieviel Stück können zusätzlich produziert werden, wenn 10 zusätzliche Arbeitskräfte eingesetzt werden?

Ü **15.8.5** Gegeben seien:

(1)	Eine Grenzkostenfunktion	$K' = 3x^2-8x+8$.
(2)	Fixe Kosten	$K_f = 4$.
(3)	Eine Grenzerlösfunktion	$U' = 12-4x$.

Bestimme:
a) Die Gesamtkostenfunktion
b) die Durchschnittskostenfunktion
c) die Gesamterlösfunktion
d) die Durchschnittserlösfunktion
e) die Gewinnfunktion
f) die gewinnmaximale Menge.

15.9 Mehrfache Integrale

Genauso, wie Funktionen mehrerer Veränderlicher partiell nach jeder Veränderlichen differenziert werden, indem alle übrigen Variablen als konstant angenommen werden, so kann auch eine Funktion $f(x_1,x_2,...,x_n)$ über die Variable x_k integriert werden unter Konstanthaltung der x_j $(j = 1,2,...,n;\ j \neq k)$. Dies kann **nacheinander** für jede der n Variablen durchgeführt werden, also n-mal. Ein **n-faches Integral** erhält formal n Integralsymbole "$\int$" und n Differentiale "$dx_1,dx_2,...,dx_n$" und sieht daher wie folgt aus:

$$\int\int ... \int f(x_1,x_2,...,x_n)dx_1 dx_2 dx_3 ... dx_n.$$

Zum Differential dx_1 gehört das innerste Integralsymbol, zum Differential dx_n das äußerste. Dies ist von großer Bedeutung, wenn ein bestimmtes Integral zu berechnen ist, dessen Grenzen somit eindeutig den Veränderlichen zugeordnet sind. Beim mehrfachen bestimmten Integral wird dann von "innen nach außen" vorgegangen.

Man schreibt daher beispielsweise statt in ausführlicher Form

$$\int_{z=-2}^{z=2}\left[\int_{y=0}^{y=1}\left[\int_{x=1}^{x=3}(x+y-z)dx\right]dy\right]dz$$

einfach kurz

$$\int_{-2}^{2}\int_{0}^{1}\int_{1}^{3}(x+y-z)dxdydz.$$

Die Integrationsreihenfolge spielt meist keine Rolle.

Zu beachten ist, daß bei unbestimmten mehrfachen Integralen die "Integrationskonstanten" von jeweils der anderen Variablen abhängen können.

B 15.9.1 $\iint xydxdy$ ist gesucht. Es wird zunächst über x integriert und es ist $\int xdx = \frac{1}{2}x^2+c$. c kann hier eine beliebige, nur von y abhängige Funktion sein: c(y). Es ist dann

$\iint xydxdy = \int(\frac{1}{2}x^2y+c(y))dy = \frac{1}{4}x^2y^2+C(y)+D(x)$ wobei C(y) eine Stammfunktion zu c(y) ist und D(x) nur von x abhängt. Von der Richtigkeit des Ergebnisses überzeugt man sich leicht durch Differentiation des Ergebnisses nach x **und** y (zweimal partiell).

Bei bestimmten Mehrfachintegralen taucht das in B 15.9.1 gezeigte Problem mit den "Integrationskonstanten" nicht auf.

Die Grundaufgabe bei der Ermittlung eines bestimmten Integrals bestand in der Berechnung der Fläche unter einer Kurve. Stellt man eine Funktion mit zwei unabhängigen Variablen dar, so erhält man eine Fläche im Raum. Soll das Volumen unterhalb einer solchen Fläche über einem bestimmten Bereich ermittelt werden, dann führt das zu einem bestimmten Doppelintegral.

Bei der Integration geht man, ähnlich wie bei der partiellen Differentiation, so vor, daß man zunächst über x integriert und dabei y als Konstante betrachtet. Im zweiten Schritt wird dann über y integriert und x als Konstante aufgefaßt. Die Regeln für die Integration von Funktionen mit einer unabhängigen Veränderlichen gelten entsprechend.

B 15.9.2 a) Gegeben sei die Funktion $f(x,y) = xy$. Es soll das Volumen zwischen der Fläche und der (x,y)-Ebene im Bereich $0 \leq x \leq 2$ und $0 \leq y \leq 2$ bestimmt werden.

$$V = \int_0^2 \int_0^2 xydxdy = \int_0^2 \left[\frac{1}{2}x^2y\right]_0^2 dy = \int_0^2 2ydy = \left[y^2\right]_0^2 = 4.$$

b) $$\int_1^2 \int_1^2 (x^2+y^2)dxdy = \int_1^2 \left[\frac{1}{3}x^3+xy^2\right]_1^2 dy = \int_1^2 \left[(\frac{8}{3}+2y^2)-(\frac{1}{3}+y^2)\right] dy$$

$$= \int_1^2 (\frac{7}{3}+y^2)dy = \left[\frac{7}{3}y+\frac{1}{3}y^3\right]_1^2 = (\frac{14}{3}+\frac{8}{3})-(\frac{7}{3}+\frac{1}{3}) = \frac{14}{3}$$

Zu Einzelheiten sei auf die weiterführende Literatur verwiesen.

Aufgaben

Ü 15.9.1 Berechne die folgenden bestimmten Integrale:

a) $\int_1^2 \int_1^2 xydxdy$; b) $\int_2^5 \int_1^3 4dxdy$.

16. Differentialgleichungen und Differenzengleichungen

16.1 Einführung und grundlegende Begriffe

Bei wirtschaftstheoretischen Fragestellungen tauchen häufig Gleichungen auf, die mit den bisher behandelten Mitteln nicht lösbar sind, weil in ihnen nicht nur eine oder mehrere Variablen auftreten, sondern auch Funktionen dieser Variablen. Derartige Gleichungen heißen **Funktionalgleichungen.** Treten in Funktionalgleichungen neben Funktionen auch deren Ableitungen auf, so spricht man von **Differentialgleichungen** (häufig mit DGl abgekürzt). Dazu werden zunächst einige einfache Beispiele behandelt.

B **16.1.1** a) Es wird das Wachstum einer Größe y durch die **Wachstumsfunktion** $y = y(t)$ beschrieben. Die erste Ableitung $y'(t)$ der Wachstumsfunktion ist die **Wachstumsrate** (vgl. Abschnitt 10.9). In manchen Fällen entspricht die Wachstumsrate einem konstanten Anteil der Wachstumsgröße, z.B. p%. Dann gilt

$$y'(t) = \frac{p}{100} y(t).$$

In dieser Gleichung wird eine Beziehung zwischen der von der Zeit abhängigen Funktion $y = y(t)$ und ihrer ersten Ableitung $y'(t)$ aufgestellt. Es kann nun versucht werden, aus dieser Gleichung die Wachstumsfunktion zu bestimmen.

b) Gegeben sei eine **Nachfragefunktion** $x = x(p)$, zu der nur die **Elastizitätsfunktion**

$$\frac{dx}{dp}\,\frac{p}{x} = 1-2p$$

bekannt ist. Schreibt man $x'(p)$ für die erste Ableitung, so ergibt sich:

$$x'(p)\frac{p}{x(p)} = 1-2p.$$

Die Gleichung enthält $x(p)$, die erste Ableitung $x'(p)$ und die unabhängige Variable p.

Es kann sich nun die Aufgabe stellen, aus der Gleichung die Nachfragefunktion $x = x(p)$ zu bestimmen.

c) In der Wirtschaftstheorie bedeuten I die Investitionen und K das Kapital.

In der Konjunktur- und Wachstumstheorie betrachtet man die Entwicklung dieser Größen in der Zeit. K und I sind dann Funktionen der Zeit t. Wie allgemein üblich, sollen die Ableitungen dieser Funktionen nach der Zeit durch das Symbol "˙" gekennzeichnet werden, also z.B.

$$\frac{dI}{dt} = \dot{I} \quad \text{und} \quad \frac{d^2K}{dt^2} = \ddot{K}.$$

Die Theorie liefert für I(t) die beiden Gleichungen:

$$I(t) - c\dot{I}(t) = 0 \quad (c = \text{const.}) \tag{1}$$

$$I(t) = \dot{K}(t). \tag{2}$$

Differentiation von (2) liefert:

$$\dot{I}(t) = \ddot{K}(t) \tag{3}$$

Setzt man nun (2) und (3) in (1) ein, so ergibt sich schließlich

$$\dot{K}(t) - c\ddot{K}(t) \equiv 0. \tag{4}$$

In (4) werden die erste und die zweite Ableitung der Funktion K(t) durch eine Gleichung zueinander in Beziehung gesetzt.

Es werden jetzt die wichtigsten Begriffe im Zusammenhang mit Differentialgleichungen behandelt.

D 16.1.2

Gegeben sei eine Funktion $y = f(x)$ und ihre erste bis n-te Ableitung: $y',\dots,y^{(n)}$.
Eine Beziehung der Form $F(x,y,y',y'',\dots,y^{(n)}) \equiv 0$ heißt eine **gewöhnliche, implizite Differentialgleichung n-ter Ordnung.** Wird die Beziehung nach der höchsten vorkommenden Ableitung $y^{(n)}$ aufgelöst, so heißt

$$y^{(n)} = f(x,y,y',y'',\dots,y^{(n-1)})$$

eine gewöhnliche, **explizite Differentialgleichung** n-ter Ordnung.

B 16.1.3 a) Die Differentialgleichung aus B 16.1.1a) $y'(t) = \frac{p}{100}y(t)$ ist eine explizite Differentialgleichung.
b) Die Differentialgleichung aus B 16.1.1c) $\dot{K}(t)-c\ddot{K}(t)\equiv 0$ ist eine implizite Differentialgleichung.

Das Attribut **"gewöhnlich"** bedeutet, daß y eine Funktion nur einer einzigen unabhängigen Variablen ist.

Hat man es mit Funktionen mehrerer Veränderlichen und den entsprechenden partiellen Ableitungen zu tun, so liegt eine sogenannte partielle Differentialgleichung vor. Auf partielle Differentialgleichungen wird hier nicht eingegangen.

Die **Ordnung** einer Differentialgleichung wird durch die Ordnung der höchsten vorkommenden Ableitung angegeben.

B 16.1.4 Die Differentialgleichungen aus B 16.1.1a) und b) sind Differentialgleichungen erster Ordnung. In B 16.1.1c) ist eine Differentialgleichung zweiter Ordnung gegeben.

Der **Grad** einer Differentialgleichung wird durch den Exponenten der höchsten vorkommenden Ableitung bestimmt.

B 16.1.5 a) $y'' = e^x y' + y^3$ ist eine gewöhnliche explizite Differentialgleichung zweiter Ordnung und **1. Grades.**

b) $(y''')^4 - e^x (y')^2 \equiv 0$ ist eine gewöhnliche implizite Differentialgleichung dritter Ordnung und **4. Grades.**

D 16.1.6

> Eine Differentialgleichung, in der Form
> $y^{(n)} + f_{n-1}(x) y^{(n-1)} + \dots f_1(x) y' = g(x)$
> heißt **gewöhnliche lineare Differentialgleichung** n-ter Ordnung. Ist $g(x) \equiv 0$, so heißt sie homogen, andernfalls inhomogen.

B 16.1.7 $y''' - e^x y' = 0$ ist eine homogene gewöhnliche lineare Differentialgleichung 3. Ordnung.

D 16.1.8

> Eine Funktion $y = f(x)$, die mit ihren Ableitungen $y', y'', \dots, y^{(n)}$ die Differentialgleichung $F(x, y, y', \dots, y^{(n)}) \equiv 0$ identisch erfüllt, heißt eine **Lösung** der Differentialgleichung.

B 16.1.9 Die Differentialgleichung $y' - \frac{y}{x} \equiv 0$ wird durch die Funktion $y = cx$, $c = \text{const.}$ gelöst, denn setzt man $y = cx$ und $y' = c$ in die Differentialgleichung ein, so erhält man $c - \frac{cx}{x} = c - c = 0$. Die Gleichung ist also erfüllt, und zwar für alle x.

Manchmal ist es nicht möglich, die Lösung einer Differentialgleichung in der Form $y = y(x)$ anzugeben.
Man kann dann auch die implizite Darstellung $f(x,y) \equiv 0$ oder die Umkehrfunktion $x = x(y)$ benutzen.

Eine Differentialgleichung ist nicht immer für alle Werte von x und y ($x, y \in \mathbb{R}$) definiert, sondern in manchen Fällen nur für Intervalle $I, J \subset \mathbb{R}$ mit $x \in I$ und $y \in J$. Ebenso ist der Definitionsbereich der Lösung einer Differentialgleichung oft auf entsprechende Teilmengen der reellen Zahlen eingeschränkt.

B 16.1.10 Die Differentialgleichung $\frac{y'}{y} = \sqrt{x} - y$ ist nur definiert für $y \neq 0$ und für $x \geqq 0$.

Im folgenden soll zwar auf Probleme des Definitionsbereiches nicht in jedem Fall eingegangen werden. Es sei aber davor gewarnt, die Lösungen einer Differentialgleichung für jede Problemstellung als geeignet zu betrachten, ohne eingehende Betrachtungen über die zugrunde gelegten Intervalle I und J anzustellen.

Wie aus D 16.1.8 zu ersehen ist, hat der Begriff Lösung bei Differentialgleichungen eine etwas andere Bedeutung als bei anderen Gleichungen.

Bei einer Differentialgleichung werden nicht eine oder mehrere reelle Zahlen gesucht, die man anstelle einer Variablen in eine Gleichung einsetzt, so daß diese identisch erfüllt ist, sondern es handelt sich darum, Funktionen zu finden, die zusammen mit ihren Ableitungen die Differentialgleichung erfüllen. Die hierbei auftretenden Probleme werden demgemäß weitaus vielschichtiger sein als bei anderen Gleichungen.

Im nächsten Abschnitt wird für einen einfachen Typ von Differentialgleichungen gezeigt, wie die Lösung mittels Integration gefunden werden kann. Dabei werden dann weitere Begriffe, die im Zusammenhang mit der Lösung von Differentialgleichungen stehen, behandelt.

Aufgaben

Ü **16.1.1** Gib zu den folgenden Differentialgleichungen den Typ und eventu-
* elle Einschränkungen im Definitionsbereich an.

a) $(y'')^3-(y')^5 \equiv 0$; b) $y' = 2\sqrt{x}+\sqrt{y}$; c) $\frac{dy}{dt} + y = \frac{d^3y}{dt^3}$;

d) $\frac{\partial^2 y}{\partial x^2} - \frac{\partial^2 y}{\partial t^2} \equiv 0$; e) $\frac{y'}{y} - \frac{(y'')^2}{y^2} = \sqrt{x}$.

16.2 Lösung trennbarer Differentialgleichungen

In diesem Abschnitt wird die einfachste Form von Differentialgleichungen behandelt. Es handelt sich um einen Spezialfall der Differentialgleichung 1. Ordnung. Sie lautet in ihrer expliziten Form:

$$y' = f(x,y).$$

Kann die Funktion $f(x,y)$ als ein Produkt zweier Funktionen derart dargestellt werden, daß die eine nur von x und die andere nur von y abhängt, $f(x,y) = g(x)h(y)$, so kann man die Variablen so trennen, daß in der Differentialgleichung auf jeder Seite nur noch eine Variable vorkommt:

$$\frac{dy}{dx} = g(x)h(y) \Longrightarrow \frac{dy}{h(y)} = g(x)dx.$$

D 16.2.1

> Gegeben sei eine **Differentialgleichung erster Ordnung** $y' = f(x,y)$. Gilt $f(x,y) = g(x)h(y)$, wobei g nur x als unabhängige Variable und h nur y als unabhängige Variable enthält, so heißt die Differentialgleichung **trennbar**. Es gilt:
>
> $$\frac{dy}{dx} = g(x)h(y) \Longleftrightarrow \frac{dy}{h(y)} = g(x)dx.$$

B 16.2.2 a) Die Differentialgleichung $y' = \frac{y}{x}$ kann geschrieben werden als $y' = \frac{1}{x} \cdot y$ mit $g(x) = \frac{1}{x}$ und $h(y) = y$.

Es gilt dann $\frac{dy}{y} = \frac{dx}{x}$.

b) Die Differentialgleichung $y' = xy^2 + y^2$ ist trennbar, denn $xy^2 + y^2 = (x+1)y^2$, also $g(x) = x+1$ und $h(y) = y^2$.

Es gilt $\frac{dy}{y^2} = (x+1)dx$.

Es wird zunächst der **Sonderfall** für $h(y) \equiv 1$ betrachtet. Die trennbare Differentialgleichung lautet dann

$$y' = g(x).$$

Die Lösung dieser Differentialgleichung entspricht der Grundaufgabe der Integralrechnung (vgl. Abschnitt 15.1).

R 16.2.3

Die Lösung der Differentialgleichung $y' = g(x)$ ergibt sich als Stammfunktion $G(x)+C$ von $g(x)$: $y' = g(x) \Rightarrow y = \int g(x)dx = G(x)+C$.

B 16.2.4 a) $y' = x^2 \Rightarrow y = \frac{1}{3}x^3 + C$; b) $y' = \frac{1}{x} \Rightarrow y = \ln |x| + C$.

Das Auftreten **einer** Konstanten ist charakteristisch für die Lösung einer Differentialgleichung **erster** Ordnung.

Ein ähnlicher Sachverhalt war in der Integralrechnung zu finden. Dort trat bei jedem unbestimmten Integral eine Integrationskonstante auf.

Bei der Lösung einer Differentialgleichung n-ter Ordnung treten n frei wählbare Konstanten auf.

Die Lösung einer Differentialgleichung, bei der man einer oder mehreren Konstanten feste Werte zuweist, wird als **spezielle** oder **partikuläre Lösung** bezeichnet.

Bei den meisten Problemen der Anwendung geht es darum, spezielle Lösungen zu finden. Das geschieht durch die Angabe zusätzlicher Bedingungen, die die Bestimmung der Konstanten ermöglichen.

B 16.2.5 a) Zu B 16.2.4a) sei zusätzlich $y(1) = 2$ gegeben. Dann gilt $y(1) = \frac{1}{3}1^3 + C = 2$ oder $C = \frac{5}{3}$ und die spezielle Lösung der Differentialgleichung lautet $y = \frac{1}{3}x^3 + \frac{5}{3}$.

b) Zu B 16.2.4b) sei $y(1) = 5$ gegeben. Dann ist $y(1) = \ln 1 + C = 5$ oder, wegen $\ln 1 = 0$, $C = 5$ und als spezielle Lösung ergibt sich $y = \ln x + 5$.

Eine Bedingung, die ähnlich wie in Beispiel 16.2.5 den Funktionswert von $y(x)$ an einer bestimmten Stelle x_0 festlegt, also $y(x_0) = y_0$, heißt **Anfangsbedingung.**

Ein Problem, das aus einer Differentialgleichung n-ter Ordnung und den n Nebenbedingungen an **einer einzigen** Stelle x_0 besteht, also:
$y(x_0) = y_0, y'(x_0) = y_1, \ldots, y^{(n-1)}(x_0) = y_{n-1}$, heißt **Anfangswertproblem.**

Neben den Anfangswertproblemen gibt es auch sogenannte **Randwertprobleme.** Hierbei werden Nebenbedingungen an **genau zwei verschiedene** Stellen x_1 und x_2 gestellt.

Allgemein werden trennbare Differentialgleichungen dadurch gelöst, daß man sie auf die Form

$$\frac{dy}{h(y)} = g(x)dx$$

bringt (D 16.2.1) und dann beide Seiten integriert. Dabei wird links über y und rechts über x integriert.

R 16.2.6

> Die allgemeine Lösung einer Differentialgleichung der Form $\frac{dy}{dx} = g(x)h(y)$ erhält man nach einer "Trennung der Variablen" durch Integration:
> $\int \frac{dy}{h(y)} = \int g(x)dx.$

B 16.2.7 a) Für den Wachstumsprozeß aus B 16.1.1a) ergibt sich:

$\frac{dy}{dt} = \frac{p}{100}\, y \Rightarrow \frac{dy}{y} = \frac{p}{100}dt.$

$\int \frac{dy}{y} = \int \frac{p}{100}\, dt \Rightarrow \ln y = \frac{p}{100}\, t+C \Rightarrow y = e^{\frac{p}{100}t+C} = e^{\frac{p}{100}t} e^{C} = Ae^{\frac{p}{100}t}$

mit $A = e^C$ und $y > 0$.

b) Die explizite Form der Differentialgleichung aus B 16.1.1b) lautet: $x' = \frac{1-2p}{p}\, x$. Daraus ergibt sich $\frac{dx}{x} = \frac{1-2p}{p}dp$ bzw. $\int \frac{dx}{x} = \int \frac{1-2p}{p}\, dp$ oder $\ln x = \ln p - 2p + C$. Daraus folgt $x = e^{\ln p-2p+C} = e^{\ln p}e^{-2p}e^{C} = pe^{-2p}e^{C}$. Das ist die gesuchte Nachfragefunktion.

c) $\frac{dy}{dx} = \frac{x}{y} \Rightarrow y\,dy = x\,dx$

$\int y\,dy = \int x\,dx \Rightarrow \frac{1}{2}y^2 = \frac{1}{2}x^2+C, \quad y^2 = x^2+C_1$, wobei $C_1 = 2C$,

$y = \pm\sqrt{x^2+C_1}.$

In der Form $y = f(x)$ kann hier die Lösung nicht eindeutig angegeben werden.

Da die Lösungsverfahren bei Differentialgleichungen ebenfalls auf der Lösung von Integralen beruhen, ist es plausibel, daß auch hierbei Integrationskonstanten auftreten. Um die Analogie zwischen der Integralrechnung und dem Lösen von Differentialgleichungen zu betonen, wird oft anstelle von "Lösung einer Differentialgleichung" der Begriff "Integral einer Differentialgleichung" benutzt.

Um eine anschauliche Vorstellung von der Bedeutung der Integrationskonstanten zu erhalten, wird folgendes Beispiel betrachtet.

B 16.2.8 Die Lösung der Differentialgleichung $y' = 2x$ entspricht der Bestimmung einer Stammfunktion $F(x)$ zur Funktion $f(x) = 2x$.

Die Stammfunktion lautet bekanntlich $y = x^2 + C$ und ist somit die allgemeine Lösung der Differentialgleichung. Da die Stammfunktion aber noch eine Konstante C enthält, die vorerst frei wählbar ist, gibt es nicht nur eine einzige Lösung der Differentialgleichung, sondern unendlich viele Lösungen. Man schreibt daher oft statt $y = y(x)$ besser $y = y(x,C)$. Für verschiedene Werte von C ist die Lösung in F 16.2.9 graphisch dargestellt.

Die graphische Darstellung der Lösungen ergibt für jeden C-Wert eine Parabel. Der Wert C gibt die Ordinate des Scheitelpunktes an.

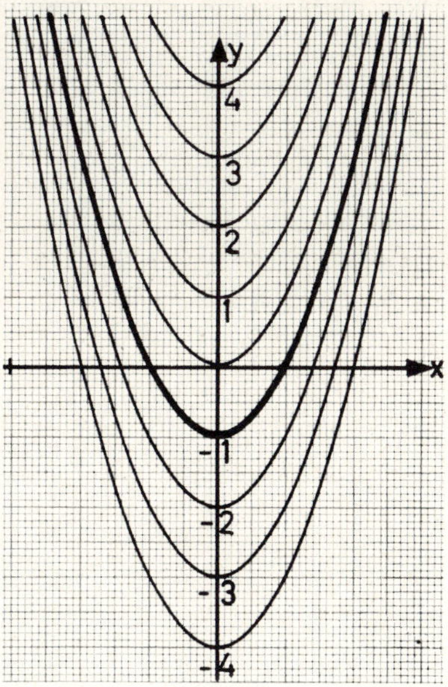

F 16.2.9

Die Menge aller "Lösungskurven" nennt man eine "Schar". Die Konstante C heißt "Scharparameter".

Oben wurde gesagt, daß für die eindeutige Festlegung der Lösung einer Differentialgleichung erster Ordnung eine sogenannte Anfangsbedingung $y(x_0) = y_0$ notwendig ist.

Diese Anfangsbedingung kann geometrisch interpretiert werden:
Aus der Lösungsschar $y = y(x,C)$ ist diejenige Kurve gesucht, die durch den Punkt (x_0,y_0) läuft. Eindeutige Lösbarkeit bedeutet dann, daß diese Bedingung von genau einer Kurve erfüllt wird.

B 16.2.10 Stellt man in B 16.2.8 die Anfangsbedingung $y(2) = 3$, so ergibt sich die in F 16.2.9 dick markierte Lösungskurve mit der Funktionsgleichung $y = x^2 - 1$.
Sie ist die **einzige** Kurve, die durch den Punkt (2,3) geht.

Es ist zu beachten, daß im Gegensatz zu additiven Konstanten in Stammfunktionen die Konstanten in den Lösungen von Differentialgleichungen oft nicht additiv sind. Der Grund hierfür ist, daß nur in wenigen Fällen das Lösen einer Differentialgleichung der Bestimmung einer Stammfunktion entspricht.

Zur Lösung einer trennbaren Differentialgleichung müssen beispielsweise zwei verschiedene Integrale bestimmt werden. Die mathematischen Operationen, die zur Auflösung der Lösungsfunktion nach y notwendig sind, führen dann meist dazu, daß aus der ursprünglich additiven Konstante z.B. eine multplikative oder exponentielle Konstante wird (vgl. dazu B 16.2.7a) und b)).

Aufgaben

Ü 16.2.1 Gib zu den folgenden Differentialgleichungen, falls sie trennbar sind, die Funktionen g(x) und h(y) an:

a) $\frac{dy}{dx} = xy^2$; b) $y' = xy+x+y+1$; c) $y' = \frac{xy}{x^2-1}$; d) $\frac{dy}{dx} = \frac{(y-1)(x+1)}{y^2x}$;

e) $\frac{dy}{dx} = x+y$; f) $y' = x^2+5$.

Ü 16.2.2 Löse die Differentialgleichungen:

a) $y' = \frac{2x}{x^2-5}$; b) $y'x - xe^{x-1} + 1 \equiv 0$ mit dem Anfangswert $y(x = 1) = 0$.

Ü 16.2.3 Löse die folgenden Differentialgleichungen:

a) $\frac{dy}{dx} = xy$; b) $\frac{dy}{dx} = xy^2$.

Ü 16.2.4 Bestimme eine Nachfragefunktion mit konstanter Elastizität $\varepsilon_{xp} = a$.

16.3 Die totale Differentialgleichung

Es wird angeknüpft an die Regel zur Bestimmung der Ableitung einer impliziten Funktion (vgl. Abschnitt 12.4):

Gegeben ist die implizite Funktion $F(x,y) \equiv C$, $C = \text{const.} \in \mathbb{R}$. Dann gilt für die erste Ableitung von y nach x

$$\frac{dy}{dx} = y' = -\frac{F'_x(x,y)}{F'_y(x,y)}\ .$$

Die so gefundene Gleichung kann man als Differentialgleichung 1. Ordnung interpretieren.

Eine gegebene explizite Differentialgleichung $y' = f(x,y)$ versucht man nun so in einen Quotienten umzuformen, daß gilt:

$$y' = f(x,y) = -\frac{g(x,y)}{h(x,y)} ,$$

wobei $g(x,y)$ als partielle Ableitung einer Funktion $F(x,y)$ nach x und $h(x,y)$ als partielle Ableitung von $F(x,y)$ nach y aufgefaßt werden können, also

$$g(x,y) = F'_x(x,y) \text{ und } h(x,y) = F'_y(x,y).$$

$F(x,y) \equiv C$ ist dann die Lösung der Differentialgleichung.

D 16.3.1 Eine Differentialgleichung $y = -\frac{g(x,y)}{h(x,y)}$, bei der g und h als partielle Ableitungen einer Funktion $F(x,y)$ aufgefaßt werden können ($g(x,y) = F'_x(x,y)$ und $h(x,y) = F'_y(x,y)$) heißt **totale oder exakte Differentialgleichung.**

Ob eine gegebene Differentialgleichung eine totale ist, läßt sich oft nur schwer ermitteln, da F unbekannt ist. Die folgenden Überlegungen zeigen einen Weg:

Bei einer Funktion $F(x,y)$ gilt für die gemischten partiellen Ableitungen zweiter Ordnung, falls diese stetig sind (vgl. R 12.2.3):

$$F''_{xy}(x,y) = F''_{yx}(x,y).$$

Falls die Differentialgleichung

$$y' = f(x,y) = -\frac{g(x,y)}{h(x,y)}$$

total ist, so gelten (wie bereits oben erwähnt) die Bedingungen:

$$g(x,y) = F'_x(x,y) \text{ und } h(x,y) = F'_y(x,y).$$

Nun werden die partiellen Ableitungen $g'_y(x,y) = F''_{xy}(x,y)$ und $h'_x(x,y) = F''_{yx}(x,y)$ bestimmt.

Aus diesen beiden Gleichungen folgt

$$g'_y(x,y) = F''_{xy}(x,y) = F''_{yx}(x,y) = h'_x(x,y)$$

also

$$g'_y(x,y) = h'_x(x,y).$$

Gilt diese Bedingung für eine Differentialgleichung $y' = -\frac{g(x,y)}{h(x,y)}$, dann handelt es sich um eine totale Differentialgleichung.

B 16.3.2 a) $y' = -\frac{y}{x}$. Mit $g(x,y) = y$ und $h(x,y) = x$ ergibt sich $g'_y = 1$ und $h'_x = 1$. Es liegt eine totale Differentialgleichung vor.

b) $y' = -\frac{e^x + y^2}{e^y + 2xy}$.

$g(x,y) = e^x + y^2$, $g'_y = 2y$. $h(x,y) = e^y + 2xy$, $h'_x = 2y$.

Es gilt $g'_y = h'_x$. Es handelt sich um eine totale Differentialgleichung.

Für die Lösung einer totalen Differentialgleichung gilt folgendes:

$$g(x,y) = F'_x(x,y).$$

Man sucht also diejenige Funktion $F(x,y)$, die partiell nach x differenziert $g(x,y)$ ergibt. Man versucht daher $g(x,y)$ nach x zu integrieren und muß die Variable y dabei als Konstante betrachten (siehe "Mehrfache Integrale" in Kapitel 15). Es ergibt sich

$$F(x,y) = \int F'_x(x,y)dx = \int g(x,y)dx = G(x,y) + c(y).$$

Die Integrationskonstante hängt hier noch von y ab. Zur Bestimmung von $c(y)$ wird die Bedingung $h(x,y) = F'_y(x,y)$ benutzt. Es wird partiell nach y differenziert

$$F'_y(x,y) = G'_y(x,y) + c'_y(y) = h(x,y).$$

Hieraus folgt:

$$c'_y(y) = h(x,y) - G'_y(x,y).$$

Damit kann $c(y)$ als Stammfunktion von $c'(y)$ durch Integration nach y gewonnen werden. (x ist jetzt konstant.)

Es ist

$$c(y) = \int c'_y(y)dy = \int \big(h(x,y) - G'_y(x,y)\big)\, dy.$$

R 16.3.3

> Die Lösung der totalen Differentialgleichung $y' = -\frac{g(x,y)}{h(x,y)}$ mit $g'_y(x,y) = h'_x(x,y)$ ergibt sich aus
> $F(x,y) = G(x,y) + \int (h(x,y) - G'_y(x,y))dy = \text{const.} = C,$
> mit $G(x,y) = \int g(x,y)dx$.

Die Konstante C ist der "Scharparameter" der Lösungen (vgl. B 16.2.8 und die danach folgenden Ausführungen).

B 16.3.4 a) Für B 16.3.2a) ergibt sich $G(x,y) = \int g(x,y)dx = \int y dx = xy$ und $F(x,y) = xy + \int (x - \frac{\partial}{\partial y}(yx))dy = xy + \int (x-x)dy = xy + \int 0 dy = xy + c_1 = c.$

Mit der Bezeichnung $c-c_1 = k$ erhält man damit $F(x,y) = xy = k$.

Zur Probe kann man die implizite Funktion auflösen und einsetzen.

b) Für B 16.3.2b) ergibt sich $G(x,y) = \int (e^x+y^2)dx = e^x+xy^2$; $G'_y = 2xy$.

$$F(x,y) = e^x+xy^2+\int\left[(e^y+2xy)-2xy\right] dy = e^x+xy^2+\int e^y dy = e^x+xy^2+e^y$$
$$= e^x+e^y+xy^2 = c.$$

Falls eine Differentialgleichung

$$(*)y' = -\frac{g(x,y)}{h(x,y)}$$

nicht total ist, kann sie im allgemeinen durch Erweiterung, d.h. Multiplikation von Zähler und Nenner mit einer geeigneten Funktion M(x,y) zu einer Differentialgleichung

$$(**)y' = -\frac{g(x,y)M(x,y)}{h(x,y)M(x,y)}$$

umgeformt werden, die dann total ist. Die Lösungen von (*) und (**) stimmen überein, denn durch das Erweitern wird der Wert eines Bruches nicht verändert.

Die Funktion M(x,y) nennt man "EULERschen Multiplikator" oder "Integrierenden Faktor". Oft kann man M(x,y) durch Raten oder Probieren finden. Führt dies nicht zum Erfolg, so stehen verschiedene Methoden der systematischen Suche nach einem möglichst einfachen Eulerschen Multiplikator zur Verfügung. Dazu ist auf die weiterführende Literatur zu verweisen.

B 16.3.5 Die Differentialgleichung $y' = -\dfrac{ye^x}{(1+y)e^x}$ ist nicht total, denn es gilt

$g'_y(x,y) = e^x \neq (1+y)e^x = h'_x(x,y)$.

Erweitern mit $M(x,y) = e^y$ führt auf $y' = -\dfrac{ye^{x+y}}{(1+y)e^{x+y}}$.

Diese Differentialgleichung ist total, denn es ist

$g'_y(x,y) = e^{x+y}+ye^{x+y}$ und $h'_x(x,y) = e^{x+y}+ye^{x+y}$.

Die Lösung ergibt sich wie folgt:

$$G(x,y) = \int g(x,y)dx = ye^{x+y}$$
$$F(x,y) = ye^{x+y}+\int((1+y)e^{x+y}-(e^{x+y}+ye^{x+y}))dy = ye^{x+y} = ye^{x+y} = \text{const.}$$

Aufgaben

Ü 16.3.1 Welche der nachstehenden Differentialgleichungen sind total?

a) $y' = -\dfrac{y-3}{x+1}$; b) $y' = \dfrac{1-e^{x^2}-2xy}{x^2-5y^2+12}$; c) $\dfrac{ax^2+bx+c-y}{dy^2+ey+f+x}$; d) $y' = \dfrac{xe^y}{ye^x}$.

Ü 16.3.2 Löse die beiden folgenden Differentialgleichungen:

******

a) $y' = -\frac{3x^2+4xy}{2x^2+3y^2}$; b) $y' = \frac{ax-2y}{2x+3y}$, $a \in \mathbb{R}$.

16.4 Lineare Differentialgleichungen erster Ordnung

Von großer Bedeutung in der Wirtschaftstheorie sind **lineare Differentialgleichungen erster Ordnung**, die folgende Gestalt haben:

$$a(x)y'+b(x)y+c(x) = 0.$$

Dabei sind a(x), b(x) und c(x) beliebige, stetige Funktionen von x, die alle im Intervall $I \subset \mathbb{R}$ definiert sind. Für $a(x) \neq 0$ kann die Gleichung durch a(x) dividiert werden. Mit

$$\frac{b(x)}{a(x)} = p(x) \quad \text{und} \quad \frac{c(x)}{a(x)} = -\,r(x)$$

entsteht dann die im folgenden zugrunde gelegte Form

$$y'+p(x)y = r(x).$$

B 16.4.1 a) $y'+e^x y = x^2+1$ ist eine lineare Differentialgleichung erster Ordnung mit $p(x) = e^x$ und $r(x) = x^2+1$. (p(x) und r(x) sind stetig auf $\mathbb{R}$).

b) $y'\,x-yx^2+y-\log x = 0$ ist eine lineare Differentialgleichung erster Ordnung. Sie kann für $x \neq 0$ zu

$$y'+y\,\frac{1-x^2}{x} = \frac{\log x}{x}$$

umgeformt werden. Es ist dann

$$p(x) = \frac{1-x^2}{x} \quad \text{und} \quad r(x) = \frac{\log x}{x}.$$

(Der Definitionsbereich von p(x) ist auf $x \neq 0$ und von r(x) auf $x > 0$ beschränkt.)

Ist $r(x) \equiv 0$, so erhält man eine lineare **homogene** Differentialgleichung.

R 16.4.2

> Die **homogene lineare Differentialgleichung** erster Ordnung $y' + p(x)y = 0$ kann durch Trennung der Variablen gelöst werden:
>
> $$\int \frac{dy}{y} = -\int p(x)dx \Longrightarrow \ln|y| = -\int p(x)dx+C \text{ bzw.}$$
>
> $$|y| = \exp(-\int p(x)dx+C) = e^C \exp(-\int p(x)dx).$$

Bei Exponentialfunktionen $e^{f(x)}$ mit der Basis e und komplizierteren Exponenten wird hier und im folgenden exp(f(x)) geschrieben.

Ersetzt man e^C durch die Konstante $k \in \mathbb{R}$, die auch negative Werte annehmen kann, so dürfen links die Betragstriche entfallen. Als Lösung erhält man dann:

$$y = k\exp(-\int p(x)dx).$$

B 16.4.3 a) Die homogene lineare Differentialgleichung $y'+xy = 0$ mit $p(x) = x$ hat dieLösung

$y = k\exp(-\int p(x)dx) = k\exp(-\int xdx) = k\exp(-\frac{x^2}{2})$.

b) Die homogene lineare Differentialgleichung

$y' - \frac{1}{x}y = 0$ mit $p(x) = -\frac{1}{x}$, $x \neq 0$

hat für $x > 0$ die Lösung

$y = k\exp(-\int p(x)dx) = k\exp(-\int \frac{1}{x}dx) = k\exp(\ln|x|) = k|x| = kx$.

Für $x < 0$ ergibt sich $y = k|x| = -kx$.

Da k aber beliebig aus $\mathbb{R}$ ist, kann die Gesamtlösung für $x \neq 0$ mit $y = kx$ angegeben werden.

Ist in $y'+p(x)y = r(x)$ die Funktion p(x) constant, also $p(x) = p = \text{const.}$, so lautet die Differentialgleichung

G 16.4.4 $\quad y' + py = r(x).$

Für die Lösung, die noch unbekannt ist, verwendet man einen Ansatz, in dem bereits ein bestimmter Funktionstyp vorgeschrieben ist. Man benutzt hierzu die bekannte Lösung der homogenen Differentialgleichung, die sich von 16.4.4 nur durch die rechte Seite r(x) unterscheidet. Diese Lösung lautet nach R 16.4.2

$$y = ke^{-px}.$$

Man setzt die Lösung von 16.4.4 nun in der Form

G 16.4.5 $\quad y = k(x)e^{-px}$

an. Die Konstante k wird also durch eine Funktion k(x) ersetzt. Es ist nun

$$y = k(x)e^{-px} \text{ und } y' = k'(x)e^{-px} - pk(x)e^{-px}.$$

Eingesetzt in16.4.4 ergibt sich

$$k'(x)e^{-px} - pk(x)e^{-px} + pk(x)e^{-px} \overset{!}{=} r(x)$$

bzw.

$$k'(x)e^{-px} = r(x) \text{ oder } k'(x) = \frac{r(x)}{e^{-px}} = r(x)e^{px}.$$

Es ergibt sich

$$k(x) = \int r(x)e^{px}dx + C, \quad C = \text{const.}$$

Setzt man k(x) in G 16.4.5 ein, so erhält man die Lösung von G 16.4.4.

G 16.4.6 $y = k(x)e^{-px} = e^{-px}\left(\int r(x)e^{px}dx + C\right).$

Es läßt sich zeigen, daß die gefundene Lösung die einzig mögliche Lösung der Differentialgleichung ist. Damit ist die Differentialgleichung G 16.4.4 vollständig gelöst.

B 16.4.7 Die Differentialgleichung $y'+4y = 1+2x$ hat gemäß G 16.4.6 die Lösung:

$$y = e^{-4x}\left(\int (1+2x)e^{4x}dx + C\right) = e^{-4x}\left(\int e^{4x}dx + 2\int xe^{4x}dx + C\right) =$$

$$= e^{-4x}\left(\frac{1}{4}e^{4x} + 2\left(\frac{1}{4}xe^{4x} - \frac{1}{4}\int e^{4x}dx\right) + C\right) = e^{-4x}\left(\frac{1}{4}e^{4x} + \frac{1}{2}xe^{4x} - \frac{1}{8}e^{4x} + C\right)$$

$$= \frac{1}{4} + \frac{1}{2}x - \frac{1}{8} + Ce^{-4x} = Ce^{-4x} + \frac{1}{2}x + \frac{1}{8}.$$

Dem Lösungsgang liegt folgende Regel zugrunde:

R 16.4.8

> Die Lösung einer inhomogenen, linearen Differentialgleichung erster Ordnung ist die Summe der allgemeinen Lösung y_H der zugehörigen homogenen Gleichung (mit $r(x) \equiv 0$) und einer speziellen Lösung y_S der inhomogenen Gleichung.
> Es gilt also $y = y_H + y_S$.

Für die Lösung der allgemeinen linearen Differentialgleichung gilt folgendes (auf die Herleitung wird im Rahmen dieser Einführung verzichtet):

R 16.4.9

> Für die **lineare Differentialgleichung erster Ordnung** $y'+p(x)y = r(x)$ ergibt sich die Lösung aus
> $y = \exp(-\int p(x)dx)\left[C + \int r(x)\exp(\int p(x)dx)dx\right].$

Diese Formel sieht komplizierter aus als sie ist. Ein einfaches Beispiel kann demonstrieren, daß auch die verschachtelten Integrale die Bestimmung nicht zu sehr erschweren müssen.

B 16.4.10 Die Lösung der nachstehenden Differentialgleichung ist für $x > 0$ zu bestimmen:

$y' + \frac{3}{x}y = -2x^2$, mit $p(x) = \frac{3}{x}$ und $r(x) = -2x^2$.

Die Lösung der Differentialgleichung lautet nach R 16.4.9:

$$y = \exp\left(-\int \frac{3}{x}dx\right)\left(C + \int \left(-2x^2\exp\left(\int \frac{3}{x}dx\right)\right)dx\right)$$

$$= \exp(-3\ln x)\left(C + \int (-2x^2\exp(3\ln x))dx\right)$$

$$= \frac{1}{x^3}\left(C - \int 2x^5 dx\right) = \frac{1}{x^3}\left(C - \frac{1}{3}x^6\right)$$

$$= \frac{C}{x^3} - \frac{1}{3}x^3.$$

Aufgaben

Ü **16.4.1** Löse die homogenen linearen Differentialgleichungen:

a) $y' + \frac{2x}{1+x^2}y = 0$; b) $y'(x+1)-y = 0$ für $x > 0$.

Ü **16.4.2** Löse die Differentialgleichungen:

a) $y'-2xy = xe^{-x^2}$; b) $y' + \frac{2x}{x^2+1}y - 5x^4 = 0$.

16.5 Differentialgleichungen zweiter und höherer Ordnung

Die Lösung von Differentialgleichungen 2. oder höherer Ordnung ist, von Sonderfällen abgesehen, durchweg sehr aufwendig. Es wird deshalb hier nur kurz auf zwei Sonderfälle eingegangen.

Von der Differentialgleichung 2. Ordnung

$$y'' = f(x,y,y')$$

wird der Fall betrachtet, bei dem y" nicht von y und y' abhängt. Die Differentialgleichung lautet also:

$$y'' = f(x).$$

Man faßt dazu die erste Ableitung der gesuchten Funktion $y = y(x)$ als neue Funktion auf, die mit $p(x)$ bezeichnet wird.

$$y'(x) = p(x).$$

Dann gilt:

$$y''(x) = p'(x).$$

Damit ergibt sich

$$p'(x) = f(x),$$

also eine Differentialgleichung erster Ordnung für $p'(x)$. Die Lösung lautet:

$$p(x) = \int f(x)dx + C_1 = F(x)+C_1.$$

Sie stellt wiederum eine Differentialgleichung für y dar:

$$p(x) = y'(x) = F(x)+C_1.$$

Die Lösung dieser Differentialgleichung für y lautet:

$$y = y(x) = \int (F(x)+C_1)dx+C_2 = \int F(x)dx+C_1x+C_2$$

mit $F(x) = \int f(x)dx$.

Das ist die gesuchte Lösung der Differentialgleichung $y'' = f(x)$.

B 16.5.1 Für die Differentialgleichung $y'' = x$ ergibt sich $F(x) = \int xdx = \frac{1}{2}x^2$ und weiterhin $y(x) = \int \frac{1}{2}x^2dx+C_1x+C_2 = \frac{1}{6}x^3+C_1x+C_2$.

Durch die zweimalige Integration müssen genau zwei Integrationskonstanten in die Lösung eingehen. Dies gilt allgemein für jede Differentialgleichung 2. Ordnung.

Am Fall einer Differentialgleichung 5. Ordnung wird noch gezeigt, wie eine Differentialgleichung vom Typ:

$$y^{(n)} = f(x,y^{(n-1)})$$

gelöst werden kann.

Die Differentialgleichung 5. Ordnung $y^{(5)}-y^{(4)}\frac{1}{x} = 0$ wird durch die Substitution $y^{(4)} = p(x)$, $y^{(5)} = p'(x)$ zu einer Differentialgleichung 1. Ordnung reduziert:

$$p'-p\frac{1}{x} = 0.$$

Trennung der Veränderlichen ergibt: $\int \frac{dp}{p} = \int \frac{1}{x}dx$.

Die Integration liefert: $\ln|p| = \ln|x|+C$ bzw.

$$p = kx \text{ (für } p,x > 0).$$

Dies ist wegen $p = y^{(4)}$ eine Differentialgleichung 4. Ordnung:

$$y^{(4)} = kx.$$

Diese Differentialgleichung kann unmittelbar durch Integration gelöst werden; eine Substitution (z.B. $y''' = p(x)$) ist nicht notwendig. Es ist nämlich die Funktion gesucht, für deren 4. Ableitung gilt $y^{(4)} = kx$. Man findet die Funktion durch viermaliges Integrieren:

1. $\int kxdx = \frac{k}{2}x^2+C_1 = y'''(x)$

2. $\int (\frac{k}{2}x^2+C_1)dx = \frac{k}{6}x^3+C_1x+C_2 = y''(x)$

3. $\int (\frac{k}{6}x^3+C_1x+C_2)dx = \frac{k}{24}x^4+\frac{C_1}{2}x^2+C_2x+C_3 = y'(x)$

4. $\int (\frac{k}{24}x^4+\frac{C_1}{2}x^2+C_2x+C_3)dx = \frac{k}{120}x^5+\frac{C_1}{6}x^3+\frac{C_2}{2}x^2+C_3x+C_4 = y(x)$.

Das Ergebnis kann man auch so schreiben:

$$y = \iiiint kx(dx)^4 = \frac{k}{120}x^5 + \frac{C_1}{6}x^3 + \frac{C_2}{2}x^2 + C_3x + C_4.$$

Um allen Konstanten in der Lösung der linearen homogenen Differentialgleichung n-ter Ordnung einen Wert zuzuweisen, sind n Nebenbedingungen notwendig (z.B. Randbedingungen, Anfangsbedingungen). Einsetzen der Nebenbedingungen in die Lösungsfunktion führt somit zu n Gleichungen mit n Unbekannten c_j, $j = 1,\dots,n$ (k entspricht C_5).

16.6 Differenzengleichungen

In den Ausführungen zur Differential- und Integralrechnung und auch bei den Differentialgleichungen wurden für die betrachteten Funktionen immer Definitions- und Wertebereiche zugrunde gelegt, die aus Teilmengen (Intervallen) der **reellen Zahlen** bestanden. Die Funktionen wurden in ihrem Definitionsbereich mindestens als stetig vorausgesetzt, meistens sogar als differenzierbar.

Viele wirtschaftliche Probleme können nun nicht durch stetige Funktionen beschrieben werden, da Funktionswerte nur an diskreten Stellen des Definitionsbereichs möglich sind. Der Definitionsbereich ist dann meist eine Teilmenge der **natürlichen Zahlen** bzw. eine Teilmenge von $\mathbb{N} \cup \{0\} = \mathbb{N}^0$.

B 16.6.1 In Band I, B 6.6.16 wurde der Zusammenhang zwischen der Anzahl der Gebühreneinheiten x und den monatlichen Telefonkosten G beschrieben:

$$G = f(x) = \begin{cases} 27 & \text{für } x \leq 20 \\ 22{,}446 + 0{,}2277x & \text{für } x > 20. \end{cases}$$

Es gilt dann $D(f) = \mathbb{N}^0$.

Durch die Beschränkung des Definitionsbereichs einer Funktion auf $\mathbb{N}^0$ hat man es anstelle einer (stetigen) Funktion mit einer Folge zu tun (vgl. dazu Band I, Kapitel 8). Für Zahlenfolgen $\{a_n\}$, die auf $\mathbb{N}$ definiert sind, ist eine Ableitung nicht definiert.

Eine "**Differentialgleichung**" als Verknüpfung von Funktionen und Ableitung(en) ist ebenfalls für Folgen **nicht definiert.**

Um bei Folgen einen der Ableitung bzw. Steigung einer Funktion in einem Punkt entsprechenden Begriff verwenden zu können, liegt es nahe, die Zuwächse einer Folge von einem Glied der Folge zum nächsten Glied zu betrachten. Man geht also in "Sprüngen" bzw. "periodenweise" vor.

Anstelle der Ableitung f'(x) wird der Differenzenquotient $\frac{\Delta f(x)}{\Delta x}$ betrachtet. (Vgl. dazu die Ausführungen zu Beginn von Kapitel 10.)

Da als Definitionsbereich hierbei die natürlichen Zahlen zugrunde gelegt werden, schreibt man k statt x und setzt $\Delta k = 1$, als kleinstmöglichen Abstand zweier natürlicher Zahlen. Somit ist für Zahlenfolgen das Analogon zur ersten Ableitung erklärt, nämlich die Folgendifferenz:

$$\Delta y_n = \Delta f(k) = f(k+1)-f(k) \text{ bzw.}$$

$$\Delta y_k = y_{k+1}-y_k.$$

Aus der Differentialrechnung sind neben der ersten Ableitung höhere Ableitungen bekannt. Auch für Differenzen ist dies sinngemäß konstruierbar. Es würde sich beispielsweise für die 2. Differenz (zunächst in der Schreibweise einer Funktion f(x)) ergeben:

$$\Delta^2 y = \frac{\Delta}{\Delta x}\left(\frac{\Delta f(x)}{\Delta x}\right) = \frac{\Delta(f(x+\Delta x)-f(x))}{(\Delta x)^2}$$

$$= \frac{(f(x+2\Delta x)-f(x+\Delta x)-(f(x+\Delta x)-f(x))}{(\Delta x)^2}$$

$$= \frac{f(x+2\Delta x)-2f(x+\Delta x)+f(x)}{(\Delta x)^2}$$

bzw. $\Delta^2 y_k = y_{k+2}-2y_{k+1}+y_k$.

Für höhere Differenzen sei hier ohne Beweis angegeben:

$$\Delta^3 y_k = y_{k+3}-3y_{k+2}+3y_{k+1}-y_k$$

$$\vdots$$

$$\Delta^n y_k = \sum_{j=0}^{n} (-1)^j \binom{n}{j} y_{k+n-j}.$$

Der Differenz $\Delta^n y_k$ im "diskreten" Fall entspricht also die Ableitung $y^{(n)}(x)$ im "kontinuierlichen" Fall.

B 16.6.2 Die n-te Ableitung eines Polynoms n-ten Grades

$$y = a_0+a_1x+\ldots+a_nx^n$$

ist eine Konstante, nämlich $y^{(n)} = n!a_n$.

Entsprechendes gilt für die n-te Differenz einer Folge, deren Bildungsgesetz ein Polynom n-ten Grades ist.

Für die Folge $y_k = k^3-3k^2+1$ gilt z.B. folgendes:

Die Differenzen werden für die ersten 8 Glieder berechnet. Hierbei geht man sukzessive vor, d.h. die r-te Differenz bestimmt sich als Differenz der (r-1)-ten Differenzen:

k	1	2	3	4	5	6	7	8
y_k	-1	-3	1	17	51	109	197	321
Δy_k	-2	4	16	34	58	88	124	-
$\Delta^2 y_k$	6	12	18	24	30	36	-	-
$\Delta^3 y_k$	6	6	6	6	6	-	-	-

Analog zu Differentialgleichungen wird definiert:

D 16.6.3 Eine Beziehung der Form

$$F(k,y_k,\Delta y_k,\Delta^2 y_k,\dots,\Delta^n y_k) = 0$$

heißt eine **Differenzengleichung** n-ter Ordnung auf $\mathbb{N}^\circ$.

Aus Beispiel 16.6.2 wird deutlich, daß zur Berechnung der ersten Differenzen jeweils zwei Glieder der Folge, für die zweiten Differenzen je drei Glieder usw. notwendig sind. Für die Bildung der n-ten Differenz $\Delta^n y_k$ benötigt man genau n+1 Folgeglieder, nämlich die Glieder y_k, y_{k+1}, $y_{k+2},\dots,y_{k+n}$. In einer Differenzengleichung, in der Differenzen bis zur n-ten Ordnung vorkommen, werden also die oben angegebenen Folgenglieder in Beziehung gesetzt. Daher kann die Differenzengleichung aus D 16.6.3 auch in der Form

$$F(k,y_k,y_{k+1},\dots,y_{k+n}) = 0$$

geschrieben werden.

Auch bei den Differenzengleichungen unterscheidet man verschiedene Typen. Die Beziehungen und Begriffe entsprechen fast völlig den in den Abschnitten über Differentialgleichungen eingeführten Bezeichnungsweisen.

Die Lösung von Differenzengleichungen ist im allgemeinen schwieriger, als die von Differentialgleichungen. Im folgenden werden nur einfache Fälle behandelt, und zwar für

Die lineare Differenzengleichung 1. Ordnung.

Die allgemeine Form der linearen Differenzengleichung 1. Ordnung ist

G 16.6.4 $$y_{k+1}+p_k y_k = r_k, \quad k \in \mathbb{N}^\circ .$$

p_k und r_k sind dabei bekannte Zahlenfolgen, das Bildungsgesetz von y_k ist gesucht. In den meisten Fällen wird es sich bei p_k und r_k aber um

Konstanten handeln. Aus G 16.6.4 wird dann die **lineare Differenzengleichung mit konstanten Koeffizienten:**

G 16.6.5 $y_{k+1}+py_k = r.$

Für r = 0 heißt die Differenzengleichung **homogen** und lautet:

G 16.6.6 $y_{k+1} = -py_k.$

Nimmt man nun zunächst an, daß der Folgenwert für k = 0 mit y_0 vorgeschrieben ist, so kann man durch Einsetzen in G 16.6.5 schrittweise folgende Gleichungen entwickeln:

$$y_1 = -py_0$$
$$y_2 = -py_1 = (-p)^2y_0$$
$$y_3 = -py_2 = (-p)^3y_0$$
$$\vdots$$
$$y_k = (-p)^ky_0.$$

Da y_0 beliebig gewählt werden kann, lautet die allgemeine Lösung der Differenzengleichung G 16.6.6 $y_{k+1}+py_k = 0$:

$$y_k = c(-p)^k$$

mit $c = y_0$ als beliebiger Konstanten.

B 16.6.7 Die Differenzengleichung $y_{k+1}-4y_k = 0$ hat die Lösung $y_k = c\ 4^k$. Unter der Anfangsbedingung $y_0 = 1$ wird c = 1. Die ersten Glieder von y_k lauten für c = 1:

k	0	1	2	3	4
y_k	1	4	16	64	256

Die Lösung von G 16.6.6 kann man auch auf folgende Art erhalten:
Umformung von G 16.6.6 auf die Form

$$\frac{y_{k+1}}{y_k} = -p$$

zeigt, daß es sich um eine geometrische Folge mit dem konstanten Quotienten -p handelt. Die allgemeine Form derartiger Folgen ist:

$$y_k = c(-p)^k.$$

Für $r \neq 0$ in G 16.6.5 ergibt sich eine inhomogene Differenzengleichung.
Für die Lösung gilt:
Auflösen von G 16.6.5 ergibt

G 16.6.8 $y_{k+1} = -py_k + r.$

Für ein festes y_0 ergibt Einsetzung in G 16.6.8 schrittweise:

$$y_1 = -py_0 + r$$

$$y_2 = -py_1 + r = (-p)^2 y_0 + (-p)r + r$$

$$y_3 = -py_2 + r = (-p)^3 y_0 + (-p)^2 r + (-p)r + r$$

$$\vdots$$

$$\begin{aligned} y_k &= (-p)^k y_0 + (-p)^{k-1} r + \ldots + (-p)r + r \\ &= (-p)^k y_0 + r\left[(-p)^{k-1} + (-p)^{k-2} + \ldots + (-p) + 1\right] \\ &= (-p)^k y_0 + r\left[\sum_{i=0}^{k-1} (-p)^i\right] \\ &= (-p)^k y_0 + r\left[\frac{(-p)^k - 1}{(-p) - 1}\right] \quad \text{(Summenformel für geometrische Reihe)} \\ &= (-p)^k y_0 + \frac{r}{-p-1}(-p)^k - \frac{r}{-p-1} \\ &= \left(y_0 - \frac{r}{p+1}\right)(-p)^k + \frac{r}{p+1}. \end{aligned}$$

Setzt man

$$y_o - \frac{r}{p+1} = c = \text{const.},$$

ergibt sich die Lösung von G 16.6.5 $y_{k+1} + py_k = r$ zu

G 16.6.9 $y_k = c\,(-p)^k + \frac{r}{p+1}$ mit $c = y_0 - \frac{r}{p+1}$

B 16.6.10 Die Differenzengleichung $y_{k+1} - 4y_k = 3$ hat die Lösung

$$y_k = c\,4^k + \frac{3}{-4+1} = c\,4^k - 1.$$

Sucht man die spezielle Lösung unter der Anfangsbedingung $y_0 = 0$, so ergibt sich für die Konstante:

$$c = y_0 - \frac{r}{p+1} = 1.$$

Die ersten Glieder lauten für c = 1

k	0	1	2	3	4	...
y_k	0	3	15	63	255	...

Zu weiteren Ausführungen muß im Rahmen dieser Einführung auf die weiterführende Literatur verwiesen werden.

Aufgaben

Ü **16.6.1** Bestimme die speziellen Lösungen der folgenden Differenzengleichungen:
a) $y_{k+1}+y_k = 0,\ y_0 = 1$; b) $10y_{k+1} = 5y_k,\ y_2 = 2$.

Ü **16.6.2** Löse die Differenzengleichungen:
a) $y_{k+1}+y_k = 1$ und b) $y_{k+1} - \frac{1}{3}y_k = -3$
jeweils unter der Anfangsbedingung $y_0 = 0$.

Lösungen der Übungsaufgaben

10.2.1 $\frac{\Delta y}{\Delta x} = \frac{a+b(x+\Delta x) - (a+bx)}{\Delta x} = b\frac{\Delta x}{\Delta x} = b;\ \frac{dy}{dx} = \lim_{\Delta x \to 0}\frac{\Delta y}{\Delta x} = \lim_{\Delta x \to 0} b = b.$

10.2.2 $\frac{\Delta y}{\Delta x} = \frac{(x+\Delta x)^3 + (x+\Delta x) - (x^3+x)}{\Delta x} = \frac{x^3+3x^2\Delta x+3x\Delta x^2+\Delta x^3+x+\Delta x-x^3-x}{\Delta x}$

$= 3x^2+3x\Delta x+\Delta x^2+1$

$\frac{dy}{dx} = \lim_{\Delta x \to 0}\frac{\Delta y}{\Delta x} = \lim_{\Delta x \to 0}(3x^2+3x\Delta x+\Delta x^2+1) = 3x^2+1.$

10.3.1 a) $y' = 5x^4$; b) $y' = 12x^{11}$; c) $y' = \frac{1}{3\sqrt[3]{x^2}}$; d) $y' = -\frac{1}{x^2}$;
e) $y' = -\frac{1}{2\sqrt{x^3}}$; f) $y' = -\frac{6}{5\sqrt[5]{x^{11}}}$.

10.4.1 a) $y' = 18x^2-6x+4$; b) $y' = 54x^{4,4}+21x^2$; c) $y' = \frac{1}{\sqrt{x}} + \frac{2}{x^3}$;
d) $y' = -\frac{5}{2\sqrt{x^3}}$.

10.4.2 a) $y' = (4+x^2) + x\cdot 2x = 3x^2+4$; b) $y' = 2x\ln x+x^2\cdot\frac{1}{x} = x(2\ln x+1)$;
c) $y' = 3(4x+7) + (3x+2)4 = 24x+29$; d) $y' = 6x^2e^x+(2x^3+7)e^x=e^x(2x^3+6x^2+7)$.

10.4.3 $y' = \frac{6x\cdot 2x-(3x^2+2)2}{4x^2} = \frac{3x^2-2}{2x^2}$;

b) $y' = \frac{(3x^2+3)(x^2+6) - (x^3+3x+2)2x}{(x^2+6)^2} = \frac{x^4+15x^2-4x+18}{(x^2+6)^2}$;

c) $y' = \frac{10x(2x^2+4) - (5x^2+3)4x}{(2x^2+4)^2} = \frac{7x}{x^4+4x^2+4}$.

10.4.4 a) $y = (3x^2-3)^{\frac{1}{2}}$, $y' = \frac{1}{2}(3x^2-3)^{-\frac{1}{2}}\cdot 6x = \frac{3x}{\sqrt{3x^2-3}}$;
b) $y' = 3(4x^4+3x^3-2x^2)^2(16x^3+9x^2-4x)$; c) $y' = na(ax+b)^{n-1}$.

10.4.5 a) $\ln y = x\ln x$, $y' = (\ln x+1)x^x$; b) $\ln y = \ln(x^2+4) - \ln(x-5)$,
$y' = (\frac{2x}{x^2+4} - \frac{1}{x-5})\frac{x^2+4}{x-5} = \frac{2x}{x-5} - \frac{x^2+4}{(x-5)^2} = \frac{x^2-10x-4}{(x-5)^2}$;

c) $\ln y = \ln 3 + 4\ln x + \ln(x+4)$, $y' = (\frac{4}{x} + \frac{1}{x+4})3x^4(x+4) = 12x^3(x+4)+3x^4$

$= 15x^4+48x^3$;

d) $\ln y = \ln 4 + \ln x + \frac{1}{2}\ln(x^2-1)$, $y' = (\frac{1}{x} + \frac{2x}{2(x^2-1)})4x\sqrt{x^2-1}$

$= 4\sqrt{x^2-1} + \frac{4x^2}{\sqrt{x^2-1}} = \frac{8x^2-4}{\sqrt{x^2-1}}$.

10.5.1 a) $y = 15x^2+4x+3$; b) $y' = 3x^2 + \frac{1}{x}$; c) $y' = 2xe^x+x^2e^x$;

d) $y' = 2xa^x+x^2a^x\ln a$; e) $y' = 2xa^{x^2}+2x^3a^{x^2}\ln a$; f) $y' = 5x^4+6x^2+8x-8$;

g) $y' = \frac{-10x}{(x^2-1)^2}$; h) $y' = 3(x+2)^2$; i) $y' = \frac{4(1+x)}{(1-x)^3}$; j) $y' = a^x \cdot \ln a \cdot \frac{1}{2}$;

k) $y' = \frac{2x-x^3}{(\sqrt{1-x^2})^3}$; l) $y' = \frac{4x}{3\sqrt[3]{x^2-1}}$; m) $y' = \frac{2x+1}{x^2+x}$; n) $y' = (\frac{3}{x}+\ln a)x^3a^x$.

10.6.1 $y' = 4x^3+12x$, $y'' = 12x^2+12$.

10.6.2 a) $y' = 9x^2+2$, $y'' = 18x$; b) $y' = a^x+xa^x\ln a = a^x(1+x\ln a)$,

$y'' = a^x\ln a+a^x\ln a+xa^x(\ln a)^2 = a^x\ln a(2+x\ln a)$; c) $y' = \frac{1}{x}$, $y'' = -\frac{1}{x^2}$;

d) $y' = \frac{\frac{1}{2}x^4+8x}{(x^3+4)^{\frac{3}{2}}}$, $y'' = \frac{-\frac{1}{4}x^6-20x^3+32}{(x^3+4)^{\frac{5}{2}}}$.

10.9.1 $x = f(r)$, $r = f^{-1}(x) = g(x)$, $K = qr = qg(x)$, $K' = qg'(x) = \frac{q}{f'(r)}$

Es gilt also: Grenzkosten = $\frac{\text{Faktorpreis}}{\text{Grenzproduktivität}}$.

10.9.2 a) $\bar{x} = \frac{f(r)}{r}$, $\bar{x}$ zunehmend bedeutet $\bar{x}' > 0$ oder $\frac{d}{dr}(\frac{f(r)}{r}) =$

$\frac{f'(r)r-f(r)}{r^2} > 0$, es folgt $f'(r)r-f(r) > 0$,

$f'(r)r > f(r)$ und schließlich $f'(r) > \frac{f(r)}{r}$;

b) $\bar{x}$ abnehmend bedeutet $\bar{x}' < 0$, analog a) folgt daraus $f'(r) < \frac{f(r)}{r}$;

c,d) folgt aus der Definition des Zu- bzw. Abnehmens einer Funktion;

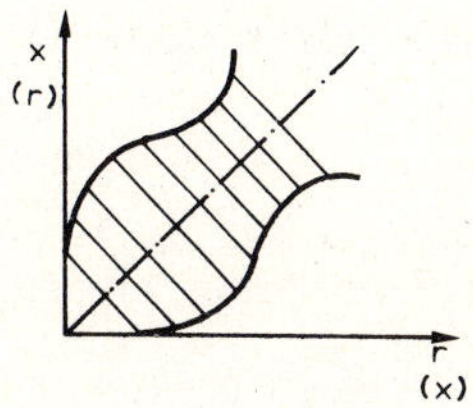

e) graphisch: Spiegelung an der 45°-Linie (siehe nebenstehende Figur)

Anmerkung: bei a) und b) müssen Sattelpunkte ausgeschlossen werden.

10.9.3 a) $20 = 4\sqrt{r_1 r_2} \Rightarrow 5 = \sqrt{r_1 r_2} \Rightarrow 25 = r_1 r_2 \Rightarrow r_2 = \frac{25}{r_1}$;

b) $\frac{dr_2}{dr_1} = -\frac{25}{r_1^2}$; $\frac{dr_2}{dr_1} = -1 \Rightarrow -\frac{25}{r_1^2} = -1 \Rightarrow r_1^2 = 25 \Rightarrow r_1 = 5 \Rightarrow r_2 = 5$

(Die Lösung $r_1 = -5$ ist ökonomisch bedeutungslos, da negative Mengen nicht eingesetzt werden können).

10.10.1 $\lim\limits_{x \to 0} \frac{e^x - 1}{x}$. Da $e^0 = 1$ ergibt, erhält man für $x = 0$: $\frac{e^0 - 1}{0} = \frac{"0"}{0}$.

Differentiation von Zähler und Nenner führt zu $\frac{e^x}{1}$ und es ist

$$\lim\limits_{x \to 0} \frac{e^x}{1} = \frac{1}{1} = 1.$$

10.10.2 $\lim\limits_{x \to \infty} \frac{\ln x}{x^a}$. Wegen $\ln(\infty) = \infty$ und $\infty^a = \infty$ liegt der Fall $\frac{"\infty"}{\infty}$ vor.

Durch Differentiation von Zähler und Nenner folgt:

$$\lim\limits_{x \to \infty} \frac{\ln x}{x^a} = \lim\limits_{x \to \infty} \frac{\frac{1}{x}}{ax^{a-1}} = \lim\limits_{x \to \infty} \frac{1}{xax^{a-1}} = 0 \text{ für } x > 0, a > 0.$$

10.10.3 Es ist die Regel von de l'Hospital anzuwenden!

$$\lim\limits_{x \to 0} \frac{e^x - (1+x)}{x^2} = \lim\limits_{x \to 0} \frac{e^x - 1}{2x} = \lim\limits_{x \to 0} \frac{e^x}{2} = \frac{1}{2}.$$

10.10.4 a) $\lim\limits_{x \to 1} \frac{x-1}{\ln x} = \lim\limits_{x \to 1} \frac{1}{\frac{1}{x}} = 1$;

b) $\lim\limits_{x \to 1} \frac{e^{x-1} - x}{x^2 - 2x + 1} = \lim\limits_{x \to 1} \frac{e^{x-1} - 1}{2x - 2} = \lim\limits_{x \to 1} \frac{e^{x-1}}{2} = \frac{1}{2}$;

c) $\lim\limits_{x \to 0} x\ln x = \lim\limits_{x \to 0} \frac{\ln x}{\frac{1}{x}} = \lim\limits_{x \to 0} \frac{\frac{1}{x}}{\frac{-1}{x^2}} = \lim\limits_{x \to 0} -x = 0.$

11.2.1 a) $y' = x^2+5x+4 = 0 \Longrightarrow x_1 = -1,\ x_2 = -4.$
$y'' = 2x+5$: $f''(-1) = 3 > 0$; $f''(-4) = -3 < 0$
Minimum bei $x_1 = -1$, Maximum bei $x_2 = -4$;
b) Maximum bei $x = 1$ und Minima bei $x = 0$ und $x = 6$.
c) kein Extremwert (Sattelpunkt bei $x = 2$);
d) $y' = \frac{x^2-4x}{(x-2)^2} = 0 \Longrightarrow x_1 = 0;\ x_2 = 4.$ $y'' = \frac{8}{(x-2)^3}$; $f''(0) = -1 < 0$;
$f''(4) = 1 > 0$. Maximum bei $x_1 = 0$ und Minimum bei $x_2 = 4$.

11.2.2 a) $y' = 8x^7-8x^3 = 0 \Longrightarrow x_1 = 0,\ x_2 = 1,\ x_3 = -1.$
$y'' = 56x^6-24x^2$; $f''(0) = 0$; $f''(-1) = 32 > 0$; $f''(1) = 32 > 0$.
$y''' = 336x^5-48x$; $f'''(0) = 0$. $y'''' = 1680x^4-48$; $f''''(0) = -48 < 0$.
Minima bei $x_2 = 1$ und $x_3 = -1$; Maximum bei $x_1 = 0$.

b) $y' = 6x^5-24x^3 = 0 \Longrightarrow x_1 = 0;\ x_2 = -2;\ x_3 = 2.$
$y'' = 30x^4-72x^2$; $f''(0) = 0$; $f''(-2) = 192 > 0$; $f''(2) = 192 > 0$.
Minima bei $x_2 = -2$ und $x_3 = 2$.
$y'''(x) = 120x^3-144x$; $f'''(0) = 0$. $y''''(x) = 360x^2-144$; $f''''(0) = -144 < 0$.
Maximum bei $x_1 = 0$.

11.2.3 $f''(x_0) = 0$ oder $f''(x_0) \neq 0$.

11.2.4 $f'''(x_0) = 0$.

11.2.5 Extremwert bei x_1.

11.2.6 $f''(x_0) \neq 0$.

11.4.1 a) $y' = -6x^2-1 < 0$ für alle $x \in \mathbb{R}$. Die Funktion ist streng monoton fallend.
b) $y' = 5x^4+3x^2 \geqq 0$ für alle $x \in \mathbb{R}$. $y' = 0$ für $x = 0$, sonst gilt $y' > 0$. Die Funktion ist also streng monoton steigend.

11.4.2 $y' = 3x^2-12$, $y' = 3x^2-12 > 0$ für $x < -2$ oder $x > 2$
$y' = 3x^2-12 < 0$ für $-2 < x < 2$.
Die Funktion ist streng monoton steigend für $x < -2$ oder $x > 2$ und streng monoton fallend für $-2 < x < 2$.

11.4.3 Es muß gelten: $y' = 3ax^2+2bx+c \geqq 0$, wobei $y' = 0$ nur für einzelne Punkte gelten darf. y' ist eine Parabel. $y' \geqq 0$ gilt für alle x, wenn (1) die Parabel nach oben geöffnet ist und (2) die y'-Koordinate des Scheitelpunktes größer oder gleich Null ist. Es müssen also folgende Bedingungen erfüllt sein:
(1) $3a > 0$ bzw. $a > 0$, damit die Parabel nach oben geöffnet ist.

(2) Der Scheitelpunkt liegt auf oder über der x-Achse, wenn $3ax^2+2bx+c = 0$ eine oder keine Lösung hat. Allgemein lauten die Lösungen $x = -\frac{b}{3a} \pm \sqrt{\frac{b^2}{9a^2} - \frac{c}{3a}}$. Wird der Ausdruck unter der Wurzel 0 oder negativ, existiert eine oder keine Lösung:

$$\frac{b^2}{9a^2} - \frac{c}{3a} \leqq 0 \Longrightarrow \frac{b^2}{3a} - c \leqq 0 \Longrightarrow c \geqq \frac{b^2}{3a}.$$

11.5.1 a) $y' = 3x^2-6x-9$. $y'' = 6x-6$. $6x-6 > 0 \Longrightarrow x > 1$, $6x-6 < 0 \Longrightarrow x < 1$.
Die Funktion ist konvex für $x > 1$ und konkav für $x < 1$.

b) $y' = 4x^3-48x$, $y'' = 12x^2-48$. $12x^2-48 > 0 \Longrightarrow x^2 > 4 \Longrightarrow x > 2$ oder $x < -2$.
$12x^2-48 < 0 \Longrightarrow x^2 < 4 \Longrightarrow -2 < x < 2$.
Die Funktion ist konvex für $x > 2$ oder $x < -2$; sie ist konkav für $-2 < x < 2$.

11.5.2 a) $y' = 3x^2-6x-9$, $y'' = 6x-6 = 0 \Longrightarrow x = 1$, $y''' = 6 \neq 0$. Wendepunkt bei $x = 1$.

b) $y = x^5$, $y' = 5x^4$, $y'' = 20x^3 = 0 \Longrightarrow x = 0$. $y''' = 60x^2$; $f'''(0) = 0$.
$y'''' = 120x$; $f''''(0) = 0$.
$y^{(5)} = 120$; $f^{(5)}(0) \neq 0$. Wendepunkt bei $x = 0$.

11.5.3 a) $y' = \frac{1}{3}x^3 + 3x^2 + \frac{9}{2}$, $y'' = x^2+6x$.

$x^2+6x = 0 \Longrightarrow x_1 = 0$, $x_2 = -6$. $y''' = 2x+6$; $f'''(0) = 6 \neq 0 \Longrightarrow$ Wendepunkt bei $x = 0$. $f'''(-6) = -6 \neq 0 \Longrightarrow$ Wendepunkt bei $x = -6$.

b) Es muß gelten: $y'' = x^2+6x = x(x+6) < 0$. Diese Bedingung ist erfüllt, wenn die beiden Faktoren entgegengesetztes Vorzeichen aufweisen.

(1) $x > 0$ und $x+6 < 0$ sind unverträglich.
(2) $x < 0$ und $x+6 > 0 \Longrightarrow -6 < x < 0$.
Für $-6 < x < 0$ ist die Funktion konkav von unten.

11.5.4 $f'''(x_0) = 0$.

11.5.5 $f'''(x_0) \neq 0$.

11.6.1 $y = 2x^3-21x^2+36x+8$; $y' = 6x^2-42x+36$;

$x_1 = 2$; $x_2 = 2{,}5$; $x_3 = 2{,}4365$; $x_4 = 2{,}4357$

oder

$x_1 = 3$; $x_2 = 2{,}4722$; $x_3 = 2{,}436$; $x_4 = 2{,}4357$.

11.6.2 $y = x^5-3x^3-2x^2+x+1$; $y' = 5x^4-9x^2-4x+1$,

$x_1 = 1$; $x_2 = 0{,}714286$; $x_3 = 0{,}672812$; $x_4 = 0{,}671047$

$x_1 = 2$; $x_2 = 1{,}918919$; $x_3 = 1{,}90551$; $x_4 = 1{,}905166$.

11.7.1 a) $x' = \frac{6}{5}r - \frac{3}{20}r^2 = 0 \Rightarrow r_1 = 0; r_2 = 8$

$x'' = \frac{6}{5} - \frac{3}{10}r \Rightarrow x''(8) = -\frac{12}{10} < 0.$

Also: Maximum des Gesamtertrages bei r = 8.

b) Positive Grenzerträge: $x' = \frac{6}{5}r - \frac{3}{20}r^2 > 0$ für $0 < r < 8$.

Negative Grenzerträge: $x' < 0$ für $8 < r$.
$x' = 0$ bei $r = 0$ und $r = 8$.

Zunehmende Grenzerträge: $x'' = \frac{6}{5} - \frac{6}{20}r > 0$ für $r < 4$

Abnehmende Grenzerträge: $x'' < 0$ für $r > 4$

$x'' = \frac{6}{5} - \frac{6}{20}r = 0 \Rightarrow r = 4$; $x''' = -\frac{3}{10}$; $x'''(4) < 0 \Rightarrow$ Maximum der Grenzerträge bei r = 4.

c) d) siehe b)

e) $\bar{x} = \frac{x}{r} = \frac{3}{5}r - \frac{1}{20}r^2$, $\bar{x}' = \frac{3}{5} - \frac{1}{10}r = 0 \Rightarrow r = 6$, $\bar{x}'' = -\frac{1}{10} < 0 \Rightarrow$ Maximum der Durchschnittserträge bei r = 6.

f) $\bar{x} = \frac{f(r)}{r}$, $\bar{x}' = 0 \Rightarrow f'(r)r = f(r) \Rightarrow f'(r) = \frac{f(r)}{r}$.

11.7.2 a) $U = px = 53x$; b) $U' = 53 = p$; c) $K' = 4x+5$; d) $k = 2x+5 + \frac{242}{x}$;
e) $G = U-K = 53x-2x^2-5x-242 = -2x^2+48x-242$;

f) $G' = -4x+48 = 0 \Rightarrow x = 12$, $G'' = -4 < 0 \Rightarrow$ Gewinnmaximum bei x = 12

g) $g = \frac{G}{x} = -2x+48 - \frac{242}{x}$; $g' = -2 + \frac{242}{x^2}$; $g' = 0 \Rightarrow x^2 = 121 \Rightarrow x = 11$
(x = -11 kommt nicht in Frage); $g'' = -\frac{484}{x^3}$; $g''(11) = -\frac{484}{1331} < 0$.
Maximaler Stückgewinn bei x = 11.

11.7.3 $K = 6x+40$, $p = 30-2x$

a) $K' = 6$; b) $k = \frac{K}{x} = \frac{6x+40}{x} = 6 + \frac{40}{x}$; c) $U = (30-2x)x = 30x-2x^2$;

d) $U' = 30-4x$;

e) $G = U-K = 24x-2x^2-40$

$G = 24x-2x^2-40 = 0 \Rightarrow x_1 = 2; x_2 = 10$

$G = 24x-2x^2-40 > 0 \Rightarrow 2 < x < 10.$

f) $g' = 24-4x = 0 \Rightarrow x = 6$; $G'' = -4 \Rightarrow$ Maximum.
Die gewinnmaximale Ausbringungsmenge liegt bei x = 6.

11.7.4 a) $x = -50+0{,}08r \Rightarrow r = 12{,}5x+625$

$K = qr = 25x+1250$, $K' = 25$, $k = 25 + \frac{1250}{x}$;

b) $x' = 0{,}08$; $K' = \frac{q}{x'} = \frac{2}{0{,}08} = 25$;

c) $U = px = 225x-4x^2$, $U' = 225-8x$, $u = 225-4x = p$.

d) $G = U-K = 225x-4x^2-25x-1250 = -4x^2+200x-1250$,
$G' = -8x+200 = 0 \Longrightarrow x = 25$, $G'' = -8 < 0$.
Also: Gewinnmaximum bei $x = 25$.

11.7.5 a) $G = U-K$, $G' = U'-K' = 0 \Longrightarrow U' = K'$
$G'' = U''-K'' < 0 \Longrightarrow U'' < K''$;

b) Notwendige Bedingung für ein Gewinnmaximum ist $U' = K'$. Es gilt $K = qr = qr(x)$ und $K' = qr'(x)$ und somit (vgl. R 10.4.16)

$$U' = q\frac{1}{x'(r)}.$$

Im Gewinnmaximum gilt also: $\text{Grenzumsatz} = \frac{\text{Faktorpreis}}{\text{Grenzproduktivität}}$;

c) Stückkosten: $k = \frac{K(x)}{x}$. Notwendige Bedingung für Minimum: $k' = 0$.

Aus $k' = \frac{K'(x)x-K(x)}{x^2} = 0$ folgt $K'(x)x = K(x)$, $K'(x) = \frac{K(x)}{x} = k$.

Notwendige Bedingung ist also die Gleichheit von K' und k.

11.7.6 Ausgabekosten pro Stunde = Wartekosten pro Stunde + unmittelbare Ausgabekosten pro Stunde.

$\text{Wartek./h} = \frac{20}{x}\cdot 20\cdot\frac{18}{60}$ (Wartezeit eines Arbeiters in Minuten mal Zahl der Arbeiter pro Stunde mal Kosten einer "Warteminute")

unmittelbare Ausgabekosten = $4x$ (= Stundenlohn mal Zahl der in der Ausgabe Beschäftigten)

Also: $K = \frac{20}{x}\cdot 20\cdot\frac{18}{60} + 12x = \frac{120}{x} + 12x$, $K' = -\frac{120}{x^2} + 12 = 0 \Longrightarrow x = 10$,

$K'' = \frac{240}{x^3}$; $K''(\sqrt{10}) = \frac{80}{\sqrt{10}^3} > 0$.

Minimum: $x = \sqrt{10}$, Näherungslösung $x = 3$.

11.7.7 a) siehe b);

b) Lagerhaltungskosten pro Jahr = Bestellkosten + Kosten der Kapitalbindung.
Bestellkosten = nc.
Bestellmenge = Jahresbedarf durch Anzahl der Bestellungen = x : n,
durchschnittlicher Lagerbestand = $\frac{1}{2}$ Bestellmenge,
durchschnittliche Kapitalbindung = $\frac{1}{2}$ Bestellmenge mal Preis = $\frac{1}{2}\cdot\frac{x}{n}\cdot p$,
Kosten der Kapitalbindung = $\frac{xp}{2n}\,\frac{i}{100}$.
Lagerhaltungskosten pro Jahr = $nc + \frac{xpi}{200n}$
Lagerhaltungskostenminimum bei $n_0 = \sqrt{\frac{ipx}{200c}} = 4$

c) Kosten der Kapitalbindung = $\frac{pxi}{200n}$

Lagerkosten = $\frac{x}{2n}$ d

Bestellkosten = n(a+bq) = $n(a + b\frac{x}{n}) = an+bx$,

$L = \frac{pxi}{200n} + \frac{x}{2n} d + an + bx, \quad n_0 = \sqrt{\frac{pxi+100xd}{200a}} = 5.$

12.1.1 a) $z'_x = 3x^2+y;\; z'_y = x+3y^2;$ b) $z'_x = 2xy^4;\; z'_y = 4x^2y^3;$

c) $z'_x = \frac{2x}{y^2};\; z'_y = -\frac{2x^2}{y^3};$ d) $z'_x = a^x \ln a\sqrt{x^2+y^2}+a^x \frac{x}{\sqrt{x^2+y^2}};\; z'_y = \frac{a^x y}{\sqrt{x^2+y^2}}$.

12.1.2 a) $y'_{x_1} = 6x_1x_2+x_2x_3;\; y'_{x_2} = 3x_1^2+x_1x_3;\; y'_{x_3} = x_1x_2+1;$

b) $y'_{x_1} = \frac{x_1}{\sqrt{x_1^2+x_2^2+x_3^2+x_4^2}};\; y'_{x_2} = \frac{x_2}{\sqrt{x_1^2+x_2^2+x_3^2+x_4^2}};\; y'_{x_3} = \frac{x_3}{\sqrt{x_1^2+x_2^2+x_3^2+x_4^2}};$

$y'_{x_4} = \frac{x_4}{\sqrt{x_1^2+x_2^2+x_3^2+x_4^2}};$ c) $y'_{x_j} = a_j x_j^{a_j-1} \prod_{\substack{i=1\\ j\neq i}}^{n} x_i^{a_i};\; j = 1,\ldots,n.$

12.1.3 a) $z'_x = 5x^{-\frac{1}{2}}y^{\frac{1}{3}};\; z'_y = \frac{10}{3}x^{\frac{1}{2}}y^{-\frac{2}{3}};$

b) $z = 20x^{\frac{1}{2}}$, Schnittkurve parallel zur x-z-Ebene im Abstand y = 8;

c) $z = 30y^{\frac{1}{3}}$, Schnittkurve parallel zur y-z-Ebene im Abstand x = 9;

d) $f'_x(0{,}25\,;\,0{,}027) = 3;\; f'_y(0{,}25\,;\,0{,}027) = 18{,}52;$

$f'_x(4\,;\,8) = 5;\; f'_y(4\,;\,8) = 1{,}67;$

e) $z = 0{,}25+3x+18{,}52y;\; z = 6{,}67+5x+1{,}67y.$

12.2.1 a) $z'_x = 2x;\; z'_y = 2y;\; z''_{xy} = z''_{yx} = 0;\; z''_{xx} = 2;\; z''_{yy} = 2;$

b) $z''_{xx} = 6xy^2;\; z''_{xy} = z''_{yx} = 6x^2y;\; z''_{yy} = 2x^3;$

c) $z''_{xx} = 0;\; z''_{yy} = \frac{2x}{y^3};\; z''_{xy} = -\frac{1}{y^2};$

12.2.2 $z'''_{xxx} = 6y^2$; $z'''_{xxy} = z'''_{xyx} = z'''_{yxx} = 12xy$;

$z'''_{xyy} = z'''_{yxy} = z'''_{yyx} = 6x^2$; $z'''_{yyy} = 0$.

12.3.1 Es ist $dz = z'_x dx + z'_y dy = 0$. Daraus folgt $\frac{dy}{dx} = -\frac{\frac{\partial z}{\partial x}}{\frac{\partial z}{\partial y}}$.

Die erste Ableitung der zu der Isohöhenlinie gehörenden Funktion ist gleich dem negativen reziproken Verhältnis der partiellen Ableitungen erster Ordnung der Funktion.

12.4.1 a) $z = a-x^2+y^2$; $z'_x = -2x$; $z'_y = 2y$; $\frac{dx}{dy} = -\frac{2y}{-2x} = \frac{y}{x}$; $\frac{dy}{dx} = \frac{x}{y}$;

b) $z = 10-\sqrt{xy}$; $z'_x = \frac{-y}{2\sqrt{xy}}$; $z'_y = \frac{-x}{2\sqrt{xy}}$; $\frac{dx}{dy} = -\frac{x}{y}$; $\frac{dy}{dx} = -\frac{y}{x}$.

12.5.1 $x = 16\sqrt{r_1 r_2} = 16 r_1^{\frac{1}{2}} r_2^{\frac{1}{2}}$

a) $f(\lambda r_1, \lambda r_2) = 16\sqrt{\lambda r_1 \lambda r_2} = 16\sqrt{\lambda^2 r_1 r_2} = \lambda 16\sqrt{r_1 r_2} = \lambda x \Longrightarrow r = 1$

b) $f'_{r_1} = 8 r_2^{\frac{1}{2}} r_1^{-\frac{1}{2}} = 8\sqrt{r_2}\,\frac{1}{\sqrt{r_1}} = \frac{8\sqrt{r_2}}{\sqrt{r_1}}$; $f'_{r_2} = 8 r_1^{\frac{1}{2}} r_2^{-\frac{1}{2}} = 8\sqrt{r_1}\,\frac{1}{\sqrt{r_2}} = \frac{8\sqrt{r_1}}{\sqrt{r_2}}$

c) $4 = 16\sqrt{r_1 r_2} \Longrightarrow 1 = 4\sqrt{r_1 r_2} \Longrightarrow 1^2 = (4\sqrt{r_1 r_2})^2 \Longrightarrow 1 = 16 r_1 r_2$

$\Longrightarrow r_2 = \frac{1}{16 r_1}$.

13.1.1 $f'_x = 2xy+y^2$; $f'_y = x^2+2xy+y^2-4$

$$\left.\begin{array}{lll}(1) & 2xy+y^2 & = 0 \\ (2) & x^2+2xy+y^2-4 & = 0\end{array}\right\} \Longrightarrow x^2 = 4,\ x_1 = 2,\ x_2 = -2.$$

Für $x_1 = 2$ folgt aus (1): $y_1 = 0$, $y_2 = -4$.

Für $x_2 = -2$ folgt aus (1): $y_3 = 0$, $y_4 = 4$.

Extremwerte können also liegen bei (2;0),(2;-4),(-2;0),(-2;4).

$f''_{xx} = 2y$; $f''_{yy} = 2x+2y$; $f''_{xy} = 2x+2y$.

$(x_i;y_i)$	$f''_{xx} = 2y$	$f''_{yy} = 2x+2y$	$f''_{xx}\,f''_{yy}$		$(f''_{xy})^2$	f''_{xy}
(2;0)	0	4	0	<	16	4
(2;-4)	-8	-4	32	>	16	-4
(-2;0)	0	-4	0	<	16	-4
(-2;4)	8	4	32	>	16	4

An den Stellen (2;-4) und (-2;4) hat die Funktion Extremwerte. An den Stellen (2;0) und (-2;0) liegen Sattelpunkte.

$f''_{xx}(2;-4) < 0 \Longrightarrow$ Maximum an der Stelle (2;-4).

$f''_{xx}(-2;4) > 0 \Longrightarrow$ Minimum an der Stelle (-2;4).

13.1.2 (†) $f'_x = x^2+2xy-y^2-7 = 0$

(††) $f'_y = x^2-2xy+y^2-1 = 0$

$f''_{xx} = 2x+2y$; $f''_{yy} = -2x+2y$; $f''_{xy} = 2x-2y$.

Bestimmung der Stellen, an denen Extremwerte liegen können:

(†) + (††): $2x^2-8 = 0 \Longrightarrow x_1 = 2,\ x_2 = -2$

(††) - (†) : $-4xy+2y^2+6 = 0 \Longrightarrow y = x\pm\sqrt{x^2-3}$

Für $x_1 = 2 \Longrightarrow y_1 = 3$; $y_2 = 1$. Für $x_2 = -2 \Longrightarrow y_3 = -1$; $y_4 = -3$.

x	y	f''_{xx}	f''_{yy}	$f''_{xx}\,f''_{yy}$		$(f''_{xy})^2$	
2	3	10	2	20	>	4	Extremwert: Minimum
2	1	6	-2	-12	<	4	kein Extremwert
-2	-1	-6	2	-12	<	4	
-2	-3	-10	-2	20	>	4	Extremwert: Maximum

13.1.3 a) Minimum bei (2;3); b) keine Extremwerte;

c) Minimum bei $(\frac{1}{4};\frac{1}{9})$; d) Maximum bei (0;-2), Minimum bei (2;2).

13.1.4 A: keine sichere Aussage möglich; B: keine sichere Aussage möglich; C: kein Extremwert; D: Extremwert (Maximum); E: keine sichere Aussage möglich; F: kein Extremwert; G: widersprüchliche Aussage.

13.1.5
$$\left.\begin{array}{l} f'_{r_1} = 4-2r_1+3r_2 = 0 \\ f'_{r_2} = 10+3r_1-5r_2 = 0 \end{array}\right\} \Longrightarrow r_1 = 50;\ r_2 = 32$$

$f''_{r_1r_1} = -2$; $f''_{r_2r_2} = -5$; $f''_{r_1r_2} = 3$; $f''_{r_1r_1}\,f''_{r_2r_2} > (f''_{r_1r_2})^2$.

Es liegt also ein Maximum bei $(r_1,r_2) = (50;32)$. Die optimale Faktormengenkombination besteht aus 50 ME des Mineraldüngers A und aus 32 ME des Mineraldüngers B. Die maximale Produktion beträgt 500 ME.

13.3.1 a) $z = 5xy-y^2+\lambda(12-x-y)$

$$\left.\begin{array}{l} z'_x = 5y-\lambda = 0 \\ z'_y = 5x-2y-\lambda = 0 \\ z'_\lambda = 12-x-y = 0 \end{array}\right\} \Longrightarrow x = 7;\ y = 5;\ \lambda = 25$$

b) $z^* = -6x^2+84x-144$; $z^{*'} = -12x+84 = 0$, $x = 7$; $z^{*''} = -12 < 0$.

Also liegt bei $x = 7$ ein Maximum. Die gegebene Funktion hat bei $(x;y) = (7;5)$ ein Maximum.

13.3.2 a) $z^* = -4x^2+(x+6)^2 = -3x^2+12x+36$

$z^{*'} = -6x+12 = 0 \Longrightarrow x = 2;\ y = 8$
$z^{*''} = -6 < 0 \Longrightarrow$ Maximum bei (2;8)

b) $z = -4x^2+y^2+\lambda(6+x-y)$

$z'_x = -8x+\lambda = 0$; $z'_y = 2y-\lambda = 0$; $z'_\lambda = 6+x-y = 0$; $x = 2$; $y = 8$; $\lambda = 16$.

13.3.3 $K = 6r_1+12r_2+\lambda(80-5r_1^2r_2)$

$K'_{r_1} = 6-10\lambda r_1 r_2 = 0$; $K'_{r_2} = 12-5\lambda r_1^2 = 0$; $K'_\lambda = 80-5r_1^2r_2 = 0$.

Es folgt: $r_1 = 4r_2$, $r_2 = 1$.

Durch Einsetzen erhält man die Lösung des Gleichungssystems:

$r_1 = 4$, $r_2 = 1$, $\lambda = 0{,}15$.

Die Funktion kann bei Berücksichtigung der Beschränkung an der Stelle ($r_1 = 4$, $r_2 = 1$) einen Extremwert haben.

Interpretation des LAGRANGEschen Multiplikators: Wird das absolute Glied der Restriktion um eine Einheit geändert, so ändert sich der Funktionswert (K) an der Stelle des restriktiven Extremwertes um λ.

13.3.4 a) $x = f(r_1,r_2)+\lambda(K_0-q_1r_1-q_2r_2)$

(1) $x'_{r_1} = f'_{r_1}-\lambda q_1 = 0$; (2) $x'_{r_2} = f'_{r_2}-\lambda q_2 = 0$; (3) $x'_\lambda = K_0-q_1r_1-q_1r_2 = 0$.

Aus (1) und (2) folgt: $\dfrac{f'_{r_1}}{f'_{r_2}} = \dfrac{q_1}{q_2}$

b) $K = q_1r_1+q_2r_2+\lambda(x_0-f(r_1,r_2))$

(1) $K'_{r_1} = q_1-\lambda f'_{r_1} = 0$; (2) $K'_{r_2} = q_2-\lambda f'_{r_2} = 0$; (3) $K'_\lambda = x_0-f(r_1,r_2) = 0$.

Aus (1) und (2) folgt: $\dfrac{q_1}{q_2} = \dfrac{f'_{r_1}}{f'_{r_2}}$

Es ergeben sich also in beiden Fällen dieselben notwendigen Bedingungen.

13.3.5 $K_L = 2r_1+6r_2+\lambda(80-10r_1^{\frac{1}{4}}r_2^{\frac{3}{4}})$

Unter Verwendung des Ergebnisses aus Aufgabe 13.3.4 ergibt sich:

$r_1 = 8;\ r_2 = 8;\ \lambda = 0{,}8.$

b) Die Ableitung der Kosten nach der Ausbringungsmenge ergibt λ. λ entspricht den Grenzkosten in bezug auf die Menge.

c) $x = 10 r_1^{\frac{1}{4}} r_2^{\frac{3}{4}} = 10 r_1 \Longrightarrow r_1 = \frac{x}{10}$, $K = 2r_1 + 6r_2 = 8r_1 = 8\frac{x}{10} = 0{,}8x.$

13.3.6 $V = h\pi r^2 = 1000.$

$f(r,h,\lambda) = 2\pi r^2 + 2\pi rh + \lambda(1000 - h\pi r^2) = 2\pi r^2 + 2\pi rh + 1000\lambda - \lambda h\pi r^2,$

$f'_r = 4\pi r + 2\pi h - 2\lambda h\pi r = 0,$

$f'_h = 2\pi r - \lambda\pi r^2 = 0,$

$f'_\lambda = 1000 - h\pi r^2 = 0.$

$r = \sqrt[3]{\frac{500}{\pi}} = 5{,}42;\ h = \frac{1000}{\pi\left(\sqrt[3]{\frac{500}{\pi}}\right)^2} = 10{,}84;\ \lambda = \frac{2}{\sqrt[3]{\frac{500}{\pi}}} = 0{,}37.$

Die Veränderung des Volumens um eine Einheit führt zu einer Veränderung der Oberfläche an der Stelle des restriktiven Extremwertes um λ.

14.1.1 a) $\frac{dy}{dx} = 4x;\ \varepsilon_{yx} = \frac{dy}{dx}\frac{x}{y} = 4x\frac{x}{2x^2} = 2;$ b) $\frac{dy}{dx} = -2,\ \varepsilon_{yx} = \frac{x}{x-5};$

c) $\frac{dy}{dx} = 4x+3,\ \varepsilon_{yx} = \frac{4x+3}{2x+3};$ d) $\frac{dy}{dx} = \frac{x^2-4x}{(x-2)^2},\ \varepsilon_{yx} = \frac{x-4}{x-2};$ e) $\frac{dy}{dx} = e^x,$

$\varepsilon_{yx} = x;$ f) $\frac{dy}{dx} = a^x \ln a,\ \varepsilon_{yx} = x\ln a;$ g) $\frac{dy}{dx} = x^x(1+\ln x),\ \varepsilon_{yx} = x(1+\ln x).$

14.1.2 $\varepsilon_{yx} = \frac{3x}{3x+2},\ \varepsilon_{yx} = 0{,}5 \Longrightarrow \frac{3x}{3x+2} = 0{,}5;\ x = \frac{2}{3}.$

14.2.1 $\varepsilon_{u+v,x} = \frac{d(u+v)}{dx}\frac{x}{u+v} = \frac{\frac{du}{dx}x + \frac{dv}{dx}x}{u+v} = \frac{u\frac{du}{dx}\frac{x}{u} + v\frac{dv}{dx}\frac{x}{v}}{u+v} = \frac{u\varepsilon_{ux} + v\varepsilon_{vx}}{u+v}$

14.2.2 Es ist $\frac{dy}{dx} = 0$, und daraus folgt $\varepsilon_{yx} = \frac{dy}{dx}\frac{x}{y} = 0\cdot\frac{x}{y} = 0.$

14.2.3

$\bar{y}' = \frac{f'(x)x - f(x)}{x^2} = 0 \Longrightarrow f'(x) = \frac{f(x)}{x} = \frac{y}{x} \Longrightarrow |\varepsilon_{yx}| = \left|\frac{dy}{dx}\frac{x}{y}\right| = \left|f'(x)\frac{x}{y}\right| = \left|\frac{y}{x}\frac{x}{y}\right| = |1|.$

14.2.4 $\varepsilon_{yx} = y'\frac{x}{y}$. Also $\varepsilon_{yx} = y'$, falls $x = y$ oder $y' = 0$.

14.3.1 Für den Punkt P gilt $a = b$ also $|\varepsilon_{yx}| = \frac{a}{b} = 1.$

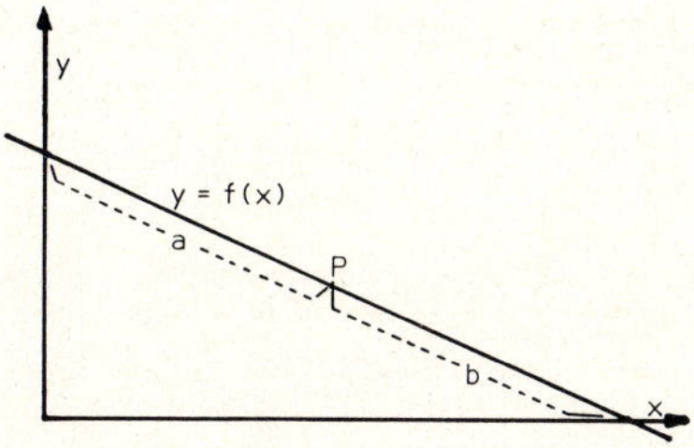

14.3.2 $P_1: \varepsilon_{yx} < 1$, $P_2: \varepsilon_{yx} > 1$.

14.4.1 a) $\varepsilon_{zx} = (2x+y)\frac{x}{x^2+xy+y^2} = \frac{2x^2+xy}{x^2+xy+y^2}$

$\varepsilon_{zy} = (x+2y)\frac{y}{x^2+xy+y^2} = \frac{xy+2y^2}{x^2+xy+y^2}$;

b) $\varepsilon_{zx} = \frac{y}{2\sqrt{xy}}\ \frac{x}{\sqrt{xy}} = \frac{1}{2}$; $\varepsilon_{zy} = \frac{x}{2\sqrt{xy}}\ \frac{y}{\sqrt{xy}} = \frac{1}{2}$.

14.5.1 a) $\varepsilon_{xp} = \frac{50p}{(p+5)(p-45)}$;

b) $x_1 = 10 \Rightarrow p_1 = 20 \Rightarrow \varepsilon_{x_1p_1} = -\frac{50\cdot 20}{25\cdot 25} = -1{,}6$;

$x_2 = 40 \Rightarrow p_2 = 5 \Rightarrow \varepsilon_{x_2p_2} = -\frac{50\cdot 5}{10\cdot 40} = -\frac{25}{40} = -0{,}625$;

c) $\varepsilon_{xp} = \frac{50p}{p^2-40p-225} = -3 \Rightarrow p = 30{,}661 \Rightarrow x = 4{,}02$;

d) $\varepsilon_{xp} = -1 \Rightarrow p = 10{,}8 \Rightarrow x = 21{,}6$.

14.5.2 a) $U = px = 24x-2x^2$, $U' = 24-4x$, $K' = 0{,}4x+2$,
$U' = K' \Rightarrow 24-4x = 0{,}4x+2 \Rightarrow x = 5$, $U'' = -4 < K'' = 0{,}4$.

b) $K' = U' = p(1 + \frac{1}{\varepsilon_{xp}})$, $\varepsilon_{xp} = -\frac{1}{2}\ \frac{p}{-\frac{1}{2}p+12} = \frac{p}{p-24}$.

Da die Grenzkosten als Funktion von x gegeben sind, wird auch ε_{xp} als Funktion von x dargestellt, indem man $p = 24-2x$ setzt. Man erhält

$$\varepsilon_{xp} = \frac{24-2x}{-2x} = \frac{x-12}{x} .$$

Aus $K' = p(1 + \frac{1}{\varepsilon_{xp}})$ folgt dann $0{,}4x+2 = (24-2x)(1 + \frac{x}{x-12}) = 24-4x$ und daraus $x = 5$.

c) Für x = 5 ist $|\varepsilon_{xp}| = \left|\frac{5-12}{5}\right| = |-1{,}4| > 1.$

15.2.1 a) x^2+4x+C; b) $\frac{1}{7}x^7+C$; c) $\frac{2}{3}x^{1,5}+C$; d) $\frac{4}{5}x^{1,25}+C$;

e) $-\frac{1}{2}\frac{1}{x^2}+C$; f) $2x^{0,5}+C = 2\sqrt{x}+C$

15.3.1 a) x^2+3x+C; b) $x^3+2{,}5x^2+7x+C$; c) $\ln|x|+C$;

d) $-\frac{1}{x}+\ln|x|+5x+C$; e) $\frac{3}{4}x^{\frac{4}{3}}+C$; f) $\frac{5}{3}x^6+\frac{1}{3}x^3+2\sqrt{x}-\frac{1}{5x^5}+C$;

g) e^x+C; h) $x^3+x\ln|x|-x+C$.

15.3.2 a) $f(x) = x$; $f'(x) = 1$; $g'(x) = \cos x$; $g(x) = \sin x$

$\int x\cos x\,dx = x\sin x - \int \sin x\,dx = x\sin x + \cos x + C$;

b) $\int x^2e^x dx = x^2e^x-2\int xe^x dx = x^2e^x-2xe^x+2\int e^x dx = x^2e^x-2xe^x+2e^x+C$
$= e^x(x^2-2x+2)+C$;

c) $\int 2^x dx = \frac{2^x}{\ln 2} + C$ (vgl. R 15.2.1e)

Damit ergibt sich

$\int (2^x +5x+4)dx = \frac{2^x}{\ln 2} + 2{,}5x^2 + 4x + C$;

d) $t = 2x-3$; $dt = 2dx$; $dx = \frac{dt}{2}$; $\int \frac{1}{2x-3}dx = \int \frac{1}{t}\frac{dt}{2} = \frac{1}{2}\ln t+C = \frac{1}{2}\ln(2x-3)+C.$

15.5.1 a) $\frac{1}{32}x^4\Big|_0^4 = \frac{256}{32} = 8$; b) $\frac{1}{3}x^3\Big|_{-2}^{2} = \frac{8}{3}+\frac{8}{3} = \frac{16}{3}$;

c) $\frac{1}{2}x^2\Big|_{-1}^{1} = \frac{1}{2} - \frac{1}{2} = 0.$

15.5.2 a) $t^3\Big|_0^x = x^3$; b) $e^t\Big|_0^x = e^x-e^0 = e^x-1.$

15.6.1 a) $\int_2^5 (2+3x)dx = \left[2x+1{,}5x^2\right]_2^5 = 10+37{,}5-4-6 = 37{,}5$;

b) $\int_1^3 2x^2 dx = \left[\frac{2}{3}x^3\right]_1^3 = 18 - \frac{2}{3} = 17\frac{1}{3}$; c) $\int_1^e \frac{3}{x}dx = \left[3\ln x\right]_1^e = 3-0 = 3.$

15.6.2 a) $\int_0^x (2t+1)dt = \left[t^2+t\right]_0^x = x^2+x$; b) $\int_0^x t^2 dt = \left[\frac{1}{3}t^3\right]_0^x = \frac{1}{3}x^3$.

15.7.1 $\frac{\partial F(t)}{\partial t} = a\left(\int_0^t f(x)dx + \int_t^\infty \frac{t}{x}f(x)dx\right) - b\int_t^\infty f(x)dx.$

15.8.1 a) $K_v(x) = \int_0^x K'(t)dt = \int_0^x (3t^2-5t+10)dt = x^3-2{,}5x^2+10x$;

b) Exakte Bestimmung nicht möglich, da keine Angabe der fixen Kosten. $K = K_v(x)+K_f = x^3-2{,}5x^2+10x+K_f$.

15.8.2 $x(r) = \int_0^r (20t-t^2)dt = 10r^2 - \frac{1}{3}r^3+C.$

Eindeutige Bestimmung der Gesamtertragsfunktion nur möglich durch Angabe der Konstanten C. Es gilt: $C = x(0)$.

15.8.3 Die Gesamtkosten an der Stelle $x = 0$ sind nicht gleich Null. Die an dieser Stelle immer noch vorhandenen fixen Kosten müssen daher in einer Integrationskonstanten berücksichtigt werden, die größer als Null ist.

15.8.4 $\Delta x = \int_0^{10} (75 - \sqrt{r})dr = 728{,}9$; $x_0 = 3728{,}9$.

15.8.5 a) $K = \int_0^x (3t^2-8t+8)dt+K_f = x^3-4x^2+8x+4$;

b) $k = \frac{K}{x} = x^2-4x+8+\frac{4}{x}$; c) $U = \int_0^x (12-4t)dt = 12x-2x^2$; d) $u = \frac{U}{x} = 12-2x$;

e) $G = U-K = -x^3+2x^2+4x-4$; f) $G' = -3x^2+4x+4 = 0 \Longrightarrow x^2 - \frac{4}{3}x - \frac{4}{3} = 0$

$\Longrightarrow x = \frac{2}{3} \pm \sqrt{\frac{4}{9}+\frac{12}{9}} \Longrightarrow x = 2$; $(x = -\frac{2}{3})$; $G'' = -6x+4$; $G''(2) = -12+4 = -8 < 0$.

15.9.1 a) $\int_1^2\int_1^2 xydxdy = \int_1^2 \left[\frac{1}{2}x^2y\right]_1^2 dy = \int_1^2 \frac{3}{2}ydy = \left[\frac{3}{4}y^2\right]_1^2 = \frac{9}{4}$;

b) $\int_2^5\int_1^3 4dxdy = \int_2^5 \left[4x\right]_1^3 dy = \int_2^5 8dy = \left[8y\right]_2^5 = 24.$

16.1.1

a) gewöhnlich, implizit, 2. Ordnung, 3. Grades;
b) gewöhnlich, explizit, 1. Ordnung, 1. Grades, $x \geqq 0$, $y \geqq 0$;
c) gewöhnlich, explizit, 3. Ordnung, 1. Grades;
d) partiell, implizit, 2. Ordnung, 1. Grades;
e) gewöhnlich, implizit, 2. Ordnung, 2. Grades, $x > 0$, $y \neq 0$.

16.2.1

a) $g(x) = x$; $h(y) = y^2$; b) $g(x) = x+1$; $h(y) = y+1$;
c) $g(x) = \frac{x}{x^2-1}$; $h(y) = y$; d) $g(x) = \frac{x+1}{x}$; $h(y) = \frac{y-1}{y^2}$;
e) nicht trennbar; f) $g(x) = x^2+5$; $h(y) = 1$.

16.2.2

a) $y = \int \frac{2x}{x^2-5}\,dx = \ln|x^2-5|+C.$

b) $y' = e^{x-1} - \frac{1}{x}$, $y = \int e^{x-1}dx - \int \frac{1}{x}dx = e^{x-1} - \ln|x| + C.$

Einsetzen der Anfangsbedingung ergibt: $0 = e^0 - \ln 1 + C = 1 - 0 + C \Longrightarrow C = -1.$

Endergebnis: $y = e^{x-1} - \ln x - 1$ (für $x > 0$).

16.2.3

a) $\int \frac{dy}{y} = \int x\,dx \Longrightarrow \ln y = \frac{1}{2}x^2 + C \Longrightarrow y = e^{\frac{x^2}{2}+C} = e^{\frac{x^2}{2}} e^C$ mit $k = e^C$ folgt

$y = ke^{\frac{x^2}{2}}$, $(y > 0)$.

b) $\int \frac{dy}{y^2} = \int x\,dx \Longrightarrow -\frac{1}{y} = \frac{1}{2}x^2 + C \Longrightarrow y = -\frac{2}{x^2+2C}$.

16.2.4

$\varepsilon_{xp} = \frac{dx}{dp}\frac{p}{x} = a \Longrightarrow \frac{dx}{dp} = a\frac{x}{p}$, $x > 0$, $p > 0$

$\Longrightarrow \int \frac{dx}{x} = a\int \frac{dp}{p} \Longrightarrow \ln x = a\ln p + C \Longrightarrow x = e^C p^a.$

16.3.1 a) $g(x,y) = y-3$, $g'_y = 1$; $h(x,y) = x+1$, $h'_x = 1$;
totale Differentialgleichung

b) $g(x,y) = -1+e^{x^2}+2xy$, $g'_y = 2x$; $h(x,y) = x^2-5y^2+12$, $h'_x = 2x$;
totale Differentialgleichung

c) $g(x,y) = -ax^2-bx-c+y$, $g'_y = 1$; $h(x,y) = dy^2+ey+f+x$, $h'_x = 1$;
totale Differentialgleichung

d) $g(x,y) = -xe^y$, $g'_y = -xe^y$; $h(x,y) = ye^x$, $h'_x = ye^x$;
keine totale Differentialgleichung.

16.3.2

a) $\left.\begin{array}{l} g(x,y) = 3x^2+4xy, \quad g'_y = 4x \\ h(x,y) = 2x^2+3y^2, \quad h'_x = 4x \end{array}\right\} \Longrightarrow$ a) ist total

$F(x,y) = \int(3x^2+4xy)dx + \int(2x^2+3y^2-2x^2)dy = x^3+2x^2y+y^3 = \text{const.};$

b) $\left.\begin{array}{l} g(x,y) = -ax+2y, \quad g'_y = 2 \\ h(x,y) = 2x+3y, \quad h'_x = 2 \end{array}\right\} \Longrightarrow$ b) ist total

$F(x,y) = \int(-ax+2y)dx + \int(2x+3y-2x)dy = -\frac{a}{2}x^2+2xy+\frac{3}{2}y^2 = \text{const.}$

16.4.1

a) $y = k\cdot\exp(-\int\frac{2x}{1+x^2}\,dx) = k\cdot\exp(-\ln(1+x^2)) = k\cdot(\frac{1}{1+x^2}) = \frac{k}{1+x^2};$

b) $y' - \frac{1}{x+1}y = 0, \quad y = k\cdot\exp(\int\frac{1}{x+1}dx) = k\cdot\exp(\ln|x+1|) = k(x+1)$

16.4.2

a) $y = \exp(-\int(-2x)dx)(C+\int x\exp(-x^2)\exp(\int -2x dx)dx)$

$= \exp(x^2)(C+\int x\exp(-x^2)\exp(-x^2)dx) = \exp(x^2)(C+\int x\exp(-2x^2)dx$

$= \exp(x^2)(C-\frac{1}{4}\exp(-2x^2)) = C\exp(x^2) - \frac{1}{4}\exp(-x^2).$

b) $y = \exp(-\int\frac{2x}{x^2+1}dx)(C+\int 5x^4\exp(\int\frac{2x}{x^2+1}dx)dx)$

$= \exp(-\ln|x^2+1|)(C+\int 5x^4\exp(\ln|x^2+1|)dx)$

$= \frac{1}{x^2+1}(C+\int 5x^4(x^2+1)dx) = \frac{1}{x^2+1}(C+\frac{5}{7}x^7+x^5)$

$= \frac{C}{x^2+1} + \frac{5}{7}\frac{x^7}{x^2+1} + \frac{x^5}{x^2+1}.$

16.6.1 a) $y_k = c(-1)^k;$

Anfangsbedingung eingesetzt: $1 = c(-1)^0 = c \Longrightarrow y_k = (-1)^k;$

b) $y_{k+1} - \frac{1}{2}y_k = 0 \Longrightarrow y_k = c(\frac{1}{2})^k;$

Anfangsbedingung eingesetzt: $2 = c\,(\frac{1}{2})^2 = \frac{1}{4}c \Longrightarrow c = 8 \Longrightarrow y_k = 8\,(\frac{1}{2})^k.$

16.6.2 a) $y_k = c(-1)^k + \frac{1}{1+1} = c(-1)^k + \frac{1}{2}$

Anfangsbedingung: $0 = c(-1)^0 + \frac{1}{2} \Longrightarrow c = -\frac{1}{2} \Longrightarrow y_k = -\frac{1}{2}(-1)^k + \frac{1}{2};$

b) $y_k = c(\frac{1}{3})^k + \frac{-3}{-\frac{1}{3}+1} = c(\frac{1}{3})^k - \frac{9}{2};$

Anfangsbedingung: $0 = c(\frac{1}{3})^0 - \frac{9}{2} \Longrightarrow c = \frac{9}{2} \Longrightarrow y_k = \frac{9}{2}\,(\frac{1}{3})^k - \frac{9}{2}.$

Weiterführende Literatur

1. Allgemeine Literatur

Allen, R.G.D.: Mathematik für Volks- und Betriebswirte. 4. Auflage. Berlin. Duncker & Humblot, 1972.

Allen, R.G.D.: Mathematische Wirtschaftstheorie. Berlin. Duncker & Humblot, 1971.

Ayres, F.: Differential- und Integralrechnung. New York u.a. Schaum's outline series, McGraw-Hill, 1980.

Dück, W., Körth, H., Runge, W. (Hrsg.): Mathematik für Ökonomen. Band 1 und Band 2. Thun, Frankfurt/M. Verlag Harri Deutsch, 1980.

Fichtenholz: Differential- und Integralrechnung. Berlin. VEB Deutscher Verlag der Wissenschaften, Band 1, 12. Aufl. 1981; Band 2, 9. Aufl. 1982; Band 3, 10. Aufl. 1982.

Mangoldt, H.v., Knopp, K.: Einführung in die höhere Mathematik. Band 2. 15. Auflage. Stuttgart. S. Hirzel Verlag, 1981.

Mangoldt, H.v., Knopp, K.: Einführung in die höhere Mathematik. Band 3. 14. Auflage. Stuttgart. S. Hirzel Verlag, 1975.

Smirnow, W.J.: Lehrgang der höheren Mathematik. Teil I. 13. Auflage. Berlin. VEB Deutscher Verlag der Wissenschaften, 1979.

2. Formelsammlungen und Nachschlagewerke

Bartsch, H.-J.: Mathematische Formeln. 15. Auflage. Leipzig. VEB Fachbuchverlag Leipzig, 1976.

Bronstein, I.N., Semendjajew, K.A.: Taschenbuch der Mathematik. 11. Auflage. Zürich, Frankfurt. Verlag Harri Deutsch, 1971.

Gellert, W., Kästner, H., Neuber, S. (Hrsg.): Fachlexikon ABC Mathematik. Thun, Frankfurt/M. Verlag Harri Deutsch, 1978.

Meschkowski, H.: Mathematisches Begriffswörterbuch. 3. erw. Auflage. Mannheim, Wien, Zürich. Bibliographisches Institut, 1971.

Rottmann, K. (Hrsg.): Mathematische Formelsammlung. 2. Auflage. Mannheim. Bibliographisches Institut, 1960.

Vogel, A.: Mathematische und statistische Tabellen. Stuttgart. Verlag Konrad Wittwer, 1983.

3. Zu Kapitel 15 (Integralrechnung)

Neben den Formelsammlungen von Bartsch, Bronstein und Rottmann können die folgenden Integraltafeln weiterhelfen:

Meyer zur Capellen, W.: Integraltafeln. Berlin u.a., Springer-Verlag, 1950.

Gröbner, W., Hofreiter, N.: Integraltafeln. 5. Aufl., Wien, New York, Springer-Verlag. 1. Teil 1975, 2. Teil 1973.

4. Zu Kapitel 16 (Differential- und Differenzengleichungen)

Ayres, F.: Differentialgleichungen. New York u.a., Schaum's outline series. McGraw-Hill, 1975.

Bräuning, G.: Gewöhnliche Differentialgleichungen. 4. Aufl., Thun, Frankfurt/M., Verlag Harri Deutsch, 1977.

Spiegel, M.R.: Endliche Differenzen und Differenzengleichungen. New York u.a., Schaum's outline series, Mc Graw-Hill, 1982.

Symbolverzeichnis

Symbole, die nicht in diesem Band erläutert sind, wurden ebenfalls mit aufgeführt. Bei den Seitenzahlen wurde dann die Bandnummer hinzugefügt.

$\mathbb{N}$	Menge der natürlichen Zahlen, Band 1, S.17
$\mathbb{Z}$	Menge der ganzen Zahlen, Band 1, S.17
$\mathbb{Q}$	Menge der rationalen Zahlen, Band 1, S.17
$\mathbb{R}$	Menge der reellen Zahlen, Band 1, S.17
$\mathbb{R}^n$	Raum der reellen n-Tupel, Band 1, S.55
a^n	n-te Potenz von a, Band 1, S.18
$\sqrt[n]{a}$	n-te Wurzel aus a, Band 1, S.18
logx	dekadischer Logarithmus von x (zur Basis 10)
ln x	natürlicher Logarithmus von x (zur Basis e)
$a < b$	a kleiner als b
$a = b$	a gleich b
$a > b$	a größer als b
$a \leqq b$	a kleiner gleich b
$a \geqq b$	a größer gleich b
$\sum_{i=k}^{n} a_i$	Summenzeichen, "Summe aller a_i für i von k bis n", Band 1, S.24,25
$\prod_{i=k}^{n} a_i$	Produktzeichen, "Produkt aller a_i für i von k bis n", Band 1, S.29
$\lvert a \rvert$	Betrag a, absoluter Betrag von a, Band 1, S.30
(a,b)	abgeschlossenes Intervall, $a \leqq x \leqq b$, Band 1, S.22
)a,b(	offenes Intervall, $a < x < b$, Band 1, S.22
(a,b(	rechts halboffenes Intervall, $a \leqq x < b$, Band 1, S.22
)a,b)	links halboffenes Intervall, $a < x \leqq b$, Band 1, S.22
$\bar{A}$	Negation von A, "nicht A", Band 1, S.32
$\wedge$	und, Konjunktion, Band 1, S.33
$\vee$	oder, Disjunktion, Band 1, S.33
$\Rightarrow$	Implikation,Band 1, S.34
$\Leftrightarrow$	Äquivalenz, Band 1, S.35

$a \in A$	a Element A, Band 1, S.44
$b \notin A$	b nicht Element A, Band 1, S.44
$\{\}$, $\emptyset$	leere Menge, Band 1, S.44
$A \subset B$	A ist Teilmenge von B, Band 1, S.46
$A \not\subset B$	A ist nicht Teilmenge von B, Band 1, S.46
$\mathfrak{P}(A)$	Potenzmenge der Menge A, Band 1, S.47
$A \cap B$	Durchschnitt der Mengen A und B, Band 1, S.48
$A \cup B$	Vereinigung der Mengen A und B, Band 1, S.49
$B \setminus A$	Differenz zwischen den Mengen B und A, Band 1, S.50
$\bar{A} = \complement_{\Omega} A$	Komplement von A in bezug auf Ω , Band 1, S.50
$n!$	n Fakultät, Band 1, S.64
$\binom{n}{k}$	Binomialkoeffizient, Band 1, S.65
Δx	Differenz von x, S. 12
$\frac{\Delta x}{\Delta y}$	Differenzenquotient, S. 12
$\frac{dy}{dx}$, $\frac{df(x)}{dx}$, $\frac{d}{dx}f(x)$, $f'(x)$, y'	Differentialquotient bzw. 1. Ableitung, S. 12
$\frac{dy}{dx}\Big\vert_{x=x_0}$, $\frac{df(x)}{dx}\Big\vert_{x=x_0}$, $\frac{d}{dx}f(x)\Big\vert_{x=x_0}$, $f'(x_0)$, $y'\Big\vert_{x=x_0}$	Differentialquotient bzw. 1. Ableitung an der Stelle $x=x_0$, S. 13

y'', $f''(x)$, $\frac{d^2y}{dx^2}$, $\frac{d^2f(x)}{dx^2}$	zweite Ableitung von y = f(x), S. 23
$\frac{d^ny}{dx^n}$, $f^{(n)}(x)$, $y^{(m)}$	Differentialquotient n-ter Ordnung bzw. Ableitung, S. 24
$\frac{\partial f}{\partial x}$, $\frac{\partial z}{\partial x}$, f'_x, z'_x	partieller Differentialquotient bzw. partielle Ableitung nach x, S. 63
ε_{yn}, η_{yx}	Elastizität von y in bezug auf x, S. 101
$\int$	Integralzeichen, S. 115
$\int_a^b$	bestimmtes Integral, S. 121
$\dot{x}$	1. Ableitung von x nach der Zeit, S. 135
$\ddot{x}$	2. Ableitung von x nach der Zeit, S. 135
Δ^2x	zweite Differenz von x, S. 152
Δ^nx	n-te Differenz von x, S. 152

Stichwortverzeichnis